KAREN MEYER-REBENTISCH

Das Gemüse-Buch

Arten · Sorten · Anbau · Küchentipps

blv

Einführung

Einführung

GEMÜSE MUSS MAN EINFACH LIEBEN

Als ich ein Kind war, hatte fast jeder bei uns im Dorf noch seinen Gemüsegarten. Auch wer neu in eines der Siedlungshäuschen zugezogen war, baute Salat, Tomaten und Kohlrabi für den Eigenbedarf an. Im Keller stand eine große Tiefkühltruhe, in der sich im Herbst verschweißte Tüten mit Schnippelbohnen, Erbsen und Möhrchen stapelten. Bald aber änderte sich die Lage. Dank eines immer besseren Angebotes beim Kaufmann musste man sich nicht mehr selbst die Fingernägel beim Wühlen in der Erde schmutzig machen. Im Briefkasten lag nun

der Katalog von »Bofrost«, hochglänzende Farbfotos machten Appetit auf Leipziger Allerlei oder Kohlrouladen, die der nette Mann mit dem Kühllaster alle paar Wochen vorbeibrachte – und eine Packung Eis am Stiel noch dazu. Ins Gemüsebeet wurde Rasen eingesät, das war praktisch.

Nur die Tomaten blieben. Braunfäule war ein noch weitgehend unbekannter Begriff und die handelsüblichen Hollandtomaten konnten es bei Weitem nicht mit den leckeren roten Früchten aus dem eigenen Garten

aufnehmen. Als ich das Elternhaus verließ, wollte ich vieles anders machen, die Tradition der eigenen Tomaten aber nahm ich mit – und kultivierte die Pflanzen auf dem Balkon mitten in der Stadt. Der Geruch der Blätter beim Ernten war für mich der Inbegriff von Sommer.

Bewusster essen

Später entdeckte ich meine Liebe zum Kochen. Mit frischen Lebensmitteln zu hantieren, sie zu riechen und anzusehen, war ein willkommener Ausgleich zur Arbeit am Schreibtisch. Rezepte auszudenken, Gemüse zu schnippeln und im Topf zu rüh-

Dunkle Tomaten wie 'Black Russian' und 'Black Seaman' schmecken besonders aromatisch.

ren hat etwas Sinnlich-Meditatives für mich. Immer öfter aber war ich nicht zufrieden mit dem, was ich an Zutaten kaufen konnte. Die Auswahl beim Discounter war klein, der Spinat frisch vom Markt war so schlapp, dass ich lieber zur Tiefkühlware griff. Der teure Biospargel hatte angetrocknete Enden und in der Zeitung konnte man von pestizidbelasteten Treibhauspaprika aus Spanien lesen.

Im Laufe der Jahre kam es zu dem einen oder anderen Lebensmittelskandal und als unsere Kinder auf die Welt gekommen waren, stand fest: Jetzt gibt es nur noch Gemüse aus ökologischem Anbau! Anders als zu Beginn der Naturkostbewegung war Biogemüse nicht mehr gleichzusetzen mit schrumpeligen Möhren und fleckigen Kartoffeln, sondern es war frisch und appetitlich. Im Laden machte ich einige kulinarische Neuentdeckungen, denn die Ökobauern experimentierten gerne mit »vergessenen« Gemüsearten wie Pastinaken, Roter Bete oder Teltower Rübchen. Die bunte Vielfalt brachte noch mehr Spaß beim Kochen und forderte meine Kreativität heraus.

Die Experimentierlust wächst

Der Einfachheit halber kam eine Zeit lang eine »Biokiste« ins Haus, einmal in der Woche und prall gefüllt mit dem, was gerade Saison hatte. Das Auspacken hatte immer ein bisschen was von Weihnachten, es machte allen Spaß, den Inhalt der Kiste zu begutachten und zu überlegen, was man wohl Leckeres daraus kochen könnte. Dies weckte meine Lust, doch wieder ein bisschen mehr als nur Tomaten und Basilikum selbst anzubauen. Ich experimentierte auf einem kleinen schattigen Streifen im Hof hinter dem Haus mit Salat und Kräutern – musste aber bald einsehen, dass ich dem Grünzeug dort keine vernünftigen Kulturbedingungen bieten konnte.

Frischer als aus dem eigenen Gemüsegarten geht es nicht.

Einführung

So fasste die Familie einen schwerwiegenden Beschluss: Ein Kleingarten muss her! Nicht allzu weit weg von zu Hause sollte er liegen und bald war eine Parzelle gefunden, die jedoch einige Jahre brachgelegen hatte. Mühsam stachen wir die Wiese um, die sich dort entwickelt hatte, und säten und pflanzten, worauf wir Lust hatten: Salat und Paprika, Erdbeeren und Radieschen, Zucchini und Kürbis. Wir kämpften mit Schnecken, Giersch und Ackerwinde. Am Ende der Saison waren wir glücklich und stolz: Wochenlang hatten wir nur unser eigenes Gemüse gegessen und konnten sogar noch einige Kürbisse für den Herbst und Winter einlagern. Wer hätte das gedacht?

Höhen und Tiefen des Gärtnerlebens

Das Schicksal hatte es in unserem ersten Gartensommer gut mit uns gemeint. Das nächste Frühjahr konnten wir kaum erwarten und planten den ganzen Winter hindurch die Bepflanzung der Beete. Doch im zweiten Jahr kamen die Rückschläge: Infolge eines regnerischen Aprils fielen Heerscharen von dicken braunen Nacktschnecken über unsere jungen Kohlrabi- und Salatpflanzen her. Der Mehltau raffte die Zucchini dahin, noch bevor wir drei Stück geerntet hatten, und die Wühlmäuse zogen die Möhren hinab in ihr weitläufiges Gängesystem. Aber zum Glück entschädigte uns eine reiche Tomatenernte und zum ersten Mal kosteten wir, wie knackig frischer Spitzkohl sein kann – so etwas kann man gar nicht kaufen!

Bei allem Erfolg blieben viele offene Fragen: Was machen wir gegen die Möhrenfliege und wann säen wir am besten Feldsalat aus? Müssen Zwiebeln vor der Ernte umgetreten werden – wie ein alter Gartennachbar uns weismachen wollte – und sollen wir

wirklich Knoblauch zwischen die Erdbeeren stecken? Den langen gartenfreien Winter nutzte ich, um mich im Internet ein wenig schlauer zu machen. Ich stieß auf Foren, in denen leidenschaftliche Gemüsegärtner sich miteinander austauschten – und mir wurde klar, dass ich im Grunde keine Ahnung hatte.

Was für eine Vielfalt!

Bis dahin hatte ich gedacht, dass Möhren orange seien, Kartoffeln gelb, Bohnen grün und Tomaten rot. Nun aber tat sich mir ein Kosmos auf, von dessen Existenz ich vorher nichts geahnt hatte. Ich sah Bilder von grauen warzigen Kürbissen, von weißen Möhren und braunen eierförmigen Tomaten, von rotem Mais und lilafarbenen Kartoffeln, gelben Radieschen und blauen Bohnen. Ich erfuhr von mehreren hundert Tomatensorten, die von Züchtern aus aller Welt an die jeweiligen regionalen Gegebenheiten angepasst worden waren – ebenso wie Bohnen, Salate oder Wurzelgemüse. Wie armselig kam mir nun das Angebot des nahen Supermarktes vor, wo Handelsnormen und EG-Standards dazu führen, dass alle Gurken gleich aussehen und die Frage nach »Rattenschwanzrettich« das Gesundheitsamt auf den Plan rufen würde.

Nun gab es also noch mehr Gründe für das eigene Gemüsebeet: die faszinierende Vielfalt der Kulturpflanzen zu erleben, Neues zu entdecken und das kulturelle Erbe unserer Vorfahren zu bewahren. Über Tauschbörsen und diverse Saatguterhalter besorgte ich Sämereien von alten und neuen Gemüsesorten, die uns neugierig gemacht hatten. In unserem Garten wachsen seither bewährte Sorten neben all dem, was wir schon immer einmal ausprobieren wollten. So sind am Ende der Saison Vorratskeller und Tiefkühlschrank gefüllt und wir selbst sind um viele Erfahrungen reicher. Die Kinder präsentieren

ihren Klassenkameraden stolz die eine oder andere Besonderheit aus dem eigenen Beet oder solch profane Genüsse wie Erbsenhülsen zum Selbstauspulen.

Freude im Alltag

Seit etlichen Jahren bereitet mir so das eigene Gemüsebeet vielerlei Freuden. Zugegeben – ganz ohne Arbeit geht es nicht. Aber für jemanden wie mich, die den größten Teil des Arbeitstages am Bildschirm verbringt, ist die Tätigkeit im Garten ein wunderbar sinnlicher Ausgleich. Und nirgends bekomme ich mein Gemüse so frisch wie direkt aus dem Beet. Die Möhre hat kaum gemerkt, dass sie nicht mehr in der Erde steckt, da erfreut sie schon den Gaumen mit ihrem süß-erdigen Geschmack.

Manchmal, wenn ich die Gemüseabteilung in einem gut sortierten Supermarkt besuche, werde ich nachdenklich. Da liegen adrette Früchte, eine wie die andere, appetitlich drapiert und beleuchtet, hygienisch sauber und vielleicht in Folie verpackt. Große Spiegel verdoppeln den Eindruck des bunten Schlaraffenlandes, doch haftet dem Gemüse keine Erde mehr an, es fehlen der Geruch nach Reife und der kleine Schönheitsfleck. Keine Frage, noch nie war unsere Versorgung mit frischen Agrarerzeugnissen, mit Vitaminen und Nährstoffen so vielfältig wie heute. Aber manchmal erscheint mir alles sehr künstlich.

Lebensmittel, das sagt der Name schon, dienen nicht nur der Zufuhr von Kalorien und Nährstoffen. Indem wir essen und uns damit einen Teil unserer Umgebung einverleiben, kommunizieren wir mit der Welt und sind zugleich beteiligt am großen Kreislauf des Lebens. Gemüse selbst anzubauen und an uralten Erfahrungen teilzuhaben erdet uns in einer Welt, die immer abstrakter wird. Das kann richtig glücklich machen!

Farben-, Formen- und Geschmacksvielfalt machen im Garten und in der Küche viel Freude.

Einführung

MACHEN SIE, WAS SIE WOLLEN!

Wie viel Platz braucht man?

Wenn man sich und seine Familie komplett selbst versorgen möchte, braucht man natürlich mehr Fläche, als wenn man nur ein wenig Spaß dabei sucht, Salat und Tomaten auf dem Balkon zu ziehen.

Als Orientierung kann gelten, dass Sie von 20 qm Gemüseanbaufläche pro Person bereits den ganzen Sommer und Herbst über genügend ernten können, um kein weiteres Gemüse zukaufen zu müssen. Mit 50–70 qm pro Person lässt sich eine Selbstversorgung mit Gemüse und Kartoffeln über das ganze Jahr bewerkstelligen. Sollen

Kleintiere wie Hühner oder Kaninchen gehalten werden, müssen zusätzliche Flächen für Nahrungspflanzen einkalkuliert werden.

Lohnt sich das überhaupt?

Wenn Sie für Ihre Gartenarbeit einen üblichen Stundenlohn ansetzen, kaufen Sie Ihr Gemüse besser im Laden. Wenn es Ihnen aber Freude bereitet, die Jahreszeiten unmittelbarer zu erleben, der Natur näher zu sein, den Geruch feuchter Erde einzuatmen und Ihrem Salat beim Wachsen und Werden zuzusehen – dann lohnt es sich absolut, eigenes Gemüse zu ziehen. Mehr Arbeit als

ein gepflegter Staudengarten oder ein Englischer Rasen macht es nicht. Je weniger Platz zur Verfügung steht, desto wichtiger ist die Auswahl derjenigen Gemüsearten, deren Anbau sich für Sie persönlich ganz besonders lohnt. Klassische Feldgemüse wie viele Kohlsorten, Möhren, Rüben und Kartoffeln sind auch in Bioqualität leicht und preisgünstig erhältlich.

Wer Liebhaber seltenerer Arten wie Knollenziest oder Topinambur ist, zieht bei wenig Platz deren Anbau vor. Manche Gemüsearten sind recht teuer, wenn man sie aus ökologischem Landbau beziehen möchte, wie z. B. Grüne Bohnen oder Zuckererbsen. Andere Gemüse halten nicht lange frisch und verlieren auf dem Weg vom Erzeuger bis zum Kunden an Wert – dazu gehören

Mit einer schweren Feldhacke kann man Kartoffeln schnell anhäufeln.

z. B. Salat, Spitzkohl oder Mangold. Auf nur wenigen Quadratmetern lässt sich der Bedarf einer Familie an diesen Arten decken. Und schließlich kann auch der Reiz, besondere Sorten zu ziehen, die im Handel gar nicht erst erhältlich sind, den Ausschlag für einen eigenen Gemüsegarten geben.

So macht es einfach Spaß, grüne, gelbe und braune Tomaten im Kübel auf dem Balkon wachsen zu lassen, die Vielfalt der Chilis zu erkunden oder bunte Möhren in den Salat zu schnippeln. Und Sie leisten damit einen Beitrag zum Erhalt der Sortenvielfalt, die unsere Vorfahren geschaffen haben und die durch die industrielle Landwirtschaft verloren zu gehen droht. Sind Sie experimentierfreudig? Dann züchten Sie doch Ihre ganz persönliche Tomatensorte!

Was kommt gut raus?

Für die Freude und den Erfolg beim Gemüseanbau spielen auch die örtlichen Gegebenheiten eine große Rolle. Auf sandigen Böden gedeihen Möhren und Teltower Rübchen besser als Weißkohl. Wo immer kalter Wind weht, haben es Paprika und Auberginen schwer. Feuerbohnen mögen es eher kühl als heiß.

Wer sich bei der Auswahl seiner Gemüsearten nach Kleinklima und Bodenbeschaffenheit richtet, wird bessere und gesündere Erträge haben. Andererseits – wenn einen Norddeutschen die Lust überfällt, eigene Paprika zu ziehen, lässt sich mittels Folien und Vliesen noch einiges retten. Es gibt keine absoluten Maßstäbe für den »Erfolg«, erfolgreich zu sein bedeutet, die eigenen Erwartungen zu erfüllen.

Gemüsearten,

... die sehr hohe Erträge bringen können

Zucchini	Tomaten
Steckrüben	Kopfkohl
Kartoffeln	

... von besonders großer Sortenvielfalt

Tomate	Kürbis
Chili	Bohnen

... die erntefrisch am besten schmecken

Kopfsalat	Zuckererbsen
Feldsalat	Zuckermais
Spitzkohl	

... die nur schwer im Handel (frisch) erhältlich sind

Knollenziest	Guter Heinrich
Bärlauch	Gemüsemais
Cardy	Stielmus
Chili	Neuseeländer Spinat
Pak Choi	Teltower Rübchen

... die sich gut in Kübeln oder Kästen ziehen lassen

Tomate	Schnittsalat
Paprika	Radieschen
Chili	Rucola

Blaue Kapuzinererbsen haben als Jungpflanzen rotgeäderte Blätter.

WIE MUSS EIN GUTER GEMÜSEGARTEN BESCHAFFEN SEIN?

Schöne unkrautfreie Beete in sonniger Lage mit optimalem Mikroklima, humoser leichter Boden, ein heizbares Gewächshaus, Wasserpumpe und mehrere Tonnen zum Aufwärmen des Wassers – so ähnlich sieht der ideale Gemüsegarten aus. Aber fast ist es müßig, diese Idealbedingungen aufzuzählen, denn kaum jemand trifft sie an. Soll man deshalb besser gar nicht erst ein Gemüsebeet anlegen? Nein! Auch wenn die Verhältnisse nicht in jeder Hinsicht optimal sind, kann Gemüseanbau Freude machen und Erfolg bringen.

Vielleicht haben Sie nur ein paar Balkonkästen oder ein kleines Stückchen Erde im Hinterhof zur Verfügung? Richten Sie sich mit der Wahl der Kulturen nach den Gegebenheiten und Sie werden erfolgreich sein: Auf einem sonnigen Balkon in Kästen und Kübeln gedeihen Tomaten, Chili, Paprika oder Auberginen sehr gut. Ist der Kübel groß genug, lassen sich Gurken oder Zucchini ziehen – auch ein Bottich mit Kartoffeln ist möglich, ihre Ernte macht vor allem Kindern viel Spaß. Sieht der Hinterhof nie einen Sonnenstrahl, wird es schwierig mit dem Gemüseanbau. Aber schon wenige Sonnenstunden reichen, um Buschbohnen, Salat und Rhabarber zu ziehen, dazu einige Kräuter wie Bärlauch, Kerbel, Petersilie und Schnittlauch.

Das Beste aus jedem Ort machen

Wenn Sie die Möglichkeit haben, einen Gemüsegarten neu anzulegen, sollten Sie darauf achten, ideale Verhältnisse zu schaffen. Gut geeignet ist ein Platz, an dem durchaus mal ein Lüftchen weht, wo sich aber nicht gerade eine Windschneise befindet. Die Beete sollten im Sommer wenigs-

tens acht Stunden Sonne abbekommen und nicht im Wurzelbereich großer Bäume oder Hecken liegen.

Auf die Bodenbeschaffenheit hat man meistens nur wenig Einfluss. Ob Ihr Boden lehmig oder sandig ist, Sie müssen ihn nehmen, wie er ist. Versuche, durch Zugaben von anderen Stoffen die Beschaffenheit zu verändern, sind mit sehr hohem Aufwand verbunden und meist nicht von langfristigem Erfolg. Anders sieht es mit dem Nährstoffgehalt des Bodens aus. Lassen Sie einmal bei einer Landwirtschaftlichen Untersuchungsanstalt eine Bodenprobe analysieren. Sie bekommen das Ergebnis in der Regel mit einer Empfehlung für die weitere Bearbeitung und Düngung. Das sollte nicht mehr als 20 Euro kosten und gibt Ihnen wichtige Anhaltspunkte für die Zukunft.

Alles in allem sind Sie als Gemüsegärtner erfolgreicher, wenn Sie sich den Gegebenheiten anpassen, als wenn Sie ständig dagegen anarbeiten. Wer sandigen Boden hat, wird nie so einen dicken Kopfkohl ziehen, wie er auf Lehmboden wächst – dafür ernten Sie die schöneren Möhren, von den leckeren Teltower Rübchen ganz zu schweigen!

Beete einteilen, Wege schaffen

Ob Sie die Wege zwischen Ihren Beeten mit Platten auslegen, mit Rindenmulch oder Kies begehbar machen oder einfach nur festtreten, ist ein gutes Stück Geschmackssache. Platten- oder Klinkerwege sind aufwendig in der Herstellung, versehen dann aber lange Zeit ihren Dienst, ohne dass Sie sich allzu viel darum kümmern müssen. Rindenmulch hingegen muss immer wieder neu aufgeschüttet werden und ebenso wie

bei Kies wachsen schnell unerwünschte Pflanzen hindurch. Am flexibelsten sind Sie mit lediglich festgetretenen Wegen. Sie können auch die Methoden miteinander kombinieren und Hauptwege fest anlegen, kleine Zwischenwege nur stampfen.

Wichtig ist, dass Sie Ihre Gemüsebeete von allen Seiten aus gut erreichen können, ohne sie öfter als unbedingt nötig betreten zu müssen. Denn dadurch wird die Erde verdichtet und der Wurzelraum Ihrer Zöglinge eingeschränkt. Wie breit soll nun das ideale Gemüsebeet sein? In vielen Ratgebern werden 120 cm empfohlen. Für große Menschen mag dies sinnvoll sein, denn je breiter das Beet ist, desto weniger Kulturfläche verliert man. Für kleine Menschen aber sind 120 cm deutlich zu viel. Probieren Sie selbst einmal, wie weit Sie in gehockter Position greifen können, und richten Sie Ihre Beetbreite danach aus. Aus meiner Sicht ist eine Breite von 90–100 cm angenehm zu bearbeiten.

Schutz vor gefräßigen Tieren

Ein guter Gemüsegarten muss den Pflanzen angenehmes Mikroklima und Schutz vor gefräßigen Tieren bieten. Je nachdem, wie ländlich Ihr Garten gelegen ist, brauchen Sie einen feinmaschigen Zaun, um die Beete vor Hasen oder Wildkaninchen zu schützen. Eine sinnvolle Investition ist ein Schneckenzaun aus verzinktem Blech. Dieser ist zwar grundsätzlich flexibel und könnte mit schneckengefährdeten Kulturen mitwandern – besser ist es aber, wenn er mehrere Jahre an einem Ort steht. Denn sonst können Schnecken ihre Eier immer wieder im zeitweise nicht umzäunten Boden ablegen und sind so später auch innerhalb des Zaunes zu finden. Dort müssen sie schließlich abge-

Zierpflanzen und Gemüse wachsen hier hübsch durcheinander.

Der Schneckenzaun schützt das Gemüse.

Kindern macht ein eigenes Beet oft Spaß.

Ein Gemüsegarten darf auch ein bisschen wild sein.

Allerdings: Die Bearbeitung gerader Pflanzreihen ist einfacher.

Frisch schmeckt's am besten.

sammelt oder vergiftet werden. Ist dies einmal geschafft und bleibt der Zaun an seinem Platz, hat man weitgehend Ruhe vor den hungrigen Schleimern – 100 % sicher ist der Schneckenzaun jedoch nicht. Als temporäre Lösung zum Schutz einzelner Pflanzen kommen Schneckenkragen in Betracht.

Zeitweilig werden junge Gemüsepflanzen auch von Tauben und anderen Vögeln bedroht. Dagegen hilft ein grobes Netz. Es kommt aber leider immer wieder vor, dass sich ein Vogel in den Maschen verfängt und

elend zugrunde geht. Kontrollieren Sie deshalb häufig den Garten, damit Sie rechtzeitig helfen können. Blaue Netze werden von den Vögeln besser wahrgenommen und es gibt seltener solche Unfälle.

Wo der Boden leicht ist, siedeln sich gerne Wühlmäuse an. Sie lassen sich zwar mit Fallen und anderen Mitteln bekämpfen, meist ist die Ruhe aber nur von kurzer Dauer und die übrig gebliebenen Tiere vermehren sich umso fleißiger. Obgleich gerade leichte Böden vom Mulchen profi-

tieren können, lockt dies zugleich die Wühlmäuse an. Probieren Sie aus, ob die Mäuseplage abnimmt, wenn Sie auf das Mulchen verzichten. Wenn Sie ein Hochbeet anlegen, ist es sinnvoll, dieses von unten mit verzinktem Hasendraht zu schützen.

Der Mikrokosmos unter Ihren Füßen

Ein gesundes Bodenleben ist für den erfolgreichen Gemüseanbau sehr wichtig. Eine ganze Zeit können Sie mit rein mineralischer Düngung (»Blaukorn« u. a.) hohe Erträge erzielen. Aber mittelfristig ziehen sich alle Kleinstlebewesen aus dem Boden zurück, denn sie finden nichts vor, wovon sie sich ernähren könnten. Der Boden stirbt und verfestigt sich, denn all die für uns unsichtbaren oder nur schwer erkennbaren Bodenlebewesen sind unablässig damit beschäftigt, die Erde zu lockern und zu durchlüften.

Organische Dünger – Kompost, Mist, Hornspäne und diverse käufliche Trockenmischungen – ernähren Ihre Pflanzen indirekt. Zunächst werden sie von den Bodenlebewesen verwertet, die damit die enthaltenen Stoffe für die Wurzeln der Pflanzen aufschließen. Das kann je nach Temperatur eine Zeit lang dauern, sodass organische Düngung bei hochakutem Nährstoffbedarf nicht sinnvoll ist. Langfristig aber erhalten Sie sich damit einen gesunden Boden.

Viele Gärtner haben großen Erfolg mit dem Mulchen, d. h., sie geben Pflanzenabfälle und Grasschnitt direkt auf ihre Beete. Das verhindert, dass die Erde zu schnell austrocknet, und sorgt für viele aktive Bodenbewohner. Nicht zu empfehlen ist dies in Gärten, wo Wühlmäuse aktiv sind.

Auch mit der Art, wie Sie Ihren Boden bearbeiten, unterstützen Sie Ihre lebendigen Helfer oder machen ihnen das Leben

Hier schützt ein Schneckenkragen eine junge Kohlpflanze.

schwer. Denn die Mikroorganismen leben hauptsächlich in den oberen Bodenschichten, weiter unten fehlt ihnen der Sauerstoff. Graben Sie häufig um, entziehen Sie Ihren kleinen Helfern die Lebensgrundlagen und es dauert eine Zeit, bis sie wieder ihren Job machen können. Oberflächliche Bodenbearbeitung wie Hacken erhält hingegen den Mikrokosmos der Kleinstlebewesen. Dennoch werden vor allem Gärtner mit schweren Böden nicht umhinkommen, diese zumindest in jedem zweiten Herbst umzugraben, damit die Erde durch die Frostgare über den Winter etwas lockerer wird.

Düngung im Gemüsebeet

Organischer Dünger ist besser für das Bodenleben, keine Frage. Aber auch hier stellt sich die Frage nach der richtigen Menge und dem idealen Zeitpunkt. Leider gibt es keine allgemeingültige Antwort. Leichte Böden müssen stärker gedüngt werden als schwere Böden, bei viel Regen werden Nährstoffe ausgewaschen und verschiedene Kulturen haben unterschiedliche Bedürfnisse.

Einen wichtigen Anhaltspunkt gibt deshalb die schon erwähnte Bodenuntersuchung.

Halten Sie sich an die dort gegebenen Empfehlungen und wiederholen Sie die Untersuchung etwa alle drei Jahre. Sie werden merken, ob sich die Werte in Ihrem Garten vorteilhaft verändern, stabil bleiben oder gar eine negative Entwicklung eingetreten ist. Denn zu viel des Guten ist schlecht. Haben Sie Ihren Garten mit Phosphor überdüngt oder mit zu viel Kalk in den basischen Bereich getrieben, können die Pflanzen Spurenelemente wie Eisen nicht mehr erschließen und zeigen Mangelerscheinungen, obwohl eigentlich genug vorhanden ist.

Unsere Gemüsearten unterscheiden sich auch deutlich in der Höhe ihres Nährstoffbedarfes und wollen nicht alle gleich behandelt werden. Einige wie Kürbis, Kartoffeln oder Tomaten sind sehr »hungrig«, andere wie Salat oder Hülsenfrüchte hingegen sind bescheiden. Pflanzen mit hohem Nährstoffbedarf mickern, wenn sie nicht genug bekommen – eine Überdüngung hingegen führt zu mastigen Pflanzen, die krankheitsanfällig sind. Fruchtbildende Gemüse entwickeln mehr Blätter und weniger Früchte. In den nachfolgenden Gemüseporträts finden Sie Angaben, wie hoch der Nährstoffbedarf der einzelnen Arten ist.

Da es eine Zeit lang dauert, bis organischer Dünger von den Pflanzen erschlossen wird, sollten Sie ihn kurz vor oder zur Zeit der Pflanzung geben und je nach Bedarf im Sommer nachdüngen. Wird es mit dem Herbst kühler, sollten Sie die Düngung einstellen, da die Pflanzen die Nährstoffe kaum noch aufnehmen können. Vor allem Stickstoff wäscht dann aus und belastet unsere Gewässer.

Die Kulturen durch Fruchtwechsel gesund erhalten

Schon die ersten Ackerbauern haben bald entdeckt, dass der Ertrag bei einer Mehrfelderwirtschaft reicher ist, als wenn Jahr für Jahr dasselbe an einer Stelle wachsen soll. Das ist auch logisch, denn die verschiedenen Pflanzen haben unterschiedliche Nährstoffbedürfnisse, sodass der Boden einseitig auslaugen würde, wenn er immer nur dasselbe liefern müsste. Dies betrifft nicht nur die Stärke des Nährstoffbedarfes, denn manche Pflanzen benötigen generell mehr Phosphor, die anderen mehr Kali etc.

Auch um es den Schädlingen nicht zu leicht zu machen, sollte man in jeder Saison einen

Regenwürmer helfen dabei, den Boden zu durchlüften.

Ein Folienzelt dient vorübergehend als mobiles Gewächshaus.

Fruchtwechsel vornehmen. Denn sie verbleiben teilweise im Boden und würden anderenfalls im nächsten Jahr wieder dieselbe Kultur befallen.

Manche Ratgeber empfehlen bestimmte Ablaufpläne, nach denen die Kulturen Jahr für Jahr über die Beete wandern sollen. Das klappt gut, solange Sie in jedem Jahr dasselbe anbauen. Wollen Sie aber mal dies, mal jenes erproben oder haben Sie einfach Lust auf Abwechslung, sind solche Pläne zum Scheitern verurteilt.

Sinnvoll ist es aber, in jedem Jahr eine Gartenskizze anzufertigen und festzuhalten, wo was gestanden hat. Versuchen Sie dann im kommenden Jahr, mittel oder schwach zehrende Pflanzen auf die Beete zu setzen, wo zuvor Starkzehrer standen, denn meist sind noch genügend Nährstoffe verblieben, sodass Sie auf die Grunddüngung verzichten können. Wo zuletzt schwach zehrende Arten ihre Beete hatten, kann nun Mist oder Kompost aufgebracht werden und die stark zehrenden Gemüse fühlen sich wieder wohl. Achten Sie außerdem darauf, dass Sie nicht Angehörige derselben Pflanzenfamilie über mehrere Jahre auf einem Beet stehen haben, damit sich keine Krankheiten festsetzen. Die Tabelle zu den Pflanzenfamilien in diesem Buch hilft Ihnen dabei.

Und wie fast bei jeder Regel gibt es natürlich Ausnahmen: Tomaten können über mehrere Jahre an einem Ort stehen. Auch Stangenbohnen vertragen es, länger an demselben Platz zu wachsen.

Mischkultur – oder: Wer kann mit wem?

Im biologischen Gemüsegarten spielt die Mischkultur eine große Rolle. Die Idee dahinter ist, dass es auch in der Natur keine Monokulturen gibt, dass manche Pflanzen sich gegenseitig unterstützen und wohltun. Schädlinge haben es schwerer, ihr Opfer zu finden. Und außerdem sehen bunte Beete hübscher aus als strenge lange Reihen.

In der Praxis scheinen mir die Vorteile der Mischkultur aber nicht immer so groß zu sein wie angepriesen. Viele Arbeitsabläufe sind leichter, wenn auf einem Beet nur eine Kultur steht. Die Bedürfnisse der Pflanzen hinsichtlich Bewässerung und Düngung sind alle gleich. Der Fruchtwechsel im kommen-

Wo jetzt noch Kartoffeln stehen, wachsen in der zweiten Jahreshälfte Grünkohl und Radicchio.

den Jahr wird nicht noch komplizierter. Das Hacken geht bei geraden Reihen schneller von der Hand.

Es gibt unendlich viele Mischkulturtabellen – die sich bei genauerer Betrachtung allerdings teilweise widersprechen. Ich glaube, dass ein ganzes Gärtnerleben nicht ausreicht, um selbst auszuprobieren, welche Kombination nun wirklich sinnvoll ist und das Gedeihen der Pflanzen unterstützt. So habe ich zum Beispiel die Erfahrung gemacht, dass die häufig als ungünstig beschriebene Kombination von Bohnen und Zwiebeln sehr erfolgreich sein kann. Hingegen weiß mittlerweile jeder praxiserfahrene Gärtner, dass es nicht vor der Möhrenfliege schützt, wenn Karotten und Zwiebeln beieinanderstehen – dennoch dient das in Gartenratgebern noch immer als klassisches Beispiel einer Mischkultur.

Mittlerweile gehe ich die Sache mit der Mischkultur sehr pragmatisch an und überlege, welche Kombination eine sinnvolle Ausnutzung der Beete gewährleistet. So stecke ich im März zwei Reihen Zwiebeln in der Mitte des zukünftigen Stangenbohnenbeetes. Bis die im Mai gelegten Bohnen so groß sind, dass sie die Zwiebeln vollends beschatten würden, sind diese erntereif. Und dass sich die beiden Gemüse nicht gut vertragen, konnte ich bislang nicht beobachten. Genauso könnte ich Salat zwischen die Bohnenstangen pflanzen, der im Juni geerntet werden kann. Oder Radieschen. Oder Kohlrabi.

Eine Reihe Erbsen kommt bei mir an den Rand des Gurkenbeetes. Auch hier ist es so, dass die Erbsen längst geerntet worden sind, wenn die Gurken den kompletten Platz benötigen. Ich reiße die Erbsen aber nicht heraus, denn an ihren Wurzeln haftet Stickstoff, der von Knöllchenbakterien gebildet wurde. Dieser kommt nun den Gurken zugute.

Salat macht sich in meinem Garten an fast jedem Platz als Lückenfüller gut. Radieschen wachsen manchmal zu Füßen der Paprika.

Letztlich müssen Sie selbst ausprobieren, welche Mischkulturen für Sie die richtigen sind. Einzige Einschränkung ist, dass Angehörige derselben Pflanzenfamilie sich gegenseitig nicht befördern, sondern miteinander um Nährstoffe konkurrieren und dieselben Schädlinge anlocken. Aber auch dies muss kein Problem sein, solange Sie nicht zu eng pflanzen und den Fruchtwechsel von Jahr zu Jahr einhalten.

Folien, Vlies und Glas

Wer früh im Jahr loslegen möchte oder besonders wärmeliebende Gemüse anbaut, muss sich Gedanken um den Schutz der Zöglinge vor Wind und Kälte machen. Ein »richtiges« Gewächshaus kostet eine Menge Geld und braucht viel Platz. Zudem muss an wärmeren Tagen gelüftet werden und das regelmäßige Gießen kann viel Arbeit machen. Für beides gibt es aber auch Automatiken. Im Gewächshaus nisten sich gerne Schadinsekten ein. Trotz allem ist ein großes Gewächshaus eine tolle Sache für ambitio-

Bohnen hinterlassen stickstoffreichen und gut gelockerten Boden.

nierte Gemüsegärtnerinnen und -gärtner. Wenn es nur um das zeitige Vorziehen geht, reicht auch ein Frühbeet, das ortsfest oder mobil sein kann. Ein kleines Folienzelt können Sie sogar vorübergehend auf der Terrasse als Jungpflanzenstation für Tomaten, Paprika und Gurken einsetzen und spätestens Mitte Mai wieder im Keller oder Schuppen verstauen.

Um Direktaussaaten auf dem Beet vor der Witterung zu schützen, bieten sich mobile Tunnel an, über die Lochfolie oder Vlies gezogen wird. Beide lassen den Regen hindurch, sodass kein zusätzlicher Arbeitsaufwand durch Bewässerung entsteht. Anders als bei geschlossener Folie entsteht auch kein Hitzestau. Mit Vlies und Lochfolie lässt sich die Saison etwa zwei bis vier Wochen vorziehen bzw. in den Herbst hinein ausdehnen. So kann man deutlich höhere Ernten erreichen. Allerdings reichen die handelsüblichen Minitunnel aus dem Baumarkt nur für Radieschen und Salat – wenn Sie größere Pflanzen beherbergen wollen, rate ich Ihnen dazu, sich Federstahlstäbe aus dem Fachhandel zu besorgen und

die dann deutlich größeren Tunnel mit Vlies von der Rolle zu überspannen. Ein Kulturschutznetz, das in der Anschaffung zunächst mehr als doppelt so teuer, aber dafür mindestens dreimal so haltbar ist, kann ebenfalls als leichter Witterungsschutz dienen. Es hält zugleich Schadinsekten fern.

Eine Besonderheit ist die Kultur von Tomaten. In einem regnerischen Sommer werden sie im Freiland von der Braunfäule dahingerafft. Das kann sogar im Gewächshaus passieren, wenn dort die Luftfeuchtigkeit zu hoch wird. Am besten sind Tomaten unter einer Überdachung aufgehoben, die zumindest nach einer Seite hin offen ist.

Werkzeug für den Gemüsegarten

Mit gutem Werkzeug macht die Gartenarbeit viel mehr Spaß, als wenn Sie sich über unzulängliche Gerätschaften ärgern müssen. Kaufen Sie lieber weniger, aber hochwertige Werkzeuge. Es kann sich auch lohnen, sich nach gebrauchten Exemplaren umzusehen. Vielleicht hat Ihr alter Nachbar vor einigen

Jahren Rasen in seine Gemüsebeete eingesät und hat noch seine alten handgeschmiedeten Geräte ungenutzt in der Garage stehen.

Unverzichtbar für den Gemüsegärtner sind Spaten, Grabegabel, Ziehhacke und Harke. Dazu noch einige Handwerkzeuge wie eine kleine Hacke zum Jäten und Pflanzen, zwei Pflanzkellen in unterschiedlicher Breite und eine Miniharke zur Bodenlockerung. Zwei, drei Gießkannen sollten Sie besitzen und ebenso viele Eimer, die zum Einsammeln von gejätetem Unkraut dienen können, aber auch bei der Kartoffelernte oder dem Ausbringen von Kompost nützlich sind. Das ist die Basisausstattung.

Wer eine größere Fläche bestellt, wird sich über eine Feldhacke freuen, wie sie in Südeuropa gerne verwendet wird. Den Boden lockern, ohne umzugraben, können Sie mithilfe eines Kultivators oder Sauzahns. Um gerade Saat- und Pflanzreihen anzulegen, sind Schnüre und Kurzstäbe sinnvoll. Als Rankhilfe und Stütze dienen Tonkinstäbe – oder Sie haben die Möglichkeit, irgendwo Haselruten zu schneiden. Möchten Sie Schadinsekten bekämpfen, brauchen Sie eine Gartenspritze – die können Sie für Schmierseifenlösungen ebenso verwenden wie für die »chemische Keule«.

Für die Anzucht von Jungpflanzen benötigen Sie Saatschalen oder besser noch Topfplatten. Ein Pikierholz ist nützlich, ich verwende stattdessen das obere Ende von ausrangierten Teelöffeln, die mir auch als Minipflanzkelle gute Dienste leisten. Etiketten für die Bezeichnung der Aussaaten können Sie in Holz, Kunststoff oder Alu kaufen. Ich schneide gebrauchte Joghurtbecher in Streifen und beschrifte die unbedruckte Seite. Stilvoll ist das sicher nicht, aber praktisch und ganz im Sinne einer optimalen Ressourcennutzung.

Mit einem Pikierstab lassen sich kleine Löcher für die Saatkörner vorbereiten.

Wasser ist im Gemüsegarten unentbehrlich.

Handhacke und Pflanzkelle braucht man oft.

Eine Ziehhacke hilft bei der Unkrautbekämpfung.

Die wichtigsten Werkzeuge im Gemüsegarten.

Die besten Gemüse für den Hausgarten

Von

ARTISCHOCKE UND CARDY *Cynara cardunculus*

Cardy und Artischocke sind eng miteinander verwandt und gehören in die Familie der Korbblütler. Während man bei der Artischocke den Blütenboden und die Blütenschuppen isst, verzehrt man bei der Cardy die gebleichten Blattrippen. In Deutschland sind Artischocken nur in gut geführten Supermärkten im Angebot, Cardys sind nur selten erhältlich. Haupterntezeit ist der Spätherbst.

Kulturgeschichte

Die Cardy ist in den Mittelmeerländern und Nordafrika beheimatet und gilt als die Stammform der Artischocke. Nach Mitteleuropa ist sie erst im 17. Jahrhundert gelangt. In der schweizerischen Region um Genf ist die Cardy zu einer traditionellen Winterspezialität geworden und wird zu Festessen an Weihnachten oder Silvester gereicht. In Deutschland hingegen ist das Gemüse, das sich früher einiger Beliebtheit erfreut hat, heute weitgehend unbekannt.

Die Artischocke wurde bereits im Alten Rom verzehrt. Im Mittelalter wurde sie wegen ihrer medizinischen Wirkung sehr geschätzt, und so gelangte sie auch nach Mitteleuropa, wo sie in Fürstenhöfen und Klostergärten angebaut wurde. Bis heute gilt sie als Gourmetgemüse. Artischocken werden vor allem in den Mittelmeerländern angebaut.

Anbau im Garten

In wintermildem Klima werden Cardy und Artischocke mehrjährig kultiviert. Bereits Anfang März sollte man damit beginnen, die Pflanzen im beheizten Gewächshaus oder auf dem Fensterbrett auszusäen. Anfangs entwickeln sich die Jungpflanzen langsam. Man sollte sich aber beim Auspflanzen Anfang Mai nicht täuschen lassen – der Platzbedarf ist enorm, ein Quadratmeter sollte für jedes Exemplar mindestens veranschlagt werden. In winterwarmen Gegenden können Sie direkt im Mai aussäen, dazu drei oder vier Saatkörner legen und nur eine Pflanze stehen lassen.

Die Pflanzen schätzen einen lockeren Boden in sonniger Lage. Sie haben einen hohen Nährstoffbedarf, besonders mögen sie organischen Dünger wie Kompost. Halten Sie den Boden locker, indem Sie regelmäßig hacken. Bei längerer Trockenheit muss unbedingt gewässert werden. Da es eine ganze Zeit dauert, bis eine Pflanze den zugewiesenen Platz vollkommen einnimmt, bietet sich eine Unterkultur mit Salat oder Radieschen an, die rascher geerntet werden.

Möchte man die Artischocke bzw. Cardy mehrjährig kultivieren, so werden die Pflanzen vor Beginn des Winters runtergeschnitten. Decken Sie den Wurzelstock so ab, dass kein Wasser durch die abgeschnittenen Stängel ins Innere des Wurzelstockes laufen kann und dort Fäulnis verursacht. Am besten mit einem hohen Haufen Laub abdecken, der mit etwas Erde beschwert wird. Alles in allem sind Cardys weniger frostempfindlich als Artischocken, sodass man es eher wagen kann, sie geschützt auf dem Beet zu belassen. Alternativ können Sie die Pflanzen zu Winterbeginn ausgraben und in Kübel pflanzen, die im unbeheizten Gewächshaus oder Folientunnel überwintern. Achtung, sobald die Pflanze im Februar auszutreiben beginnt, darf sie keinen Frost mehr bekommen. Möchte man die Pflanzen über Kindel vermehren, schneidet man im Spätwinter Neuaustriebe mitsamt einem Stückchen vom Wurzelstock aus und topft diese wie Stecklinge. Sie bewurzeln alsbald, sind aber frostempfindlich und dürfen deshalb erst nach den Eisheiligen ins Beet gepflanzt werden.

Sorten

Während in Frankreich und Italien verschiedene Cardysorten bekannt sind, kann man hierzulande froh sein, wenn man überhaupt Saatgut auftreibt. Etwas mehr Vielfalt gibt es bei den Artischocken:

- 'Green Globe' ist eine weitverbreitete, gut winterharte Sorte.
- 'Violetto', eine italienische Sorte mit länglichen Knospen, gilt ebenfalls als gut winterhart.
- 'Grüne von Laon' ist eine Artischocke mit sehr fleischigen, ergiebigen Blütenböden, allerdings braucht sie besonders guten Winterschutz.

Schädlinge und Krankheiten

Die Pflanzen sind sehr robust und werden in der Regel nicht krank. Dennoch sollte man

---

Auf einen Blick

- Aussaat 3 / Pflanzung 5 / Ernte 8–10*
- Großer Platzbedarf
- Hoher Nährstoffbedarf
- Anspruchsvoll
- Lange Standzeit
- Feinschmeckergemüse

---

*) Monate in Ziffern

sie nicht jahrelang auf demselben Platz anbauen. Ist das Spätfrühjahr sehr trocken, kann ein Befall mit Schwarzen Läusen auftreten. Diese lassen sich abreiben oder durch Spritzen von Brennnesseljauche vertreiben.

Ernten und Lagern

Bei Cardys bleicht man vor dem Eintritt stärkeren Frostes – etwa ab September – die ganzen Pflanzen, damit sie ihre Bitterstoffe verlieren. Dazu umwickelt man sie oben und unten locker mit einem Seil und schlägt dann entweder schwarze Folie oder aber Leinwandsäcke um sie. Verwenden Sie Handschuhe, denn die Pflanze ist recht stachelig. Häufeln Sie im unteren Bereich an, um die Standsicherheit auch bei stärkerem Wind zu gewährleisten. Nach etwa drei bis vier Wochen sind die Pflanzen fertig gebleicht. Nun schneidet man entweder die Blattrippen nach Bedarf oder gräbt die Cardy

mitsamt den Wurzeln aus und schlägt sie im Keller ein. Achtet man darauf, die Wurzel feucht zu halten, lässt sie sich dort einige Wochen lagern. Es lassen sich aber auch die küchenfertig geputzten Blattrippen bzw. Stängel gut einfrieren. Wenn man die Cardy im Frühjahr wieder auspflanzen möchte, muss das Herz stehen bleiben.

Bei Artischocken werden die Blütenstände verzehrt. Man erntet sie, solange sie noch fest geschlossen sind, der Blütenboden sollte sich aber schon ganz entwickelt haben. Wartet man zu lange, zeigen sich die schönen violetten Blüten. Der Erntezeitraum beginnt je nach Klima im Juni oder Juli und erstreckt sich über etwa acht Wochen. Nach der Ernte sollten die Blütenknospen so schnell wie möglich verzehrt werden. Im Gemüsefach des Kühlschrankes halten sie wenige Tage. Ist der Stiel lang genug, kann man die Blüten auch für einige Tage in die Vase stellen.

Artischocke und Cardy in der Küche

Man isst die Stängel und äußeren Blattrippen der Cardy. Dicht an der Basis verholzen die Stängel bisweilen, achten Sie deshalb bei der Zubereitung darauf, dass sie innen gleichmäßig fleischig und saftführend sind. Etwaige Fäden können vor oder auch nach dem Kochen abgezogen werden. Vor dem Kochen ist dies mit einem Spargelschäler leicht möglich. Die Stängel werden in fingerlangen Stücken in Salzwasser 15 bis 20 Minuten gedünstet, sie sollten noch bissfest sein. Ist das Gemüse noch sehr bitter, schütten Sie das Kochwasser weg und lassen Sie die Cardy noch einmal in frischem Salzwasser kurz aufkochen. Cardy kann auch roh verzehrt werden – z. B. zum Dippen.

Mit Olivenöl, etwas Zitronensaft und Salz angemacht, kommt der artischockenähn-

Gedünstete Cardy schmeckt mit Olivenöl und Zitronensaft angemacht.

liche Geschmack am besten zur Geltung. Dazu passen Baguettebrot und Ziegenkäse. Man kann die Cardy aber auch ähnlich wie Spargel zubereiten – mit Bechamelsoße oder mit zerlassener Butter und gekochtem Schinken.

Artischockenknospen werden im Ganzen etwa 30 bis 40 Minuten lang in Salzwasser gegart. Artischocken sind Fingerfood: Zum Verzehr zupfen Sie einzeln die Blütenhüllblätter ab und dippen sie in eine passende Soße – das kann eine Frischkäsecreme sein ebenso wie eine Kräuter- oder Tomatensoße. Ziehen Sie mit den Zähnen dann das Fruchtfleisch von den Blättern. Sie behalten grobe Fasern über und legen sie beiseite. Je dichter man zum Blütenboden gelangt, desto üppiger wird der verzehrbare Anteil. Ein Schüsselchen mit Wasser zur Reinigung der Finger sollte auf dem Tisch bereit stehen. Den delikaten Blütenboden isst man mit Messer und Gabel, nachdem man das sogenannte Heu – überständige Fasern – davon entfernt hat.

Gesundheit

Die Bitterstoffe der Artischocke und Cardy – Cynarin und Cynaridin – wirken anregend auf den Verdauungsapparat und sind gut für die Leber. Sie sollen sogar in der Lage sein, die Regeneration einer bereits geschädigten Leber zu unterstützen. Außerdem enthalten die Pflanzen krebsvorbeugende Flavonoide, die zudem dazu beitragen, den Cholesterinspiegel zu senken, und eine gefäßschützende Wirkung haben. Diabetiker vertragen das in Artischocke und Cardy enthaltene Kohlenhydrat Inulin besonders gut, es führt bei empfindlichen Personen jedoch zu Blähungen. Wegen der positiven gesundheitlichen Wirkung der Inhaltsstoffe kann man Artischockenpräparate als Nahrungsergänzungsmittel in der Apotheke oder im Reformhaus kaufen.

Leichten Frost halten Cardypflanzen aus – wenn es kälter wird, sollten sie geerntet werden.

AUBERGINE *Solanum melongena*

Auberginen sind wärmebedürftige Pflanzen aus der Familie der Nachtschattengewächse. Verzehrt werden die meist länglichen oder eiförmigen Früchte mit ihrem etwas wattigen Inneren. Sie kommen meist aus den Mittelmeerländern zu uns und sind fast ganzjährig im Handel – Haupterntezeit sind Sommer bis Herbst.

Kulturgeschichte

Die Aubergine stammt aus Asien, der Ursprung liegt in Teilen Chinas und Indiens. Dort wurde sie bereits vor Christi Geburt zur Ernährung genutzt und verbreitete sich auch in die arabischen Länder. Die Ursprungspflanze trug kleinere, cremefarbene und eiförmige Früchte, woher der heute noch bekannte Name »Eierfrucht« vermutlich rührt. Die Sortenvielfalt ist in den Ursprungsländern bis heute enorm.

Araber brachten die Pflanze im 13. Jahrhundert mit nach Europa, jedoch erst etwa 200 Jahre später begann man auch hier damit, sie zu Ernährungszwecken zu kultivieren. Zunächst war die Aubergine in Italien beliebt, von dort verbreitete sich der Anbau vor allem dunkelvioletter Sorten über ganz Südeuropa.

In Deutschland sind Auberginen erst in den 1970er-Jahren bekannter geworden. Gastarbeiter aus den Mittelmeerländern haben sie mitgebracht und in ihren Restaurants und Läden angeboten. Bislang werden sie hierzulande nur von wenigen direkt vermarktenden Betrieben und Liebhabern angebaut. In den Niederlanden ist die Auberginenkultur in Treibhäusern erfolgreich. Der größte Teil der bei uns verkauften Früchte wird in den Mittelmeerländern und Nordafrika produziert. Weltweit sind China und Indien führend im Auberginenanbau.

Anbau im Garten

Mit etwas Geschick und Glück lassen sich Auberginen auch in kühleren Regionen kultivieren. Wichtig ist es, bereits früh im Jahr die Jungpflanzen anzuziehen, die sonst nur in gut sortierten Gärtnereien und auf Märkten erhältlich sind. Beginnen Sie damit am besten im Februar. Um die Keimung zu erleichtern, weichen Sie die Saatkörner einen halben Tag lang in Wasser oder Kamillentee ein. Dann werden sie etwa 1 cm tief in Aussaaterde gelegt, die fest angedrückt werden muss. Die Keimlinge brauchen Widerstand, wenn sie aus der Erde kommen, um die Samenhülsen abzustreifen. Dies ist nach etwa zwei Wochen der Fall, bei mindestens 22 °C, besser 25 °C. Nach weiteren zwei bis drei Wochen hat sich neben den Keimblättern mindestens ein richtiges Blattpaar gebildet – nun kann man die Jungpflanzen pikieren. Wählen Sie nicht zu kleine Töpfe – 10 cm Durchmesser sollten es schon sein. Weil im Februar und März noch wenig Tageslicht vorhanden ist, sollten Sie die Jungpflanzen unter einer Leuchtstoffröhre anziehen, damit sie nicht vergeilen.

Nach den Eisheiligen können die Auberginen in den Garten ausgepflanzt werden – wer einen frostsicheren Platz im Gewächshaus hat, kann dies bereits im April tun. Man sollte auf jeden Fall einen geschützten Ort mit optimalem Mikroklima wählen, z. B. an einer Südwand, in einem Hochbeet oder auch in einem Vlies- oder Folientunnel. Die

Auberginen lieben humosen Boden, der mit Kompost angereichert sein sollte.

Man pflanzt sie mit einem Abstand von etwa 50 cm in der Reihe und 80 cm zwischen den Reihen. Bei Minisorten kann man auch enger pflanzen. Die normalgroßen Sorten benötigen eine Stütze, also am besten gleich einen Stab mit einstecken und regelmäßig aufbinden. Sofern die Vegetationszeit nicht extrem kurz ist (z. B. in Höhenlagen), ist es sinnvoll, die ersten sich bildenden Früchte auszubrechen, damit die Pflanzen zunächst mehr Blattmasse entwickeln und stärker werden. Insgesamt sollte man den Fruchtbehang bei den normalgroßen Sorten auf sechs bis zehn Exemplare beschränken, damit sie ausreifen können. Zwischendurch den Boden leicht lockern, frei von Unkraut halten und etwas nachdüngen.

Wer Auberginen im Gewächshaus oder Tunnel zieht, sollte die Pflanzen während der Blütezeit immer mal wieder schütteln, um eine Befruchtung zu gewährleisten – draußen übernimmt der Wind diese Arbeit. Ziehen Sie Auberginen nicht zusammen mit anderen Nachtschattengewächsen wie Paprika oder Tomaten. Mit anderen Gemüsearten verstehen sie sich gut, sodass sich Mischkulturen anbieten. Es ist zum Beispiel sinnvoll, auf dem Auberginenbeet im März in lockeren Abständen Salat- und Kohlrabipflanzen zu setzen, die bereits erntereif sind, wenn die Auberginen den gesamten Platz im Beet einnehmen.

Auberginenpflanzen haben dank ihrer großen Blätter und ihrer je nach Sorte sehr hübschen Früchte auch Potenzial als Ziergewächse. Sie passen durchaus ins Staudenbeet. In großen Kübeln, die mindestens 10 l Erde fassen, können sie auf Terrassen und Balkonen gezogen werden. Dort ist es oft noch wärmer und geschützter. Auf ausreichende Bewässerung und Düngung ist unbedingt zu achten. Der Ertrag von Kübelpflanzen ist meist geringer.

Sorten

Aus dem Supermarkt sind hier vor allem die dunkelvioletten länglichen Standard-Auberginen bekannt. Es gibt etliche Variationen in hellen und dunkleren Violetttönen, aber auch weiße, gelbe und tomatenrote Auberginen. Einige Sorten bleiben auch im reifen Zustand grünlich.

- 'Prosperosa' ist eine fast runde, eher dunkelviolette Sorte mit hellem Ansatz, die auch in kühlerem Klima gut trägt.
- 'Round Mauve', eine plattrunde, hellviolette Sorte mit gutem Ertrag, reift recht früh und ist damit auch für kühleres Klima geeignet.
- 'Listada de Gandia' hat sehr hübsche, violett-weiß gestreifte tränenförmige Früchte mit festem Fleisch, sie ist auch für kühlere Regionen geeignet.
- 'Rosa Bianca', eine alte italienische Sorte, mit hellvioletten und auch weißen, bauchigen Früchten. Sie lässt sich in warmen Lagen auch im Freiland kultivieren.
- 'Striped Toga' trägt Trauben mit sehr dekorativen kleinen Früchte, die zunächst gelbgrün gestreift sind und später orange-rot werden. Die Sorte reift bei kühlem Wetter zu spät aus. Der Geschmack ist bitterer als von modernen Kultursorten gewohnt.

- 'Za Hara' bildet längliche schmale Früchte im klassischen Dunkelviolett mit grünlicher Spitze. Sie reift früh aus und ist für kühleres Klima geeignet.
- 'Bambino' entwickelt sich zu klein bleibenden Pflanzen für die Kultur im Kübel, auch die dunklen rundlichen Früchte werden nur hühnereigroß.

Schädlinge und Krankheiten

Bei der Kultur unter Glas oder im Tunnel treten häufig Spinnmilben auf. Dagegen hilft der Einsatz von Raubmilben, die als lebende Tiere übers Internet bezogen werden können. Auch beim Befall mit der weißen Fliege helfen Nützlinge oder aber mehrfaches Spritzen von einem Gemisch aus Wasser und Rapsöl im Verhältnis 10 : 1 – geben Sie ein paar Tropfen Spülmittel oder Schmierseife hinzu, damit die Mischung besser emulgiert.

Im Freiland kann der Kartoffelkäfer den Pflanzen zusetzen. Während der Hauptbefallszeit im Juni sollte man die Auberginen regelmäßig untersuchen und die Käfer absammeln.

In feucht-warmen Jahren sind Auberginen empfindlich gegenüber Grauschimmel. Vorbeugend hilft der Verzicht auf eine starke Stickstoffdüngung. Befallene Blätter sollte man gleich ausputzen und nicht kompostieren, sondern zum Restmüll geben, denn die Sporen können sonst auf dem Kompost überdauern.

Ernte, Lagerung und Konservierung

Auberginen sind erntereif, wenn sie nicht mehr ganz so hart sind und die Haut auf Druck leicht nachgibt. Den richtigen Zeitpunkt herauszufinden erfordert ein wenig Erfahrung. Die aufgeschnittenen Früchte

sollten innen nicht mehr grünlich sein, sonst enthalten sie noch zu viel Solanin, das leicht giftig ist. Die Kerne im Inneren können weiß bis leicht gefärbt sein. Sind sie braun sowie deutlich entwickelt und ist das Fruchtfleisch weich und sehr wattig, so sind die Früchte überreif. Dies kann man auch daran erkennen, dass die Schale nicht mehr glänzt, sondern matt wirkt.

Unreif geerntete Auberginen können geringfügig nachreifen, wenn sie warm und abgedeckt gelagert werden. Reife Früchte halten sich im Gemüsefach des Kühlschrankes etwa eine Woche. Auberginen lassen sich besser in verzehrfertiger Zubereitung als roh einfrieren.

Auberginen in der Küche

Früher war es weitverbreitet, Auberginen vor der Zubereitung in Scheiben zu schneiden, mit Salz zu bestreuen und dieses nach einer halben Stunde abzuwaschen. Damit hat man die Bitterstoffe aus den Früchten gezogen, die heute bei den meisten Sorten »weggezüchtet« worden sind. Eine solche Prozedur ist daher meist nicht mehr nötig.

Sehr lecker schmecken in Olivenöl gebratene Auberginen – aber auf diese Weise saugen sie auch unglaublich viel Fett auf. Dies können Sie reduzieren, wenn Sie sich die Mühe machen, die einzelnen Auberginenscheiben mit einem Backpinsel dünn einzuölen. So vorbereitet, lassen sie sich in einer beschichteten Pfanne braten oder aber auf dem Grill oder auf dem Backblech rösten. Sehr gut schmecken Zaziki und frische Tomaten zu gegrillten Auberginen. In den Mittelmeerländern werden sie gerne mit etwas Zitronensaft beträufelt.

Ein beliebtes Rezept mit Auberginen ist Ratatouille. Dazu gart man getrennt folgende Gemüsesorten in wenig Fett: Auberginen,

Zucchini, Paprika und Tomaten. Schließlich dünstet man eine Zwiebel und einige Knoblauchzehen an und gibt die Gemüse dazu. Das fertige Ratatouille salzen und mit mediterranen Kräutern abschmecken.

Aus Griechenland stammt das mittlerweile auch hierzulande bekannte Moussaka. Dieser Auflauf wird aus Auberginen- und Kartoffelscheiben hergestellt, die mit einer Hackfleisch-Tomatensoße übergossen und einer Haube aus Ei, geriebenem Käse und etwas Milch überbacken werden.

Für ein in Nordafrika beliebtes Auberginenpüree, das man kalt zu Weißbrot und Salat essen kann, gart man die Früchte zunächst im Ganzen eine halbe Stunde im Backofen. Damit sie nicht platzen, stechen Sie vorher mit der Gabel ein paar Löcher hinein. Sind die Früchte abgekühlt, können Sie die Haut abziehen. Das Fruchtfleisch nun klein schneiden und mit etwas ausgepresstem Knoblauch, Salz, Pfeffer, Zitronensaft und Olivenöl vermengen, mit einer Gabel zerdrücken. Dazu passt sehr gut klein gehackte Petersilie.

Gesunde Aubergine

Auberginen regen das Verdauungssystem an und sollen sich auch positiv auf den Cholesterinspiegel auswirken. Sie enthalten Terpene, die teilweise als krebsvorbeugend gelten. Der Gehalt an Vitaminen und Mineralstoffen ist etwas geringer als bei vielen anderen Gemüsearten. An sich ist der Kaloriengehalt gering, bei der Zubereitung sollte man aber aufpassen, nicht zu viel Fett zu verwenden. Man kann sie dazu auf dem Backblech garen.

Die Früchte der Auberginensorte 'Striped Toga' bleiben klein und sind sehr dekorativ.

BÄRLAUCH *Allium ursinum*

Bärlauch ist ein Zwiebelgewächs und in Mitteleuropa an Waldrändern und Flussufern heimisch. Er kann aus Wildbeständen gesammelt, aber auch erfolgreich im Garten kultiviert werden. Frischen Bärlauch kann man vereinzelt auf guten Wochenmärkten erhalten, konservierte Bärlauchprodukte gibt es im Feinkostladen. Haupterntezeit ist im frühen Frühjahr.

Kulturgeschichte

Erste archäologische Bärlauch-Funde stammen aus jungsteinzeitlichen Siedlungen im Alpenvorland. Für die alten Germanen war der Bärlauch eine wichtige Heilpflanze. Er galt als Frühlingsbote und sollte die Kräfte eines Bären in sich tragen. Nach dem langen kalten Winter wurde er verzehrt, um neue Stärke zu gewinnen und sich innerlich vom Winter zu reinigen. Für das Mittelalter ist der Bärlauch auch als Gartenpflanze nachgewiesen. Er galt als blutreinigend und kräftigend. Später wurde er vom Knoblauch verdrängt.

Anbau im Garten

Bärlauch bevorzugt einen halbschattigen, feuchten und humosen Platz. Sandiger und saurer Boden ist weniger geeignet. Der Bärlauch bringt in milden Wintern schon ab Februar frisches Grün und kann bis zur Blüte, die je nach Klima zwischen April und Mai stattfindet, gegessen werden. Nach der Blüte zieht der Bärlauch ein und ist bis zum nächsten Frühjahr nicht mehr zu sehen. Der Bärlauch braucht kein Beet für sich allein, ein günstiger Standort im Garten ist auf Baumscheiben und am Fuß von sommergrünen Sträuchern.

Bärlauch kann am einfachsten durch die Zwiebeln vermehrt werden, die man im Herbst etwa 5 cm tief in kleinen Horsten steckt. Er lässt sich auch aus Saat ziehen; da er Frostkeimer ist, sollte man dies im Herbst tun. Wenn er sich erst einmal im Garten etabliert hat, sät er sich auch gerne selbst aus. Dabei hat er nicht immer dieselbe Vorstellung wie der Gärtner darüber, welches der beste Platz für ihn ist. Einer überbordenden Ausbreitung beugen Sie vor, indem Sie die Blüten im Spätfrühjahr ausbrechen. Nimmt der Bärlauch überhand, können im Herbst auch nach und nach die Zwiebeln ausgegraben und verzehrt werden. An der Luft halten sie sich nur wenige Tage.

Sorten

Der Bärlauch ist eine Wildpflanze, die auch in Kultur genommen wird. Verschiedene Sorten sind noch nicht bekannt. Es gibt allerdings eine ganze Reihe ähnlicher *Allium*-Gewächse.

Schädlinge und Krankheiten

Aufgrund der frühen Vegetationszeit spielen Schädlinge keine Rolle. Bärlauch ist zudem als Wildpflanze sehr robust.

Ernten und Lagern

Man pflückt von einer Pflanze, die mindestens vier Blätter hat, die beiden äußeren und lässt den Rest stehen. Es treiben weitere Blätter nach. Bärlauch hält in ein feuchtes Tuch gewickelt einige Tage im Kühlschrank frisch. Man kann ihn fein gehackt auch gut einfrieren oder mit Öl zu Pesto verarbeiten.

Auf einen Blick

- Aussaat 9–11 / Ernte 2–4
- Mehrjährig
- Feuchter, halbschattiger Standort
- Geringer Nährstoffbedarf
- Erstes frisches Grün im Jahr

Bärlauch in der Küche

Bärlauch schmeckt nach Knoblauch, verursacht aber weniger Ausdünstungen. Wenn anderes frisches Grün noch rar ist, erfreut er auf dem Butterbrot ebenso wie im Quark, fein geschnitten über Suppe oder Kartoffeln gestreut oder gehackt zusammen mit Parmesan und Olivenöl zu Pasta gereicht. Frischkäse können Sie mit fein geschnittenem Bärlauch aufpeppen. Er lässt sich auch gut zu Pesto verarbeiten. Beim Kochen verliert er sein Aroma.

Gesunder Bärlauch

Bärlauch darf nicht mit den ähnlich aussehenden Blättern des giftigen Maiglöckchens oder auch der Herbstzeitlosen verwechselt werden, die allerdings auch nicht knoblauchartig riechen oder schmecken. Beim Sammeln in der freien Natur besteht auch die Gefahr, dass Eier des Fuchsbandwurms an den Blättern haften – sehr gründliches Waschen hilft.

Schon früh im Jahr liefert Bärlauch Vitamin C, Magnesium und Eisen. Seine schwefelhaltigen Inhaltsstoffe sollen gegen Erkältungskrankheiten vorbeugen, die Durchblutung fördern und den Bluthochdruck senken.

BLUMENKOHL *Brassica oleracea* subsp. *oleracea* convar. *botrytis*

Der Blumenkohl gehört in die große Familie der Kreuzblütengewächse und gilt als bekömmlichste Kohlsorte. Er ist anspruchsvoll in der Kultur. Haupterntezeit für heimische Freilandware ist vom Frühsommer bis November.

Kulturgeschichte

Wie der → Kopfkohl stammt auch der Blumenkohl vom Wildkohl ab. Eine frühe Blumenkohlsorte soll zu Beginn der Neuzeit von Südgriechenland über Italien auch nach Mitteleuropa gelangt sein. Seit dem 16. Jahrhundert wird Blumenkohl im deutschsprachigen Raum in Gemüse- bzw. Kräuterbüchern erwähnt.

Anbau im Garten

Blumenkohl kann ein- oder zweijährig kultiviert werden, wobei die einjährige Kultur die verbreitete Methode ist. Er stellt sehr hohe Ansprüche, benötigt guten humosen Boden in warmer vollsonniger Lage. Wenn man für die unterschiedlichen Anbauzeiträume passende Sorten wählt, kann man Blumenkohl von Juni bis zum ersten Frost im Freiland ernten. Jungpflanzen erhalten Sie in einer Gärtnerei oder auf dem Wochenmarkt. Wenn Sie ein geheiztes Gewächshaus haben, können Sie auch selbst Ende Januar damit beginnen, den Blumenkohl anzuziehen. Nach einigen Wochen und Ausbildung der ersten zwei bis vier richtigen Blätter pikieren Sie in kleine Töpfe.

Auspflanzen können Sie je nach Klima ab März oder April, nachdem die Jungpflanzen abgehärtet worden sind. In kühlen Lagen ist ein Folientunnel oder eine Vliesabdeckung günstig, so überstehen die Jungpflanzen auch Nachtfrost gut.

Blumenkohl ist ein Starkzehrer und bevorzugt neutralen Boden, der gekalkt worden ist. Er verträgt auch frischen Stallmist oder Kompost. Arbeiten Sie vor dem Auspflanzen eine Grunddüngung in den Boden ein und düngen Sie im Wachstumsverlauf zwei- oder dreimal nach. Vier Wochen vor der erwarteten Ernte sollten Sie damit aufhören, damit die Pflanzen nicht zu viel Nitrat anreichern.

Bei trockener Witterung muss der Blumenkohl regelmäßig gegossen werden, damit Wachstumsstockungen vermieden werden. Mulchen mit Rasenschnitt erhält die Feuchtigkeit im Boden und bringt Stickstoff ein. Auch regelmäßiges Hacken hält den Boden feucht.

Wenn im Sommer die Sonne viel scheint, drohen die Blumen zu vergilben. Sie können dem vorbeugen, indem Sie ein Blatt über die sich entwickelnde Blumen knicken oder diese anderweitig abdecken.

Sorten

Für den Anbau zu unterschiedlichen Jahreszeiten sollte man unbedingt besonders geeignete Sorten wählen.

- 'Erfurter Zwerg' ist eine bewährte Sorte für den frühen Anbau ab Februar. Die Blütenstände reifen mit gutem zeitlichem Abstand zueinander aus, sodass nicht alles auf einmal geerntet werden muss. Auch bleiben sie etwas kleiner als moderne Sorten.
- 'Clapton' ist eine moderne Züchtung, die resistent gegen die Kohlhernie ist.

Auf einen Blick

- Aussaat 2–5 / Ernte 6–10
- Sonniger Standort
- Hoher Nährstoffbedarf
- Anspruchsvoll

Diese weißfleischige Sorte wird zwischen März und Mai für die Sommerernte ausgesät.

- 'Neckarperle' entwickelt einen weißen großen Kopf und ist besonders gut für die frühe Anzucht ab Februar geeignet.
- 'Walcheren Winter' wird zweijährig kultiviert. Man sät im Juni oder Juli aus und verpflanzt im August an den endgültigen Standort. Der Blütenstand kann im Folgejahr ab April beerntet werden, wenn kaum anderes frisches Gemüse zur Verfügung steht. Der Überwinterungsblumenkohl benötigt große Pflanzabstände von mindestes 60 x 60 cm.
- 'Graffiti violett' bildet außergewöhnliche pinkfarbene Blumen, die sich beim Kochen blaugrün verfärben. Der Geschmack ist intensiver als bei den üblichen weißen Sorten und ähnelt dem von Brokkoli oder Romanesco. Der Anbau erfolgt ab April oder Mai für die Ernte im Spätsommer oder Herbst.
- 'Cheddar' F_1 gehört auch zu den bunten, effektvollen Neuzüchtungen. Er hat eine orange Blume, die viel Provitamin A (Betacarotin) enthalten soll. Anbau ist im Frühjahr.
- 'Shannon' ist eine hellgrüne Sorte, ein Romanesco-Typ, die fester und kräftiger im Geschmack ist und sich besonders für die Herbsternte eignet. Gesät wird im Juni.

Schädlinge und Krankheiten

Blumenkohl hat dieselben Feinde wie
→ Kopfkohl.

Ernten und Lagern

Da Blumenkohl nicht ganz gleichmäßig reift,
kann von einer Pflanzung über einen Zeitraum von etwa zwei Wochen geerntet werden. Wer länger Blumenkohl ernten möchte,
muss zeitlich versetzt säen bzw. pflanzen.
Geerntet werden die weißen (je nach Sorte
auch gelben oder violetten) geschlossenen
Blütenstände. Wenn diese sich gebildet
haben, muss man regelmäßig kontrollieren,
dass sie nicht beginnen, sich aufzulockern –

denn dann ist die Reife überschritten.
Besonders bei warmem Wetter kann das
sehr schnell gehen. Blumenkohl lässt
sich im Gemüsefach des Kühlschrankes
wenige Tage lagern. Man kann ihn auch
waschen, in kleine Röschen teilen und
dann einfrieren.

Blumenkohl in der Küche

Blumenkohl kann in der Küche ähnlich
zubereitet werden wie → Brokkoli.

Gesunder Blumenkohl

Von den Kohlgemüsen gilt Blumenkohl als
am leichtesten verdaulich. Er wird deshalb
gerne als Schonkost in Seniorenheimen,
Krankenhäusern etc. gereicht. Wie alle Kohlsorten enthält er viel Vitamin C, Mineralstoffe
und weitere Vitamine in ausgewogenem
Verhältnis ebenso wie die für den typischen
Kohlgeruch verantwortlichen Glucosinulate.
Durch ihren Abbau entstehen im Körper
Senföle, die Infektionen und Entzündungen
vorbeugen. Zudem regt Blumenkohl die
Nierentätigkeit an, regelmäßiger Verzehr soll
dem Darmkrebs vorbeugen.

Die Blätter von frischem Blumenkohl enthalten die oben genannten Stoffe in noch
größerer Konzentration. Sie können auch
als Gemüse oder als Beigabe einer Suppe
verzehrt werden.

'Walcheren Winter' wird im Sommer ausgesät und kann im zeitigen Frühjahr geerntet werden.

BOHNE *Phaseolus vulgaris*
FEUERBOHNE *Phaseolus coccineus*

Die Bohne gehört zu der Familie der Schmetterlingsblütler. Mit dem Begriff »Bohne« werden die Pflanzen, die Hülsen sowie die Kerne bezeichnet. Erntezeit für Bohnen ist in Deutschland zwischen Juli und Ende September. Zu dieser Zeit kann man in gut geführten Lebensmittelgeschäften und auf Wochenmärkten auch frische Bohnen aus heimischer Produktion kaufen.

Kulturgeschichte

Der Ursprung unserer heutigen Gartenbohne liegt auf dem amerikanischen Kontinent. In den mittelamerikanischen Hochkulturen der Azteken, Mayas und Inkas wurde bereits einige Jahrhunderte vor Christi Geburt Ackerbau mit künstlicher Bewässerung betrieben. Zu den domestizierten Pflanzen gehörten neben der Gartenbohne auch Mais, Baumwolle, Paprika, Kürbis und Amarant. Ältere archäologische Funde aus Südamerika deuten darauf, dass die Gartenbohne bereits ab 3.000 vor Christus eine wichtige Nahrungspflanze der Indios war. Die getrockneten Körner waren ideal zur Vorratshaltung und ergänzten sich hervorragend mit dem ebenfalls angebauten Mais. Diese hochwertigen eiweißhaltigen Erzeugnisse ermöglichten die Entstehung der frühen arbeitsteiligen Gesellschaften.

Durch Kolumbus wurden die Vorfahren unserer heutigen Gartenbohne nach Europa gebracht. Hier waren zu dieser Zeit bereits zwei andere Bohnenarten bekannt. Die → Dicke Bohne, auch Puff- oder Saubohne genannt, war ursprünglich gemeint, wenn von Bohnen die Rede war. Daneben existierte eine aus Afrika eingeführte Bohnenart, die als Fisole bezeichnet wurde. Heute wird dieser Begriff häufig noch in Abgrenzung von grünen Bohnen – also Bohnenhülsen – gegenüber Körnerbohnen verwendet.

Nach Einführung der Gartenbohne *Phaseolus vulgaris* in Europa verbreitete sie sich schnell, da sie weniger wärmebedürftig und ertragreicher als die Fisolen-Bohne war. In Mitteleuropa wurden und werden gerne die grünen Hülsen verzehrt, da das Wetter im Herbst nicht lange genug warm bleibt, um eine große Körnerernte zu erreichen. Im Süden Europas, wo die Bohnen besser ausreifen können, werden Trockenbohnengerichte in vielfältiger Form verzehrt.

Anbau im Garten

Sowohl die niedrigen Buschbohnen wie die windenden Stangenbohnen sind wärmeliebende einjährige Pflanzen. Etwas robuster, aber auch nicht frosthart sind die Feuer- bzw. Prunkbohnen, die man mehrjährig ziehen kann, wenn man die Wurzeln im Winter vor Frost schützt. Dazu kann man sie gut abdecken oder wie Dahlienwurzeln ausgraben, im Keller einschlagen und im folgenden Frühjahr wieder auspflanzen.

Bohnen wachsen gerne auf humosen, leichten Böden und schätzen eine windgeschützte sonnige Lage, Buschbohnen gedeihen auch noch im Halbschatten. Sie leben wie alle Hülsenfrüchtler (Leguminosen) in Symbiose mit Knöllchenbakterien, die an ihren Wurzeln andocken und dort Stickstoff aus der Luft binden. Dieser steht dann für die Ernährung der Pflanze und auch nachfolgender Kulturen zur Verfügung. Deshalb benötigen Bohnen keine bzw. nur wenig Stickstoffdüngung.

Da sie Temperaturen unter 5 °C nicht gut vertragen und am besten in erwärmtem Boden keimen, sollte man Bohnen erst ab Mitte Mai legen. Die Kerne benötigen für die Keimung Sauerstoff, deshalb dürfen sie nicht mit mehr als 3 cm Erde bedeckt werden. Die Bodentemperatur sollte mindestens 10 bis 15 °C betragen. Buschbohnen können dabei in Horsten zu einem halben Dutzend Pflanzen oder in Reihe gelegt werden. Der Abstand zwischen den Horsten muss 40 cm betragen, so auch zwischen den Reihen. Innerhalb einer Reihe liegen die Bohnenkerne 5 cm auseinander.

Bei Stangenbohnen legt man fünf bis neun Kerne um eine Stange. Es sieht sehr hübsch aus, wenn man die Stangen zu einem Tipi zusammenstellt, allerdings ist für die Gesundheit der Pflanzen eine stärkere Durchlüftung besser. Idealerweise beträgt der Abstand zwischen den Stangen 60 cm und zwischen den Reihen 1 m. In kalten Gegenden können Sie die Bohnen im Topf vorziehen und Mitte bis Ende Mai auspflanzen – so wachsen sie schneller. Buschbohnen sind unkomplizierter zu ziehen als Stangenbohnen und können in mehreren Sätzen gelegt werden (zuletzt im August), um eine lang andauernde Ernte zu erzielen. Stangenbohnen tragen länger, sodass eine einmalige Aussaat ausreicht. Der Ertrag, gemessen an der kultivierten Fläche, ist größer als bei Buschbohnen.

Feuer- bzw. Prunkbohnen sind weniger empfindlich gegen Kälte. Die meisten Sorten wachsen wie die Stangenbohnen in die Höhe und benötigen ein Klettergerüst. Sie eignen sich auch zur schnellen Begrünung von Sichtschutzwänden und Zäunen und sehen mit ihren meist roten Blüten sehr dekorativ aus. In heißen Sommern tragen Feuerbohnen nicht sehr üppig, wohl aber in kühlen und verregneten Jahren.

In der ersten Zeit nach dem Keimen sind Bohnen bei den Schnecken sehr beliebt. Insbesondere bei feuchtem Wetter ist es manchmal schwer, die Pflanzen unbescha-

det heranzuziehen. Da auch andere Lieblingsspeisen der Schnecken zu derselben Zeit noch gefährdete Jungpflanzen sind (wie Zucchini und Gurken), kann es sich lohnen, für zwei oder drei Wochen Schneckenkorn zu streuen, bis die Pflanzen größer und damit unattraktiv geworden sind.

Hacken Sie vorsichtig zwischen den jungen Bohnenpflanzen und häufeln Sie leicht an, um die Standfestigkeit zu erhöhen. Wenn Sie wenig Platz im Garten haben, können Sie bereits im März in der Mitte des zukünftigen Stangenbohnenbeetes Salat oder Zwiebeln setzen – beides kann bereits abgeerntet werden, bevor die Bohnenpflanzen den ganzen Platz benötigen. Zwischen den Pflanzen kann man übrigens auch gut Bohnenkraut ziehen. Bauen Sie Bohnen auf leichten Böden an, freuen sich die Pflanzen über ein wenig Düngung nach einigen Wochen Standzeit.

Sorten

Es existieren mehrere hundert Bohnensorten. Vier grobe Gruppen bilden die niedrigen Buschbohnen, die halbhohen Reiserbohnen, die hoch kletternden Stangenbohnen sowie die Feuerbohnen. Die Hülsen sind bei den meisten Sorten grün, es gibt aber auch gelbe (Wachs-)Bohnen sowie violette Formen, die beim Kochen allerdings wieder grün werden. Wer »Grüne Bohnen«, also Bohnenhülsen, als Gemüse ernten und verspeisen möchte, sollte früh und regelmäßig pflücken.

Unendlich größer ist die Vielfalt bei den Bohnenkernen, die uni weiß, rot, violett, braun oder schwarz sein können, marmoriert, gesprenkelt oder getupft und das in allen erdenklichen Farbkombinationen. Zu den bewährten und bekannten Bohnensorten zählen:

Buschbohnen für den Verzehr der Hülsen (Fisolen, »Grüne Bohnen«)
- 'Nassau' ist eine sehr ertragreiche Sorte. Resistent gegen Fett- oder Brennflecken und das Bohnenmosaikvirus.
- 'Maxi', sehr frühe Sorte. Gluckentyp – das heißt, die Hülsen wachsen über den Blättern und sind deshalb leicht zu pflücken.
- 'Dublette' ist eine mittelspäte ertragreiche Sorte mit robustem Wuchs. Wenig empfindlich gegen Pilzkrankheiten und Viren. Gut geeignet zum Tiefgefrieren und fadenlos.
- 'Prinzessa', mittelfrühe Prinzessbohne mit zarten, aber fleischigen Hülsen. Widerstandsfähig gegen die meisten bekannten Bohnenkrankheiten.
- 'Purple Teepee' ist ein Gluckentyp mit blauvioletten Hülsen, die dekorativ über der Pflanze stehen. Ein ziergartentaugliches Gemüse! Nach dem Kochen werden die wohlschmeckenden Hülsen dunkelgrün. Die Sorte reift eher früh.

Feuerbohnen sind mit ihren roten oder weißen großen Blüten eine Zierde.

- 'Saxa', ertragreiche und sehr frühe Bohne mit dicken, festen Hülsen, die sehr gut für Salat geeignet sind.
- 'Golddukat' ist eine weißkörnige Wachsbohne. Sie reift mittelfrüh, die fadenlosen Hülsen sind leuchtend gelb und bleiben lange zart. Auch gut zum Einfrieren.
- 'Merveille de Piemonte' ist eine Drachenbohne aus Italien. Die Pflanze wird über 50 cm hoch und trägt üppig. Die Hülsen sind gelb mit rot-violetten Streifen. Beim Kochen werden sie gelb. Fadenlos und wohlschmeckend.

Stangenbohnen für den Verzehr der Hülsen (Fisolen, »Grüne Bohnen«)
- 'Berner Landfrauen', alte Schweizer Sorte von robustem Wuchs. Die Hülsen sind grün mit lila Einsprengseln und sehen sehr dekorativ aus. Die Bohnen können jung als Fisolen gegessen werden, aber auch die hübschen bunten Kerne schmecken gut. Eher für Gebiete mit warmen, trockenen Sommern.
- 'Limka', mittelfrüh, fadenlos. Resistent gegen das Bohnenmosaikvirus.
- 'Neckarkönigin', eine sehr reich tragende und bewährte Speckbohne mit langen fadenlosen Hülsen, gut zum Einfrieren geeignet, wärmebedürftig.
- 'Markant', ertragreiche und gesunde Sorte, trägt zarte gerade Hülsen. Wenig empfindlich für Viruserkrankungen.
- 'Neckargold', gelbe Sorte mit hohen Erträgen, wärmebedürftig.
- 'Blauhülsige Speck', eine robuste Sorte mit wohlschmeckenden blauvioletten Hülsen, die sich beim Kochen grün färben. Die jungen Hülsen sind zart und fadenlos. Diese Sorte gedeiht auch im Norden sehr gut.
- 'Türkische Erbse – Princesse à Rames', eine unkomplizierte hellgrüne Stangenbohne, die auch noch gut schmeckt, wenn sich bereits Kerne ausgebildet haben. Fadenlos und weichfleischig.

Körnerbohnen – Bohnensorten für den Gewinn von Trockenbohnen
- 'Borlotti' ist eine begehrte Körnerbohnensorte. Es gibt 'Borlotti'-Bohnen als Busch- und Stangenbohnen. Sie haben hübsche marmorierte oder gefleckte Hülsen. Die Körner können milchreif oder als Trockenbohnen verwendet werden. Sie sind gesprenkelt in vielen Farbvariationen.
- 'Flageolet de Touraine' werden halbreif (milchreif) geerntet. Man kann sie in wenigen Minuten garen. Der Geschmack ist vorzüglich. Wegen des hohen Aufwandes und des geringen Ertrages sind Flageoletbohnen eher etwas für Liebhaber.

Busch- und Stangenbohnen gibt es in Gelb, Grün und Blau – Letztere werden beim Kochen grün.

- 'Canadian Wonder' ist eine Buschbohne. Die roten Kidney-Bohnenkerne werden aus der Hülse gelöst und sind sehr gut für Eintöpfe geeignet.

Feuerbohnen

Diese sind gröber als die bekannteren Gartenbohnen. Sie kommen mit feuchter und kühler Witterung sehr viel besser zurecht, setzen aber bei großer Hitze nur schlecht an. Die Hülsen werden größer und fleischiger, auch die Kerne erreichen ein stattliches Format. Wer sie lieber zart verzehrt, muss sie früh pflücken, ansonsten eignen sie sich gut für herzhafte Gerichte. Die Kerne können milchreif oder auch als Trockenbohnen verwendet werden.

- 'Preisgewinner', eine rotblühende Feuerbohne, die sehr starkwüchsig ist und auch raues Klima gut verträgt.
- 'Lady Di', eine ebenfalls rotblühende Sorte mit sehr langen (etwa 30 cm) fadenlosen Hülsen.
- 'Red Rum' F_1, eine Hybridsorte, die massenhaft kleine Hülsen produziert und resistent gegen Mehltau ist.
- 'Weiße Riesen', weißblütige, extrem widerstandsfähige Sorte für kaltes Klima, lange fleischige Hülsen, allerdings hat sie Fäden.

Schädlinge und Krankheiten

Leider werden Bohnen von einer ganzen Reihe Krankheiten und Schädlingen bedroht. Lassen Sie sich aber nicht entmutigen, oft kommen nach einem schwierigen Jahr lange Zeiten ohne Probleme. Es gibt mittlerweile auch eine große Palette von Züchtungen, die gegen eine oder mehrere Bohnenkrankheiten resistent sind.

Gerade erst gekeimte junge Bohnenpflanzen gehören zu den Leibspeisen von Schnecken. Der beste Schutz ist ein Schneckenzaun, der sich über mehrere Jahre bezahlt macht.

Ansonsten hilft Schneckenkorn zeitweilig gegen die hungrigen Schleimer.

Die Bohnenfliege befällt die Jungpflanzen vor allen Dingen bei feuchtkaltem Wetter und vernichtet ihre Keimblätter und manchmal auch die Triebspitzen. Ist es wärmer, ist der Befallsdruck sehr viel geringer. Man sollte Bohnen frühestens nach drei Jahren an demselben Platz wieder anbauen, da die Puppen im Boden überwintern.

Der Bohnenrost ist eine Pilzerkrankung, die bei feuchtem Wetter auftreten kann. Man erkennt sie an weißen Pusteln auf der Blattunterseite, später werden auch die dunklen Sporen des Pilzes sichtbar. Bei starkem Befall sind auch die Hülsen betroffen. Stickstoffdüngung und zu enger Stand begünstigt das Entstehen. Vernichten Sie befallene Pflanzen! Auf dem betroffenen Beet dürfen mindestens fünf Jahr lang keine Bohnen mehr stehen.

Bei der Brennfleckenkrankheit bekommen Blätter, Stiele und Hülsen dunkle, schwarzgerandete Flecken, bei starker Ausbreitung verliert die Pflanze ihre Blätter. Nach dem Vernichten der Pflanzen sollte wie beim Bohnenrost eine mehrjährige Anbaupause eingehalten werden.

Das Bohnenmosaikvirus tritt auf, wenn das Saatgut bereits infiziert war, und kann durch Blattläuse weiter verbreitet werden. Man erkennt die Krankheit an den mosaikartigen Flecken, die sich auf den Blätter ausbreiten. Mit der Zeit vergilben die Blätter und können absterben. Bei Wärme ist der Krankheitsverlauf rascher. Die befallenen Pflanzen dürfen nicht auf den Kompost gegeben werden.

Ernten und Lagern

Die Haupterntezeit für → »Grüne Bohnen« ist von Juli bis Anfang Oktober. Pflücken Sie

durch, bevor sich die Bohnen deutlich durch die Hülsen abzeichnen. Je länger man die Hülsen an der Pflanze lässt, desto stärker bilden sich die unangenehmen Fäden an den Nahtstellen der Hülsen.

Eine besondere Leckerei, die im Handel kaum erhältlich ist, sind milchreife, also junge und nicht getrocknete Bohnenkerne von Borlotti- und Flageolet-Bohnen. Grundsätzlich kann man aber bei allen Bohnensorten die Kerne für den Verzehr ausreifen lassen. Bei Feuerbohnen erntet man besonders dicke Kerne. Aber der Ertrag ist bei dieser Spezialität nicht groß. Denn wer häufig die Bohnen durchflückt, bringt die Pflanze dazu, immer wieder neue Hülsen zu produzieren. Lassen Sie die Kerne ausreifen, fühlt sich die Pflanze nicht dazu angespornt, für weiteren Nachwuchs zu sorgen. Buschbohnen sind nach drei, vier Pflückdurchgängen ermüdet, Stangenbohnen kann man öfter ernten.

Am besten schmecken Bohnen frisch. Sie eignen sich auch gut zum Tiefgefrieren. Ob man sie vorher blanchiert, ist Geschmackssache, beides geht und man sollte ausprobieren, welche Lösung einem eher zusagt. Bohnen lassen sich auch Einkochen, was aber mit Verlust von Geschmack und Vitaminen einhergeht. In einigen Regionen hat man → »Grüne Bohnen« früher auch getrocknet und im Winter dann als Grundlage für deftige Suppen verwendet. Mit einem Dörrgerät ist dies bequem möglich, allerdings leiden auch bei dieser Konservierungsart Geschmack und Vitamingehalt.

Trocken- bzw. Körnerbohnen sollte man bei trockenem Wetter möglichst lange draußen an der Pflanzen hängen lassen. Drinnen dann an einem trockenen Ort ausgebreitet noch mindestens zwei Wochen nachtrocknen lassen. Um die Ausbreitung von Bohnenkäferlarven in den Trockenbohnen zu verhindern, kann man die vollkommen durchgetrockneten Bohnen für mehrere Tage in den Gefrierschrank legen. Anschließend noch einmal bei Zimmertemperatur akklimatisieren lassen, dann halten sich die Bohnenkerne im Glas oder in der Dose mehrere Jahre lang.

Bohne in der Küche

»Grüne Bohnen« und auch Bohnenkerne werden gekocht, um das in ihnen enthaltene Gift Phasin zu zerstören. Die übliche Zubereitungsweise für »Grüne Bohnen« ist das Garen in Salzwasser, das je nach Sorte zwischen 15 bis 20 Minuten dauert. Mit etwas Butter schmecken frische junge Bohnen ausgezeichnet. Entgegen einer häufigen Annahme müssen Bohnen aber nicht zwingend in Wasser gekocht werden, um das Phasin abzubauen. Man kann sie auch alleine oder zusammen mit anderen Gemüsearten in etwas Fett dünsten. Sehr herzhaft ist ausgelassener Speck, raffiniert schmeckt es mit Olivenöl. Als Gewürz eignet sich – wie der Name schon sagt – das Bohnenkraut besonders gut.

Ungewohnt, aber interessant sind Zubereitungen nach indischer Art, dazu werden die gebratenen Bohnen mit Curry und Ingwerpulver abgeschmeckt. Für eine einfache sommerliche Zubereitungsweise lässt man Bohnen zusammen mit Tomaten und Zwiebeln köcheln, dazu schmecken Weißbrot, gegrilltes Fleisch oder Schafkäse. Wenn gegarte Bohnen übrig bleiben, lassen sich diese mit etwas Essig, Öl, Salz und Knoblauch zu einem leckeren Salat verarbeiten.

Milchreife Körnerbohnen brauchen nur wenige Minuten Kochzeit in etwas Salzwasser. Ihr zarter Geschmack kommt am besten zur Geltung, wenn sie nur gesalzen und gepfeffert mit einem Stich Butter serviert werden.

Trockenbohnen müssen je nach Größe einen Tag oder mehrere Stunden vor dem Kochen in Wasser eingeweicht werden. Auch die Kochzeit variiert größenabhängig zwischen einer halben bis zu beinahe zwei Stunden.

Trockenbohnen machen sich gut in herzhaften Eintopfgerichten. Zu den meisten Zubereitungsweisen passen Tomaten, Zwiebeln und Paprika. Besonders praktisch: In Tomatensoße lassen sich die Bohnen bequem im Ofen backen, ohne dass man ständig umrühren muss. Und pürierte Bohnenkerne mit etwas Öl, Salz und Knoblauch ergeben einen wohlschmeckenden vegetarischen Brotaufstrich, der durch die Zugabe verschiedener Kräuter und Gewürze vielfältig variiert werden kann.

Gesunde Bohne

Bohnen enthalten das Gift Phasin, das beim Kochen zerstört wird. Der Verzehr gekochter »Grüner Bohnen« ist gut für die Gesundheit. Sie enthalten Vitamine und Mineralstoffe in einem ausgewogenen Verhältnis. Ihr hoher Balaststoffgehalt wirkt sich positiv auf die Darmfunktion aus. Der regelmäßige Verzehr von Bohnen kann helfen, den LDL-Cholesterien-Spiegel und auch den Blutzuckerspiegel zu senken.

Körnerbohnen enthalten sehr viel hochwertiges Eiweiß (bis zu 25 %), das vom Körper optimal in Kombination mit Getreideprodukten (Mais, Weizen, Reis) aufgenommen werden kann. Sie sollten ein regelmäßiger Bestandteil der vegetarischen Küche sein.

Borlottibohnen schmecken milchreif ausgepalt am allerbesten.

BROKKOLI   *Brassica oleracea* subsp. *oleracea* convar. *botrytis* var. *italica*

Der Brokkoli ist ein Vertreter der großen Familie der Kreuzblütengewächse. Er ist eng mit dem Blumenkohl verwandt, schmeckt aber kräftiger und enthält noch mehr wertvolle Inhaltsstoffe. Haupterntezeit für heimische Freilandware ist von Frühsommer bis November.

Kulturgeschichte

Wie unser → Kopfkohl stammt auch der Brokkoli vom Wildkohl ab. Er soll zu Beginn der Neuzeit von Südgriechenland über Italien nach Mitteleuropa gelangt sein, ist aber in Deutschland nach einiger Zeit wieder in Vergessenheit geraten, während man den verwandten Blumenkohl gerne angebaut hat. In Italien, Frankreich und England hat sich der Anbau von Brokkoli jedoch durchgesetzt. Seit den 1970er-Jahren ist Brokkoli in Deutschland verstärkt aus italienischem und später auch spanischem Anbau in den Handel gekommen, mittlerweile wird er auch in Privatgärten angebaut.

Anbau im Garten

Brokkoli kann ein- oder zweijährig kultiviert werden, wobei die einjährige Kultur gängiger ist. Er stellt hohe Ansprüche und benötigt guten humosen Boden in warmer vollsonniger Lage.

Wenn man bei der Sortenwahl die unterschiedlichen Anbauzeiträume beachtet, kann Brokkoli zwischen Ende Juni und Ende September im Freiland geerntet werden. Für die Ernte im Frühsommer muss Ende Februar mit der Anzucht der Pflänzchen im geheizten Gewächshaus oder warmen Frühbeet begonnen werden. Nach Bildung der

ersten richtigen Blätter kann in kleine Töpfchen pikiert werden. Nach etwa vier bis sechs Wochen haben die Jungpflanzen eine Größe erreicht, die sich gut zum Auspflanzen eignet. Nehmen Sie nur die gesündesten und am besten entwickelten Pflanzen. Der Pflanzabstand beträgt etwa 50 x 50 cm. In raueren Klimaregionen sollten Sie die Jungpflanzen im März bzw. April noch mit einer Lochfolie oder Vlies schützen. Bei guter Witterung kann die Bedeckung abgenommen werden, drohen aber Frostnächte, so brauchen die Pflanzen unbedingt wieder Schutz.

Brokkoli ist ein ausgesprochener Starkzehrer und kommt auch mit frischem organischem Dünger – Stallmist oder Kompost – gut zurecht. Nach der Grunddüngung kann im Wachstumsverlauf noch drei- oder viermal ein wenig Stickstoff als Kopfdünger gegeben werden, auch schon im Anzuchtbeet! In den letzten Wochen vor der Ernte sollte aber auf weitere Düngung verzichtet werden, um die Nitratanreicherung im Gemüse nicht hochzutreiben. Brokkoli gedeiht gut in neutralem Boden, sodass vor der Pflanzung auch gekalkt werden darf. Bei trockener Witterung muss er regelmäßig gegossen werden, damit das Wachstum nicht ins Stocken gerät. Mulchen mit organischem Material, wie z. B. Rasenschnitt oder Brennnesselblättern, erfüllt einen doppelten Zweck: Es hält die Bodenfeuchtigkeit und bringt Stickstoff in den Boden. Hacken Sie öfter einmal zwischen den Pflanzen, sodass der Boden gut belüftet ist.

Sorten

Brokkoli gibt es als → Calabrese- und als Sprouting-Kohl. Beim Calabrese erntet man einen großen Kopf, der aus einem sehr

---

Auf einen Blick

- Aussaat 2–6 / Ernte 6–10
- Sonniger Standort
- Hoher Nährstoffbedarf
- verträgt kühles Klima

---

großen und mehreren kleineren, tiefer ansetzenden Röschen besteht. Diese Sorte treibt nach dem Schnitt des Kopfes unter guten Bedingungen noch kleinere Blütenknospen aus den Blattachseln nach.

Daneben gibt es noch die vor allem in England verbreiteten Sprouting-Typen. Diese bilden von vornherein viele kleine Blütenstände aus, die sich nach und nach beernten lassen. Beim Sprouting-Kohl gibt es etliche Sorten, die in einigermaßen mildem Klima überwintert werden können.

- 'Sprouting Extra Early Rudolph' ist eine sehr frühe Sorte mit langen Trieben und violetten Röschen. Wenn man ihn im Spätfrühling (Mai, spätestens Juni) vorzieht und später mit 75 x 75 cm Abstand auspflanzt, kann im darauffolgenden Jahr von März bis April geerntet werden.
- 'Sprouting Early White Eye' trägt cremeweiße Röschen an langen schlanken Trieben, die zart und wohlschmeckend sind. Ausgesät wird im Mai.
- 'Calabrese natalino' ist eine weitverbreitete samenfeste Calabrese-Sorte mit großem Kopf.
- 'Verde Calabrese' entwickelt mittelgroße Röschen, die nach der ersten Ernte noch viele Nebentriebe bilden. Die Aussaat erfolgt unter Glas ab Februar, im Freiland

ab April für die Ernte im Sommer und Herbst.

- 'Tambora' F_1 ist eine Hybridsorte des Calabrese-Brokkolis, auch für die frühe Aussaat geeignet.
- 'Valiant' F_1 ähnelt in ihren Eigenschaft der Sorte 'Tambora' F_1.

Schädlinge und Krankheiten

Brokkoli hat dieselben Feinde wie → Kopfkohl.

Ernte und Lagern

Da Brokkoli nicht gleichmäßig reift und nach der Ernte der Hauptblüte noch kleinere Seitentriebe zur Blüte gelangen, kann von einer Pflanzung über einen Zeitraum von mehreren Wochen geerntet werden. Wer noch länger ernten möchte, muss zeitlich versetzt säen bzw. pflanzen. Geerntet werden die grünen – bei einigen Sorten auch violetten – geschlossenen Blütenstände. Wenn diese sich auflockern, scheint es gelblich durch und die Reife ist überschritten. Besonders bei warmem Wetter können die Blüten binnen zwei, drei Tagen aufgehen. Kontrollieren Sie deshalb regelmäßig ihren Reifegrad. Übrigens: Auch junge zarte Brokkoliblätter schmecken gut.

Brokkoli lässt sich im Gemüsefach des Kühlschrankes wenige Tage lagern, der Vitaminverlust geht allerdings schnell vonstatten. Man kann ihn auch waschen und in kleine Röschen geteilt einfrieren. Am besten legt man diese dazu einzeln auf ein Gefriertablett und packt sie erst in einen Behälter bzw. eine Tüte, wenn sie tiefgefroren sind. Damit alle Teile gleichmäßig schnell auftauen, sollten Sie dicke Strünke teilen.

Brokkoli in der Küche

Brokkoli und Blumenkohl haben in der Küche vieles gemeinsam: In den Blütenknospen halten sich manchmal kleine Insekten versteckt. Sie lassen sich am besten beseitigen, wenn man den Kohl für ein paar Minuten in Wasser mit einem Schuss Essig oder einem Löffel Salz taucht, dann schwimmen sie oben. Die Stiele des Brokkolis kann man gut mitessen, wenn man die manchmal faserige Haut abzieht – beim Blumenkohl ist dies nicht nötig. Da der Stiel länger braucht, um weich zu werden, sollte man ihn an der dicksten Stelle in der Mitte

Wenn die Hauptblüten abgeschnitten sind, wachsen noch kleinere Röschen aus Seitentrieben nach.

einschneiden, so garen Röschen und Stiel gleich schnell. Gekocht wird Brokkoli 10 bis 15 Minuten in Salzwasser, er sollte bissfest bleiben. Er eignet sich auch sehr gut für gemischtes Gemüse.

Der Sprouting-Brokkoli, den man im Frühjahr erntet, schmeckt ähnlich wie Grünspargel und ist einfach nur mit zerlaufener Butter angerichtet eine Delikatesse. Als Beilagengemüse passen Blumenkohl und Brokkoli gut zu Fisch und allen Fleischsorten. Sie finden ihren Platz aber auch in der vegetarischen Küche. Ein einfacher Auflauf lässt sich aus vorgekochten Kartoffelscheiben, vorgegartem Brokkoli, Béchamelsoße und etwas geriebenem Käse zubereiten. Zu Pasta schmeckt Brokkoli mit einer Gorgonzola-Sahne-Soße. Kinder mögen ihn auf der Pizza, er macht sich aber auch gut in einer Gemüsequiche. In der asiatischen Küche werden Blumenkohl und Brokkoli in kleine Röschen geschnitten und im Wok zusammen mit anderen Gemüse sehr kurz gegart, sodass sie bissfest bleiben. Man kann die Röschen auch als Rohkost verzehren, wobei Blumenkohl milder schmeckt. Sauer eingelegt wie Gurken, macht sich Blumenkohl auch gut als Beilage zu kalten Platten oder zur Brotzeit.

Gesunder Brokkoli

Brokkoli gilt neben dem Grünkohl als wertvollste Kohlsorte. Er enthält Mineralstoffe und Vitamine in ausgewogenem Verhältnis. Wie beim Blumenkohl gelangen auch durch den Verzehr von Brokkoli Glucosinulate in den Körper, die zu Senfölen umgewandelt Infektionen und Entzündungen vorbeugen. Brokkoli regt die Nierentätigkeit an und wirkt entwässernd. Darüber hinaus enthält er mehr Vitamin C als andere Gemüsearten, auch mehr als die meisten Kohlsorten. Carotinoide, die sich günstig auf den Cholesterinspiegel auswirken und das Immunsystem insgesamt stärken, sind ebenfalls enthalten. Brokkoli enthält Radikalenfänger (Antioxidanzien), die als krebsvorbeugend gelten.

In den zarten jungen Blättern des Brokkolis sind die oben genannten Stoffe in noch größerer Menge enthalten als in den Röschen. Man kann diese klein geschnitten zum Salat, in Gemüsesuppen oder zum Mischgemüse geben. Zum Wegwerfen sind sie zu schade.

Zur Gemüsequiche mit Brokkoli passt ein frischer Salat.

CHILI   *Capsicum annuum*

Chili, auch **Peperoni** genannt, gehört wie die artverwandte Paprika in die Familie der Nachtschattengewächse und stammt aus dem tropischen Mittelamerika. Dort wächst er als mehrjähriger Busch. In Mitteleuropa werden die wärme- und sonnenhungrigen Pflanzen in der Regel einjährig gezogen und von Mitte Juli bis Ende Oktober beerntet. Botanisch gelten Paprikafrüchte als Beeren, gemeinhin spricht man allerdings von Paprika- bzw. Chilischoten.

Kulturgeschichte

Als Christoph Kolumbus nach Amerika segelte, hatte er eigentlich im Sinn, nach Indien und zu den Gewürzinseln zu fahren. Er wollte damit einen Weg finden, das arabische Handelsmonopol für Gewürze zu umschiffen. Dass dies nicht geklappt hat, ist hinlänglich bekannt. Statt des schwarzen Pfeffers fand er auf dem amerikanischen Kontinent manch andere Pflanze, die er mit in die Heimat brachte. So hatte er auch Saat von Chilipflanzen dabei, die unter der Sonne Spaniens gut gediehen. Von dort aus verbreiteten sich die Paprikagewächse im ganzen Mittelmeerraum, weiter nach Indien und nach Südostasien.

Im tropischen Amerika wurden diese Gewächse schon seit Jahrtausenden angebaut, wie man durch archäologische Ausgrabungen feststellen konnte. In den Ländern Mittelamerikas gehören diverse Chilisorten auf den täglichen Speiseplan. Die scharfen Früchte sorgen als Gewürzbeigabe dafür, dass Essen weniger schnell verdirbt. Sie regen das Verdauungssystem an und wirken auch gegen Darmparasiten. Die Azteken gaben gerne ein wenig zerriebenes Chili-

pulver in die damals schon allseits beliebten Kakaogetränke.

Bald nachdem Kolumbus den Chili mit nach Spanien gebracht hatte, verbreitete sich der Anbau auch in den anderen Mittelmeerländern. Denn mit den scharfen Schoten konnte der teure schwarze Pfeffer ersetzt werden – deshalb nennt man Chili bis heute auch »**Spanischen Pfeffer**«. Besonders in den afrikanischen Mittelmeerländern und in Asien lernte man bald die antibakterielle Wirkung der Schoten zu schätzen, dort wurden mit der Zeit immer schärfere Sorten gezüchtet. In den europäischen Mittelmeerländern hingegen wurden und werden hauptsächlich milde Chilisorten bzw. Gewürzpaprika angebaut, die als Peperoni bezeichnet werden.

Auf dem Weg über die Türkei gelangten Paprika und Chili Ende des 16. Jahrhunderts auch nach Ungarn. Dort entwickelte sich die Gewürzproduktion bedeutsam. Die Ungarn züchteten diverse, auch an das kühlere Klima angepasste Sorten, aus denen sie nach dem Trocknen hocharomatische und beachtlich scharfe Paprikapulver herstellten, die in ganz Europa verkauft wurden.

Nach Deutschland gelangten Chilis lange Zeit nur in Form von ungarischen Gewürzpulvern und im 20. Jahrhundert als scharfe Gewürzsoße namens »Tabasco«. Frische Chilischoten wurden erst von südeuropäischen und asiatischen Zuwanderern in ihren Restaurants und Gemüseläden bekannt gemacht. Bis in die Gegenwart hinein verhält sich jedoch der größere Teil der deutschen Bevölkerung zurückhaltend gegenüber den scharfen Schoten.

Auf einen Blick

- Aussaat 1–3 / Pflanzung 5 / Ernte 7–11
- Voll sonniger Standort
- Hoher Nährstoffbedarf
- Sehr wärmebedürftig und lichthungrig
- Lange Standzeit
- Besonders große Sortenvielfalt
- Einfacher Saatguterhalt
- Geeignet für Kübelkultur

Anbau im Garten

Paprikagewächse haben eine lange Vegetationszeit und müssen bereits ab Februar auf dem Fensterbrett oder im Gewächshaus vorgezogen werden, um eine befriedigende Ernte zu erreichen. Die Samen werden zunächst in Schalen ausgesät. Ein warmer Platz ist notwendig, die optimale Keimtemperatur liegt bei 25 °C.

Wenn die Pflänzchen nach den Keimblättern die ersten richtigen Blätter ausgebildet haben, werden sie in einzelne Töpfe pikiert. Da sie vor Mitte Mai nicht ausgepflanzt werden können, sollten die Töpfe mindestens einen Durchmesser von 10 cm haben, oder man muss später noch einmal umtopfen. Normale Zimmertemperaturen und sehr viel Licht sind gut für die gesunde Entwicklung der Pflanzen, man kann sie auch unter Leuchtstoffröhren aufziehen. Die Pflanzerde darf keinesfalls nass sein, lieber sparsam feucht halten.

Früh ausgesäte Pflanzen setzen oft schon erste Blüten an, bevor sie ausgepflanzt worden sind. Wenn Sie diese ausbrechen, geht mehr Energie in die Blattbildung und die Pflanze kann später mehr und größere Früchte versorgen. Wer so früh wie möglich ernten möchte, sollte die Blüten aber stehen lassen und sich mit einem möglicherweise kleineren Gesamtertrag bescheiden.

Aus der Chili 'Tabasco' wird die berühmte scharfe »Pepper-Sauce« hergestellt.

Wenn keine Fröste mehr zu erwarten sind, können die zuvor abgehärteten Pflanzen nach draußen. Der wärmste und sonnigste Platz ist gerade recht, im Gewächshaus oder unter Folie gedeihen sie besonders gut. Die Pflanzen sind Starkzehrer und benötigen eine gute Versorgung mit Kali (z. B. durch Holzasche aus der Verbrennung unbehandelten Holzes, mittels Patentkalis oder auch handelsüblichen Tomatendüngers). Ein paar Handvoll Kompost ins Pflanzloch sagt ihnen zu. Im Verlaufe der Vegetationszeit sollte mit ein wenig Stickstoff (Hornspäne, Brennnesseljauche) nachgedüngt werden. Ausgepflanzt benötigen Chilis je nach Größe einen Pflanzabstand von 30–50 cm.

Chilipflanzen eignen sich sehr gut für die Kultur in Kübeln, die mindestens 5 l. Erde fassen sollten. Den Pflanzen behagen »warme Füße«. Frost vertragen sie nicht. Kübelpflanzen können im Spätherbst ins Haus genommen werden. Ideal ist ein Platz im Wintergarten. Leider entwickeln sich in der Wärme des Hauses häufig enorme Blattlausmengen an den Pflanzen. Man kann versuchen, sie regelmäßig abzuduschen und etwas Neemsamenschrot in die Erde zu geben, was die Läuse nicht gut vertragen. Meist gelingt es, noch etliche Früchte zum Reifen zu bringen. Wenn man die Pflanzen überwintern möchte, muss man sich nach der Ernte entschließen, sie kräftig herunterzuschneiden, und sie an einen hellen Platz mit Temperaturen um die 15 °C stellen. Im Frühjahr werden sie dann gedüngt und wärmer gestellt.

Chili und Paprika können leicht vermehrt werden. Dazu müssen nur die Samen aus den reifen Schoten genommen und getrocknet werden. Wer mehrere Sorten Chili und/ oder Paprika anbaut, muss aufpassen, dass sie sich nicht kreuzen. Die Schärfe ist meist dominant, was bei Paprika nicht erwünscht ist. Gegen eine nicht beabsichtigte Kreuzung hilft es meist schon, wenn die Pflanzen mit dem Abstand von einigen Metern zueinander aufgestellt sind. Besser ist es, einzelne Pflanzen unter Vlies zu isolieren oder einen blühenden Zweig mit einem Vliessäckchen zu schützen. Um die Bestäubung muss man sich nicht sorgen, Chilis sind selbstfruchtbar und benötigen keine Insekten. Wenn die Pflanzen vollkommen windstill stehen, sollte man die Blüten allerdings etwas schütteln, um die Befruchtung zu unterstützen. Der Samen ist ungefähr drei Jahre keimfähig, im Gefrierschrank noch länger.

SCHÄRFE-GRAD	SORTE	SCOVILLE-EINHEITEN
10+	'Naga Jolokia'	mehr als 500.000
10	'Habañero Red Savina', 'Habañero Francisca'	150.000–500.000
9	'Rocoto', 'Piri Piri'	75.000–95.000
8	'Thai', 'Cayenne', 'Tabasco'	50.000–75.000
7	einige Aji-Sorten, 'de Arbol', 'Sibirischer Hauspaprika'	35.000–45.000
6	'Aji Amarillo', 'Serrano', 'Peter Pepper'	20.000–30.000
5	'Jalapeño', 'Bolivian Rainbow', 'Criolla Sella'	10.000–15.000
4	'Cascabel'	6.000–9.000
3	'Dutch Red'	3.000–5.000
2	'Poblano', 'Guajillo', 'Aji Dulce'	2.000–2.500
1	'Anaheim', 'New Mexican'	500–1.500
0	'Tschechischer Ziegenhorn', 'Cubanelle', 'Trinidad Perfume'	0–500

Sorten

Es gibt unzählige Chilisorten auf der Welt, die den regionalen Anbaubedingungen angepasst sind. Nicht alle gehören zu der weitverbreiteten Art Capsicum annuum, einige zählen zu den **Glockenpaprika** (Capsicum baccatum var. pendulum) wie die fruchtige Sorte 'Lemon Drop' oder zu den Chinesischen Paprika (Capsicum chinense), die extrem scharfe Früchte bilden, wie z. B. die Sorte 'Habanero'. Zu den Capsicum frutescens gehört der weltweit bekannte Chili **'Tabasco'**, nach der eine Gewürzsoße benannt wurde. Hierzulande wenig bekannt sind die auch **Baumpaprika** genannten Capsicum pubescens, die sich am besten für die Haltung als mehrjährige Kübelpflanze eignen. Chilis werden nach Schärfegrad klassifiziert. Dabei handelt es sich nicht um eine lineare Einteilung, denn Schärfegrad 10 ist nicht zehnmal so stark wie Schärfegrad 1, sondern um ein Vielfaches stärker – deutlicher zu erkennen ist dies an den Scoville-Einheiten.

Schädlinge und Krankheiten

Die Schädlinge, die Paprika und Chili befallen, sind dieselben. Junge Pflanzen werden gerne von Schnecken attackiert, wenn man sie frisch ausgepflanzt hat. Es hilft, für die nächsten zwei, drei Wochen Schneckenkorn auszustreuen (was auch anderen Jungpflanzen zugute kommt, die ebenfalls Mitte Mai ins Freie gepflanzt werden) – noch besser und vor allem von lang anhaltender Wirkung ist die Anschaffung eines Schneckenzaunes.

Bei Paprikagewächsen unter Glas ist die Welke ein häufig auftretendes Problem, erkennbar ist sie an gelb werdenden Blättern, die sich später braun verfärben und vertrocknen. Im oberen Bereich der Stängel zeigen sich braune Längsstreifen. Dieser bakteriellen Erkrankung kann man durch regelmäßigen Fruchtwechsel vorbeugen. Erkrankte Pflanzen gehören nicht auf den Kompost.

Bei längerer Trockenheit oder im Gewächshaus kann auch ein Befall mit Blattläusen auftreten. Sie suchen vor allem schwache und überdüngte Pflanzen, sodass man vorbeugen kann, indem man bei der Stickstoffdüngung maßvoll vorgeht. In geschlossenen Räumen haben die Läuse keine natürlichen Feinde und sollten – da die Früchte verzehrt werden sollen – nur durch Abseifen (Schmierseifen- bzw. Neutralseifenlösung), Abspritzen mit Wasser oder durch neemhaltige Mittel bekämpft werden. Draußen kann man eine Zeit lang abwarten, ob Marienkäfer(larven) die Pflanzen besiedeln. Diese Nützlinge vertilgen eine große Menge Blattläuse, sodass sich das Problem oft von selbst reguliert. Hilfreich sind auch Spritzungen mit Brennnesselauszug. Im Glashaus können auch Nützlinge wie z. B. räuberische Gallmücken oder Schlupfwespen helfen.

Wenn Ihre Pflanzen Knospen oder Blüten verlieren, ist die Ursache meist keine Krankheit, sondern dies geht auf zu große Temperaturschwankungen zurück.

Ernten und Lagern

Chilis bilden zunächst grüne Früchte, die sich beim weiteren Reifen gelb oder rot färben. Es gibt auch Sorten, die zunächst schwarz oder gelb sind. Sie können bereits unreif geerntet werden, das zeitige Durchpflücken erhöht den Ertrag, da es die Pflanzen zur weiteren Blütenbildung anregt. Allerdings sind Aroma und Vitamingehalt bei vollständig ausgereiften Früchten besser. Je nach Sorte können die ersten Früchte im Juli geerntet werden. Die Erntezeit erstreckt sich bis in den Herbst.

Im Kühlschrank halten sie einige Tage frisch. Grundsätzlich lassen sich Chili am besten durch Einfrieren oder Trocknen konservieren. Zum Trocknen sollte man die Früchte aufschneiden, je nach späterer Verwendung auch zerkleinern, und bei Zimmertemperatur großflächig auslegen. Kleine Früchte kann man auch an einer Schnur auffädeln, was sehr hübsch aussieht.

Da Capsaicin sich gut in Öl löst, kann man getrocknete und klein geschnittene Chilis in Olivenöl einlegen und dieses Öl dann tropfenweise je nach Schärfebedarf dosieren. Das macht vor allem Sinn, wenn mehrere Personen mit unterschiedlichen Vorlieben am Essen teilnehmen. Mit dem Chiliöl kann man ganz einfach die zunehmend beliebte Chili-Schokolade herstellen, indem man einer geschmolzenen Schoko-

lade einige Tropfen unterrührt und sie dann wieder an einem kühlen Ort fest werden lässt.

Bei der Verarbeitung von schärferen Chilisorten sollte man Handschuhe tragen und sehr gut aufpassen, dass diese nicht mit Schleimhäuten oder Augen in Berührung kommen. Wer getrocknete Chilis in der Kaffeemaschine oder mit dem Mixer zu Pulver mahlen möchte, muss unbedingt einen Atemschutz tragen und ungeschützte Personen bitten, den Raum zu verlassen.

Chili in der Küche

Das prominenteste Merkmal einer Chili ist die Schärfe, die übrigens nur von Säuge-

tieren, nicht aber von Vögeln und Insekten wahrgenommen wird. »Chili-Anfänger« können selten daneben noch weitere Geschmacksunterschiede zwischen den vielen Sorten wahrnehmen. Mit ein bisschen Übung werden jedoch die würzigen, fruchtigen und herben Geschmacksrichtungen deutlich unterscheidbar.

Für den Verzehr von frischen rohen Chilis – das jeweilige Aroma kommt hier am besten zur Geltung – empfehlen sich für wenig Geübte nur die milderen Sorten bis Schärfegrad 3. Sorten wie 'Anaheim', 'New Mex' oder 'Peperoncini' lassen sich klein geschnitten im Salat, auf dem Butterbrot oder der Pizza, gefüllt mit Hackfleisch oder Käse und überbacken genießen.

Wer Chilis anbaut, freut sich an der bunten Vielfalt der Farben und Formen.

Schärfere Sorten werden in kleineren Mengen Eintöpfen, Gemüsepfannen, Gulasch, Bohnengerichten etc. zugegeben. Wenn man vor der Verwendung die Kerne und die Samenscheidewände im Inneren der Früchte entfernt, reduziert man die Schärfe. Von sehr scharfen Sorten wie 'Tabasco', 'Habañero' o. Ä. kann bereits eine einzige Frucht das Essen für »Chili-Unge-übte« ungenießbar machen. Falls es doch einmal zu sehr im Mund brennt, helfen Butterbrot oder Joghurt.

Ein ordentlich durchwärmendes Getränk für kalte Wintertage wird aus Kakaopulver, etwas geriebenem frischen Ingwer, einer Spur Chili und ein wenig Zucker in Wasser gekocht zubereitet.

Gesunder Chili

Der bedeutendste Inhaltsstoff von Chilis ist das Capsaicin, das für die Schärfe der Früchte sorgt und verschiedene positive Wirkungen mit sich bringt.

Capsaicin regt die Magensaftsekretion an, wodurch das Essen bekömmlicher wird. Auch beugt es dem Befall mit Darmparasiten vor – das ist auch ein Grund, weshalb Chilis gerade in den heißen Regionen der Welt so beliebt sind und reichlich ins Essen gegeben werden.

Die Schärfe wirkt auf den gesamten Organismus und Stoffwechsel anregend und soll bei allen Erkrankungen helfen, bei denen

Stockungen eingetreten sind und die Selbstheilung des Körpers angestoßen werden soll. Das Capsaicin verursacht zudem beim Menschen das Gefühl, eine Verbrennung erlitten zu haben, was dazu führt, dass der Körper Endorphine ausschüttet. Diese wiederum steigern bekanntermaßen das allgemeine Wohlbefinden.

In der Naturmedizin, insbesondere in den indianischen Kulturen, in denen Chili schon seit Jahrtausenden verzehrt wird, sind zahllose Verwendungsweisen bekannt. Auch die westliche Schulmedizin setzt Capsaicin bei der Behandlung von rheumatischen Beschwerden mittels Wärmepflastern ein. Manchen Menschen hilft es bei Kopfschmerzen und Migräne, Chili zu verzehren.

Pepperoni sind eher mild und machen sich gut auf der Pizza.

CHINAKOHL *Brassica rapa* subsp. *pekinensis*

Auf einen Blick

- Aussaat 7 / Ernte 9–11
- Sonniger bis halbschattiger Standort
- Hoher Nährstoffbedarf
- Verträgt kühles Klima

Seit einigen Jahrzehnten ist der aus Ostasien stammende Chinakohl auch in Deutschland bekannt. Er gehört in die große Familie der Kreuzblütengewächse. Im Lebensmittelhandel ist er vor allem im Herbst und Winter aus deutschem und niederländischem Anbau erhältlich.

Kulturgeschichte

In Asien und insbesondere in China wird der Chinakohl traditionell schon sehr lange kultiviert. Man kennt dort sowohl die geschlossenen Köpfe, wie sie hier verwendet werden, wie auch Sorten, die eine offene Blattrosette ausbilden. Der Chinakohl wird roh als Salat oder kurz gebraten verzehrt, auch wird er milchsauer eingelegt konserviert. In Deutschland ist Chinakohl erst seit den 1970er-Jahren bekannt. Weil er kurzfristig auch ein wenig Frost verträgt, erfreut er sich in Klein- und Hausgärten einiger Beliebtheit.

Anbau im Garten

Chinakohl schätzt einen mittelschweren, nährstoffreichen Boden in windgeschützter Lage. Ihm behagt ein eher gleichmäßiges Klima mit hoher Luftfeuchtigkeit. Der Wärmebedarf ist nicht sehr hoch. Der Anbau ist im Halbschatten und in der Sonne möglich. Wie andere Kohlsorten ist auch er ein Starkzehrer.

Man baut Chinakohl in zweiter Tracht Mitte bis Ende Juli an. Einige wenige Sorten können auch früher ausgesät werden. Als Vorfrucht eignen sich alle Gemüse mit Ausnahme von anderen Kohlsorten oder Rüben. Chinakohl wird entweder an Ort und Stelle ausgesät oder aber in Töpfen so vorgezogen, dass er mitsamt dem Wurzelballen verpflanzt werden kann. Pflanzen Sie ihn mit einem Abstand von 40–50 cm in der Reihe bzw. zwischen den Reihen. Bei Direktaussaat verziehen Sie auf diesen Abstand. Kleinere Abstände bringen kleinere und zartere Pflanzen hervor, die für den unmittelbaren Verzehr sehr geeignet sind, sich aber weniger gut lagern lassen.

Das Beet muss regelmäßig gehackt werden, gute Wässerung ist ebenso wie Düngung notwendig, da sich der Chinakohl sehr rasch entwickelt. Nach 80–90 Tagen können Sie die Köpfe ernten.

Sorten

- 'Richi' F_1 eignet sich auch für eine frühe Aussaat von April bis Juli, denn er geht nicht so leicht in Blüte, wie es Chinakohl sonst tun würde. Allerdings sind die Köpfe auch nicht zum Einlagern geeignet.
- 'Scarlette' F_1 ist eine schossfeste rote Chinakohlsorte mit mildem Geschmack.
- 'Bilko' F_1 ist widerstandsfähig gegen Kohlhernie und rasch wachsend. Er bildet feste kurze Köpfe, die lange lagerfähig sind.
- 'Autumn Fun' F_1 ist ebenfalls gegen Kohlhernie tolerant. Außen bekommen die Köpfe dunkelgrüne Blätter, innen sind sie gelblich und zart. Der Anbau erfolgt ab Juli.

Schädlinge und Krankheiten

Chinakohl wird von denselben Schädlingen und Krankheiten bedroht wie → Kohlkohl.

Vor allem Erdflöhe sind in trockenen Sommern ein Problem. Das sind Käferchen, die charakteristische kleine Löcher in die Blätter fressen und damit vor allem Jungpflanzen erheblich schädigen. Die Larven der Erdflöhe tun sich auch an den Wurzeln gütlich. Vorbeugend hilft es, den Boden feucht und locker zu halten.

Ernten und Lagern

Ernten können Sie den Chinakohl, wann immer Sie davon essen möchten. Für die Lagerung sollten sich allerdings feste Köpfe gebildet haben. Chinakohl können Sie lange auf dem Beet stehen lassen, da er leichte Fröste verträgt, wenn Sie ihn mit Vlies oder Reisig ein wenig schützen. Drohen stärkere Minusgrade, nimmt man ihn mitsamt Wurzeln aus dem Boden und schlägt ihn im Keller in feuchtem Sand ein. Wo dies nicht möglich ist, kann er in einer Erdmiete oder im Kühlschrank (hier wegen der trockenen Luft in ein feuchtes Tuch gewickelt) einige Wochen überstehen. Einkochen oder Einfrieren ist wenig befriedigend, da der Chinakohl danach nicht mehr knackig ist.

Chinakohl in der Küche

Sie können Chinakohl sowohl roh wie auch kurz gegart verzehren. Er eignet sich gut für gemischte Rohkostsalate mit geriebenen Möhren, Äpfeln und frischen Kräutern oder

Paprika. Er passt auch zu süßen winterlichen Rohkostsalaten mit Nüssen und Orangen. Garen sollte man ihn nur sehr kurz, damit er knackig bleibt. Er passt sehr gut zu diversen Mischgemüsen und besonders gut zu Gemüsegerichten aus dem Wok. Man sollte ihn immer zuletzt dazugeben.

Gesunder Chinakohl

Chinakohl ist sehr leicht verdaulich und sehr kalorienarm. Er enthält Mineralstoffe und Vitamine in ausgewogener Zusammensetzung. Die im Chinakohl enthaltenen Senföle gelten als allgemein gesundheits-förderlich, vorbeugend gegen Infektionskrankheiten und neueren Studien zufolge auch als krebsvorbeugend. Allerdings weisen andere Kohlsorten meist mehr von diesen Stoffen auf — dafür ist Chinakohl auch für Personen mit einem empfindlichen Magen besser verträglich.

Chinakohl hat seine Hauptsaison in Herbst und Winter.

DICKE BOHNE *Vicia faba*

Auf einen Blick

- Aussaat 2–4 / Ernte 5–8
- Sonniger Standort
- Geringer Nährstoffbedarf
- Geeignet für kühles Klima
- Einfach anzubauen

Dicke Bohnen sind Schmetterlingsblütler wie ihre Verwandten, die Gartenbohnen, zählen aber im Gegensatz zu diesen zur Gattung der Wicken. Mit einer Erntezeit zwischen Ende Mai und Anfang August gehören sie zu den frühen regionalen Gemüsearten, die auf dem Wochenmarkt, aber kaum im Supermarkt erhältlich sind.

Kulturgeschichte

Archäologische Ausgrabungen ehemaliger Steinzeitsiedlungen im Mittelmeerraum belegen, dass bereits 3.000 vor Christus Dicke Bohnen verzehrt wurden. Allerdings waren die damaligen Kulturformen noch nicht so groß wie die heutigen Exemplare. Während im östlichen Mittelmeerraum eine kleine, rundliche Sorte verbreitet war, kannte man im westlichen Süd- und Mitteleuropa eine längere, flache und größere Sorte. Beide Sorten sind nahe Verwandte der wilden Wicke.

In Europa war die Dicke Bohne über einen langen Zeitraum eine der wichtigsten Nahrungspflanzen. Man konnte sie getrocknet gut einlagern und der hohe Eiweißgehalt war überall dort willkommen, wo nur wenig Fleisch auf den Tisch kam. Wenn in älteren Quellen von »Bohnen« die Rede ist, so ist immer diese Art gemeint. Die Bedeutung der *Vicia faba* war so groß, dass sie auch einem bedeutenden römischen Patriziergeschlecht den Namen gab, den Fabiern. Daher rühren die heutigen Vornamen Fabian und Fabia bzw. Fabiola.

In vorchristlichen Kulturen war die auch Saubohne genannte Art eine verbreitete Grabbeigabe, um die Toten auf dem Weg ins Jenseits bei Kräften zu halten. Den

Dicken Bohnen wurde zugleich die anregende Wirkung eines Aphrodisiakums unterstellt. Andererseits galten sie – vermutlich wegen ihrer blähenden Wirkung und ihrer besonderen Rolle in der Ernährung der breiten Bevölkerung – als unfein.

Erst nach der »Entdeckung« der Neuen Welt und der nachfolgenden Einführung der Kartoffel und der Gartenbohne hat ihre Bedeutung nachgelassen. Heute werden sie fast nur noch regional im Rheinland, in Westfalen und in Norddeutschland angeboten. Weltweit ist derzeit China das wichtigste Anbauland von Dicken Bohnen.

Anbau im Garten

Sie gedeihen auf schweren feuchten Böden, sogar mit einem gewissen Salzanteil kommen sie gut zurecht. Die hohe Luftfeuchtigkeit im Seeklima behagt ihnen besonders, hingegen mögen sie heiße trockene Wetterlagen nicht so gern. Bei offenem Boden können sie bereits gegen Ende Februar gelegt werden. In Höhenlagen kann man bis in den April hinein säen. Die Jungpflanzen vertragen leichte Fröste, bei Kahlfrost sollte man sie mit Vlies oder Stroh abdecken. Das Vorziehen von Dicken Bohnen macht wegen der langen Pfahlwurzeln nicht viel Sinn. Früh gesät, gehen sie bereits Ende Mai in den Ertrag und können den Juni hindurch beerntet werden, dann räumen sie das Beet für Nachkulturen. Da sie als Leguminosen die Anreicherung von Stickstoff im Boden fördern, sind sie eine ideale Vorkultur für starkzehrende Gemüse, z. B. Kohl.

Dicke Bohnen bringen einen höheren Ertrag, wenn sie nur in einzelnen Reihen gezogen

werden. Der Abstand zwischen den Samen soll je nach Größe der Sorte zwischen 10 und 15 cm liegen, die Saattiefe zwischen 4 cm in schweren und 6 cm in leichten Böden. Der restliche Platz auf dem Beet wird idealerweise mit Frühkartoffeln, Spinat oder frühen Möhren bestückt, dann kann das komplette Beet im Sommer mit Nachfolgekulturen bepflanzt werden. Die Wurzeln der Bohnen werden dabei möglichst im Boden belassen, da an ihnen Knöllchenbakterien haften, die für das Pflanzenwachstum wertvollen Stickstoff produzieren. Zieht man die Dicken Bohnen in mehreren Reihen, so sollte man dazwischen einen Abstand von 50 cm lassen.

Die Dicken Bohnen schätzen ein wenig Kompost, auf leichtem Boden sollten sie regelmäßig bewässert werden. Eine Düngung mit Kali tut ihnen gut.

Höherwachsende Sorten benötigen in windigen Gegenden Reiser oder andere Stützen, damit sie nicht umknicken. Die Pflanzen werden standsicherer, wenn man sie ein wenig anhäufelt. Regelmäßiges Hacken belüftet den Boden.

Sorten

Das Sortenangebot ist klein, am größten ist die Vielfalt noch im Versandhandel. Regional werden alte Sorten erhalten, und zwar sowohl in Norddeutschland wie in

Die frühe Blüte der Dicken Bohne lockt Bienen auf der Suche nach Nektar an.

einigen Alpenregionen, wo diese Bohnen art noch bis weit ins 20. Jahrhundert eine wichtige Rolle für die Ernährung gespielt hat.

- 'Puffbohne Dreifach Weiße', bei dieser Sorte sind die Blüte und die Kerne reinweiß. Weitverbreitet und bewährt.
- 'Puffbohne Witkiem' ('Frühe Weißkeimige') ist eine frühe Sorte mit langen dicken Hülsen und weißen Kernen.
- 'Hangdown Grünkernig' reift mittelfrüh. Sie hat grünliche zarte Kerne und ist ertragreich.
- 'Piccola', diese Pflanze wird normal hoch (ca. 90 cm), allerdings trägt sie schlankere Hülsen als die üblichen Sorten, in denen kleine delikate Kerne stecken. 'Piccola' ist tolerant gegen die Brennfleckenkrankheit und gegen viele Pilzerkrankungen.
- 'Ratio' ist eine sehr frühreife, niedrig wachsende Sorte.
- 'Rotblühende' ist – wie der Namen bereits sagt – eine Sorte mit roten Blüten. Sie hat eine längere Vegetationszeit und kann bis in den Spätsommer beerntet werden.

Schädlinge und Krankheiten

Der ärgste Feind der Dicken Bohne ist die Schwarze Bohnenlaus. Der Befall schwächt die Pflanzen und kann auch zur Übertragung des Ackerbohnenmosaikvirus führen. Dem kann vorgebeugt werden, indem die Pflanzen so früh wie möglich herangezogen werden. Mit Brennnesselauszügen, Neemlösungen oder Spülmittellauge können die Läuse bekämpft werden. Erfolg versprechend ist auch, sie mit den Fingern zu zerdrücken, aber das ist nicht jedermanns Sache. Wenn an den Pflanzen bereits Bohnen angesetzt haben, kann man auch die oberen zarten Triebspitzen mit den Läusen abzwicken. Dann geht mehr Energie ins Wachstum der Hülsen.

In einem feuchten Frühjahr können Schnecken den Dicken Bohnen sehr zusetzen. Dagegen hilft, die Pflanzen innerhalb eines Schneckenzaunes anzubauen oder aber Schneckenkorn auszustreuen, noch bevor die Pflanzen aus der Erde herausspitzen.

Schwärzepilze können in feuchten Jahren auftreten, sie äußern sich in einem dunkelbraunen Belag, der manchmal ein helles Zentrum aufweist. Entsorgen Sie befallene Pflanzen nicht auf dem Kompost und verwenden Sie keinesfalls Saatgut von kranken Pflanzen!

Einer erneuten Erkrankung wird vorgebeugt, wenn man mindestens drei Jahre lang keine Dicke Bohnen und keine anderen Hülsenfrüchte auf dem Beet anbaut.

Ernten und Lagern

Ernten Sie die ganzen Hülsen, wenn sich die Bohnensamen deutlich abzeichnen. Sie können nun die Kerne auslösen, der Rest kommt auf den Kompost. Je kleiner die Kerne noch sind, desto schmackhafter und zarter sind sie. Später bilden sie eine mehr oder weniger zähe Haut aus. Man kann auch die ganz jungen Hülsen essen. Die frühe Ernte regt die Bildung neuer Blüten an, allerdings ist das Potenzial der Pflanzen insgesamt begrenzt. Solange sie noch in den Hülsen sind, kann man die Bohnenkerne einige Tage im Kühlschrank aufbewahren. Sie lassen sich auch gut einkochen oder nach vorherigem Blanchieren einfrieren. Ausgereifte Bohnenkerne kann man getrocknet lagern.

Wenn Sie Saatgut gewinnen möchten, lassen Sie die Bohnen in den Hülsen voll ausreifen und trocknen. Palen Sie die Samen erst heraus, wenn sie vollkommen durchgetrocknet sind. Nun sind sie mehrere Jahre haltbar. Werden Bohnen vom Bohnenkäfer befallen,

ist das für uns kaum erkennbar, da er sie von innen aushöhlt. Um dieses Risiko zu umgehen, kann man die getrockneten Bohnen zwei, drei Tage lang in den Tiefkühler geben. Danach lässt man das Saatgut noch einmal nachtrocknen und bewahrt es im Schraubglas auf.

Dicke Bohnen in der Küche

Traditionell sind Dicke Bohnen Bestandteil deftiger Gerichte, sie werden gerne zusammen mit Bauchfleisch, Speck und Kartoffeln o. Ä. gereicht. Mit Zwiebeln in Olivenöl geschmort und mit den ersten frischen Kräutern der Saison angerichtet, machen sie sich auch in der modernen leichten Küche gut. Probieren Sie einmal einen leckeren Frühjahrssalat aus den Bohnen, vermischt mit Kochschinken, Apfelwürfeln und je nach Geschmack weiteren rohen Gemüsen.

Wer es ganz besonders zart mag, entfernt nicht nur die Hülsen, sondern auch die ledrige Haut, die jede einzelne Bohne umschließt. Das macht viel Arbeit, lohnt aber, da damit auch der leicht bittere Geschmack verschwindet.

Gesunde Dicke Bohnen

Dicke Bohnen enthalten sehr viel hochwertiges pflanzliches Eiweiß, Ballaststoffe sowie die Vitamine A, B_1, B_2 und C. Daneben beinhalten sie auch Eisen und Kalzium. Sie wirken weniger blähend als Gartenbohnen und wirken sich positiv auf den Cholesterinspiegel aus.

Achtung: Dicke Bohnen sind für Menschen gefährlich, die an Favismus leiden — einem vererblichen Enzymmangel, der besonders im Mittelmeerraum vorkommt.

Dicke Bohnen sollte man zeitig legen, sobald der Boden offen ist.

ENDIVIE *Cichorium endivia*

- Aussaat 6–7 / Ernte 9–12
- Sonniger bis halbschattiger Standort
- Mittlerer Nährstoffbedarf
- Verträgt kühles Klima
- Gute Nachkultur

Die Endivie ist eine Pflanze aus der Familie der Korbblütler, die als Salat gegessen wird. Sie bildet keine geschlossenen Köpfe, sondern eine Rosette aus festen Blättern, die zum Strunk hin knackig sind. Endivien schmecken je nach Sorte mehr oder weniger bitter. Die Endivie hat im Spätherbst und Winter Saison.

Kulturgeschichte

Die heute kultivierte Endivie stammt von einer wilden Art ab, der *Cichorium pumilum*, die mit unserer Wegwarte verwandt und im Mittelmeergebiet verbreitet ist. Bereits in der Zeit um Christi Geburt wurde sie in Italien angebaut. Auch in Frankreich war sie früh beliebt. In beiden Ländern werden Endivien bis heute gerne verzehrt. Nach Deutschland kam die Endivie gegen Ende des Mittelalters. Erst seit dem 19. Jahrhundert sind verschiedene Zuchtformen belegt.

Anbau im Garten

Endivien zählen zu den Langtagspflanzen. Sie dürfen nicht zu früh im Jahr ausgesät werden, damit sie nicht gleich in Blüte gehen. Idealerweise werden die Pflanzen erst ab Mitte Juni ausgesät, besser ist Anfang Juli. Endivien können gut versetzt werden, sodass es Sinn macht, sie zunächst im Anzuchtbeet vorzuziehen und erst später, wenn andere Kulturen den Platz geräumt haben, auf das endgültige Beet zu pflanzen. Der Abstand sollte sowohl zwischen den Reihen als auch zwischen den Pflanzen etwa 30 cm betragen. Die Jungpflanzen sollten bereits vier bis sechs richtige Blätter ausgebildet haben. Man darf sie nicht tiefer setzen, als sie im Anzuchtbeet gestanden haben.

Etwa drei Monate nach der Aussaat kann der Salat geerntet werden. Wenn Sie den leicht bitteren Geschmack nicht mögen, können Sie die Endivien bleichen, dann werden sie milder. Dazu bindet man die äußeren Blätter für etwa zwei Wochen zusammen, damit die inneren feinen Blätter kein Licht mehr bekommen. Oder aber man stülpt einen Eimer über die Pflanzen. Die Blätter müssen dabei vollkommen trocken sein, damit sie nicht zu faulen beginnen. Neuere Sorten enthalten weniger Bitterstoffe, dann erübrigt sich das Verfahren.

Sorten

Endivien werden in die großblättrigen Escariol-Sorten, die robuster und besser lagerfähig sind, und in die fein- und krausblättrigen Sorten (**Frisée-Salate**), die schossfester sind, eingeteilt.

- 'Escariol gelb' ist eine sehr robuste Sorte, die auch bei Regen und nasskaltem Wetter nicht zum Faulen neigt. Sie verträgt leichten Frost. Die eher groben Blätter sind gelbgrün und können ohne Bleichen verzehrt werden.
- 'Escariol grün' schosst nicht so leicht wie die gelbe Sorte und kann deshalb schon früher im Jahr angebaut werden. Sie sollte gebleicht werden, um die Bitterstoffe zu reduzieren. Die Sorte hält sich im Einschlag sehr lange.
- 'Golda' ist eine Sorte, die nicht zum Schossen neigt und selbstbleichend ist, da sie feste Köpfe bildet. Sie kann noch spät geerntet werden.
- 'Frisee Tres Fine Maraichere' – Frisée-Sorten haben ein sehr feines, filigranes Blatt. Sie neigen nicht so sehr zum

Schossen und können deshalb auch ganzjährig angebaut werden. Allerdings faulen sie bei feuchtkalter Witterung schneller und vertragen auch den Frost weniger gut.

- 'Frisée Jolie', auch diese fein gekrauste Frisee-Sorte ist weitgehend schossfest und kann deshalb über das ganze Jahr angebaut werden. Sie ist nur leicht bitter.

Schädlinge und Krankheiten

Endivien gehören zu den widerstandsfähigeren Salatsorten. Von Schnecken und Blattläusen werden sie seltener heimgesucht als z. B. grüner Kopfsalat. Da die Pflanzen auch im regnerischen Herbst noch lange auf dem Beet bleiben, besteht aber die Gefahr, dass sie faulen. Durch die Sortenwahl lässt sich das Risiko mindern, Frisée-Sorten neigen stärker zur Fäulnis. Im gut gelüfteten Frühbeetkasten oder Gewächshaus ist die Fäulnisneigung geringer.

Ernten und Lagern

Endivien vertragen leichte Fröste und können in milderen Lagen bis in den Dezember hinein direkt vom Beet geerntet werden. Werden die Pflanzen mit Wurzeln vorsichtig aus dem Boden gehoben, können sie im Keller in feuchten Sand eingeschlagen werden. Ist der Keller dunkel, bleichen sie ohne weiteres Zutun. Draußen können

die Pflanzen bei starker Kälte vorübergehend mit Matten o. Ä. abgedeckt werden.
Auch im unbeheizten Frühbeet kann man
Endivien lange stehen lassen. Im Gemüsefach des Kühlschrankes halten sie nur
wenige Tage.

Endivie in der Küche

Endivien schmecken je nach Sorte mehr
oder weniger bitter. Wer das nicht mag, kann
den geschnittenen Salat einige Minuten
wässern, dann wird er milder, verliert aber
auch an Vitaminen. Endivien werden gerne
als Bestandteil gemischter Blattsalate gegessen. Regional sind auch Gerichte verbreitet,
bei denen sie kurz gedünstet verzehrt
werden. Fein geschnitten, mit Essig und Öl
angemacht, werden sie auch mit Kartoffelpüree vermengt gegessen.

Sehr fein geschnitten, kann man sie z. B.
mit geriebenen Möhren als Rohkost anbieten. Um den leicht bitteren Geschmack
auszugleichen, bietet es sich an, die fein
geschnittenen Endivien zusammen mit
Orangenstücken und Joghurtsoße zu einem
winterlichen Salat zu verarbeiten.

Gesunde Endivie

Für den herben Geschmack der Endivie
sorgt der Bitterstoff Lactucopikrin. Dieser
wirkt anregend auf die Nieren- und Gallen-
funktion und soll kräftigend für die Blutgefäße sein. Durch Bleichen oder weniger
bittere Züchtungen wird der Lactucopikringe-
halt geringer. Ansonsten enthalten Endivien
verschiedene Spurenelemente, Mineralstoffe
und Vitamine in ausgewogener Zusammensetzung. Hervorzuheben ist der hohe Gehalt
an Folsäure und Eisen.

Mit Endivien hat man noch spät im Jahr frischen Salat im Gemüsegarten.

ERBSE *Pisum sativum* subsp. *sativum*

Die einjährige Erbse gehört zu den Schmetterlingsblütlern (*Fabaceae*) und ist eine Hülsenfrucht. Frische Palerbsen kommen heute kaum noch in den Handel. Die jungen Hülsen von Zuckererbsen, die im Ganzen verzehrt werden, gelten als sehr delikat und sind auf Wochenmärkten oder in ausgewählten Gemüsehandlungen im Frühsommer erhältlich.

Kulturgeschichte

Erbsen gehören zu den ältesten Kulturpflanzen der Menschheit. Der Anbau im Vorderen Orient ist bereits seit 7.000 vor Christus belegt. Zusammen mit Linsen und einfachen Getreidesorten wie Emmer und Einkorn bildeten sie dort die Ernährungsgrundlage früher Ackerbauern. Aus dem östlichen Mittelmeergebiet hat sich die Kultur der Erbsen nach ganz Europa verbreitet. In Mitteleuropa zeigen archäologische Funde den Anbau von Erbsen bereits für die Jungsteinzeit an.

Erbsen leben in Symbiose mit Knöllchenbakterien, wodurch wertvoller Stickstoff im Boden angereichert wird. Schon lange wird die Hülsenfrucht deshalb bevorzugt in Wechselkultur mit Getreide angebaut. Schon damals wurde so verhindert, dass der Boden ermüdete. Da Erbsen gut lagerfähig und sehr nahrhaft sind, galten sie als idealer Wintervorrat für die Menschen in Mitteleuropa. Der Verzehr frischer grüner Erbsen hingegen gilt erst seit dem 17. Jahrhundert als belegt. Die heute beliebten Zuckererbsen (Kefen) waren zunächst im asiatischen Raum verbreitet, entsprechende Sorten sind erst später nach Europa gekommen.

Von Erbsen handeln auch viele volkstümliche Sagen und Märchen. Ob es um die »Prinzessin auf der Erbse« geht oder aber um die »Kölner Heinzelmännchen«, die auf Erbsen ausrutschen – die kleinen nahrhaften Kügelchen spielen in vielen Erzählungen eine Rolle.

Anbau im Garten

Die Erbse ist wie ihre Verwandten – die Bohne, die Feuerbohne und die Dicke Bohne – eine Stickstoff anreichernde Pflanze (Leguminose) und von daher eine gute Vorkultur. Je nach Sorte können Erbsen im März oder April gelegt werden. Sie vertragen leichte Fröste bis –5 °C. Aussaaten nach April bringen geringere Erträge.

Erbsen sollten nicht mehrmals hintereinander im selben Beet kultiviert werden. Auch auf den Anbau von anderen Leguminosen sollte dort im Folgejahr verzichtet werden. Erbsen gedeihen gut nach Stark- oder Mittelzehrern und passen in Mischkultur zu den meisten anderen Gemüsen. Nur mit Nachtschattengewächsen (Kartoffel, Tomate, Paprika), Zwiebelgewächsen und anderen Hülsenfrüchten vertragen sie sich nicht.

Die Samen werden mit einem Abstand innerhalb der Reihe von 3 bis 5 cm und in 5 cm Tiefe gelegt. Zwischen den Reihen sollte der Abstand etwa 30 bis 40 cm betragen. Die Pflanzen werden je nach Sorte bis zu mannshoch.

Da Tauben gerne die Saat und die jungen Erbsenpflanzen aus der Erde picken, sollte man das Beet in der ersten Zeit mit einem Vogelschutznetz überspannen. Es muss

rechtzeitig entfernt werden, bevor die Pflanzen beginnen, sich darin festzuranken. Nun kann man die jungen Pflanzen ein wenig anhäufeln und höher wachsenden Sorten mit Maschendraht oder in die Erde gesteckten Reisern eine Rankhilfe geben. Glatte Stäbe eignen sich nicht.

In trockenen Frühjahren müssen die Erbsen nach der Blüte gegossen werden. Stehen die Erbsen auf einem Beet, das im Vorjahr reichlich gedüngt wurde, so brauchen sie gar keine weiteren Nährstoffe. Ansonsten reicht ein wenig Kompost. Für Stickstoff sorgen die Knöllchenbakterien, die an den Wurzeln der Pflanzen haften. Düngt man zu viel, so entwickelt sich mehr Blattgrün – auf Kosten der Blüten bzw. Früchte.

Wenn die Erbsen früh gesät wurden, kann man ab Juni ernten. Bei den Zuckererbsen pflückt man die ganzen Hülsen, sobald sich die Kerne leicht darin abzeichnen. Wenn dieser Zeitraum versäumt worden ist, kann man ebenso wie bei Markerbsen die frischen grünen Körner roh oder gekocht verzehren. Je häufiger man durchpflückt, desto mehr Hülsen entwickeln sich.

Wenn die Erbsen im Juli abgeerntet sind, lässt man die Wurzeln im Boden, weil sich daran Stickstoff gesammelt hat, der den Nachfolgekulturen zugutekommt. Als Nachkultur eignen sich gut Wintersalate, Grünkohl, Rosenkohl oder Steckrüben.

Sorten

Grundsätzlich werden in Mitteleuropa angebaute Erbsen in drei Gruppen unterteilt. Schal- bzw. Palerbsen sind die robusteste Sorte, sie können schon früh im März angebaut werden. Wegen ihres hohen Stärkeanteils werden sie jedoch nicht frisch verzehrt, sondern reifen zu Trockenerbsen aus, die vor allem im Winter gerne für Erbsensuppe oder Erbsenpüree verwendet werden. Der Anbau von Schalerbsen wird im Privatgarten fast nur noch als Liebhaberei betrieben, da Trockenerbsen (auch in Bioqualität) für wenig Geld im Handel erhältlich sind.

Markerbsen sind deutlich kälteempfindlicher und können oft erst im April gesät werden. Sie sind im Privatgarten beliebter als die Schalerbsen, da man mit ihnen ein Gemüse erntet, das man in einer solchen Qualität kaum im Handel bekommt. Die jungen Körner sind knackig und süß. Besonders Kinder naschen gerne rohe Erbsen. Für frisch zubereitete Gemüsegerichte (ein Klassiker ist »Leipziger Allerlei«) eignen sie sich ebenso wie zum Einfrieren. Wenn Markerbsen überständig werden, schmecken sie rasch mehlig und fad. Es macht aber keinen Sinn, sie dann zu Trockenerbsen weiterreifen zu lassen, denn sie werden später durch Einweichen und Kochen nicht mehr weich.

Zuckererbsen sind den Markerbsen ähnlich und können wie diese als grüne Körner verzehrt werden. Der eigentliche Nutzen der Zuckererbsen besteht aber darin, dass man die unausgereiften Hülsen im Ganzen erntet und roh oder kurz gegart isst. Die Kichererbse ist botanisch gesehen keine »Erbse« und spielt unter hiesigen klimatischen Gegebenheiten keine Rolle. Des Weiteren werden Erbsen nach Wuchshöhe unterschieden. Resistenzen gegen Krankheiten sowie Farbe der Blüte und Hülse sind weitere Merkmale.

Markerbsen

- 'Wunder von Kelvedon' ist eine altbekannte Sorte, die etwa 60 bis 80 cm hoch wird. Der Ertrag ist hoch und die Kerne schmecken süß. Ideal für den Frischverzehr. Frühe bis mittelfrühe Sorte.
- 'Alderman' ist eine häufig angebaute späte Sorte. Die Pflanzen werden bis zu mannshoch, was den Ertrag erhöht. Sehr süße Körner für den Frischverzehr.
- 'Grandera', eine Neuzüchtung mit besonders großen Hülsen, die einen hohen Ertrag bringt. Die Pflanzen sind tolerant gegen die Welkekrankheit. Mittelfrüh. Süß, aromatisch und gut für den Frischverzehr sowie zum Einfrieren.
- 'Evita' ist eine mittelfrühe Sorte, die etwa 60 cm hoch wird. Die Körner sind besonders gut zum Tiefgefrieren geeignet.
- 'Spring', eine sehr frühe Sorte, die ganzjährig angebaut werden kann.
- 'Blauschokker', diese blauhülsige Kapuzinererbse ist sehr früh. Sie wird hoch und benötigt entsprechend gute Stützen. Die graugrünen wohlschmeckenden Körner eignen sich gut für den Frischverzehr.
- 'Sima' ist eine Wintererbse, die im Oktober gelegt wird und Fröste bis zu −15 °C aushält. Die niedrig bleibenden Pflanzen tragen im Folgejahr ab Mai.

Zuckererbsen

- 'Früher Heinrich' ist eine bewährte, wohlschmeckende Zuckererbsensorte.
- 'Schweizer Riesen' werden – wie der Name vermuten lässt – bis zu 140 cm hoch und müssen unbedingt Rankhilfen erhalten. Sie bilden große Hülsen aus und bringen hohen Ertrag.
- 'Norli', frühe und klein bleibende Sorte (bis 50 cm), die auch ohne Rankhilfe auskommt, sehr süße Hülsen.

Schalerbsen

- 'Kleine Rheinländerin', eine sehr frühe Sorte, die ab März gesät werden kann.

Sie wird nur bis zu 40 cm hoch und muss deshalb nicht gestützt werden. Pralle Hülsen mit bis zu zehn Körnern.
- 'Frühe Harzerin' wird etwa 60 cm groß und trägt üppig. Sie kann im März gesät werden und trägt unter guten Bedingungen schon ab Ende Mai.

Schädlinge und Krankheiten

Der Erbsenmehltau ist ein Pilz, der häufig bei trockenem warmem Wetter auftritt. Die Erbsen sind im Frühsommer besonders gefährdet. Auf den Blättern bildet sich ein mehlartiger Belag, der die Blätter graubraun werden und welken lässt. Auf den Hülsen sieht man bräunliche Sprenkel. Die Gefahr von Mehltaubefall nimmt bei Stickstoffdüngung zu. Spritzungen mit Knoblauchtee oder Zwiebelschalenauszügen können helfen. Befallene Pflanzenteile nicht auf den Kompost geben, sondern in die Biotonne entsorgen.

Ebenfalls eine Pilzerkrankung ist die Erbsenwelke, die vor allem bei feuchtwarmem Wetter zum Zuge kommt. Die Pflanze wird gelblich-braun und welkt, der untere Bereich wird im weiteren Verlauf braunschwarz. Es gibt tolerante Sorten. Da der Pilz mehrere Jahre im Boden überdauern kann, sollte man auf dem befallenen Beet mindestens fünf Jahre keine Erbsen mehr anbauen. Befallene Pflanzenteile in der Biotonne entsorgen, nicht kompostieren.

Der Erbsenwickler fliegt vor allem von Ende Mai bis Mitte Juni und legt seine Eier an der Blattunterseite ab. Es entwickelt sich eine etwa 1 cm lange grüngelbe Raupe, die in die Hülsen eindringt und die Kerne auffrisst. Bei trockenem und warmem Wetter ist der Befallsdruck stärker. Vorbeugend wirken eine windoffene Lage, der Anbau als Mischkultur mit Möhren oder Ringelblumen sowie die Abdeckung der Pflanzen mit einem Gemüseschutznetz. Man sollte einen mehrjährigen Fruchtwechsel einhalten, da die Larven des Erbsenwicklers im Boden überwintern. Erbsen sollte man erst nach frühestens fünf Jahren auf demselben Beet wieder anbauen, um Krankheiten vorzubeugen!

Ernten und Lagern

Zuckererbsenhülsen und junge Markerbsen müssen häufig durchgepflückt werden, da sich die Qualität überständiger Früchte rapide verschlechtert. Im Kühlschrank kann die Ernte zwei, drei Tage aufbewahrt werden. Beste Konservierungsmethode ist das Einfrieren. Wer ein Gefriertablett hat, sollte die Erbsen zum schnellen Durchfrieren erst lose darauflegen und dann im gefrorenen Zustand in Behälter oder Tüten füllen.

Schalerbsen werden so lange an der Pflanze belassen, bis die Hülsen vollständig trocken sind. Man kann je nach Sorte dann die Körner ausdreschen oder von Hand auspalen. Im Anschluss die Körner noch einige Tage an der Luft nachtrocknen lassen. In luftigen Beuteln lassen sich die Erbsen an einem trockenen Ort jahrelang aufbewahren.

Wer selbst Saatgut von Mark- oder Schalerbsen gewinnen möchte, sollte die vollkommen durchgetrockneten Körner für eineinhalb Tage in den Tiefkühlschrank legen, damit sich die möglicherweise auf ihnen abgelegten Eier der Bohnenfliege nicht entwickeln können.

Erbsen in der Küche

Zuckererbsen werden als ganze Hülse verzehrt. Sie eignen sich als Rohkost bzw. Zugabe zu Salaten. In ein wenig Butter oder Pflanzenfett kurz gedünstet, schmecken sie wunderbar zart und sind eine delikate Beilage zu Frühkartoffeln. In der asiatischen Küche werden Zuckererbsenhülsen gerne zusammen mit anderen jungen Gemüsen im Wok kurz und knackig zubereitet.

Markerbsen essen vor allem Kinder gerne direkt aus der Hülse. Roh schmecken sie auch gut in einem Salat aus jungen Pellkartoffeln. Ein beliebtes Gemüse für den Frühsommer ist »Leipziger Allerlei«, ein ursprünglich aus Möhrchen, Erbsen und Spargel gekochtes Gericht, zu dem traditionell Flusskrebs oder Markklößchen gereicht werden. Das »Allerlei« wird je nach den zur Verfügung stehenden Gemüsesorten auch mit Blumenkohl oder Kohlrabi zubereitet. Frischer Kerbel oder Petersilie runden das Gericht ab. Als Tiefkühl- oder Dosengemüse ist »Leipziger Allerlei« weitverbreitet – dem Vergleich mit der frisch zubereiteten Variante hält es aber nicht stand.

Aus getrockneten Schalerbsen, die man über Nacht in Wasser einweicht und dann lange weich kocht, bereitet man eine Erbsensuppe oder ein Erbsenpüree zu. Beides wird gerne zusammen mit deftigem Fleisch, Speck oder Wurst gegessen.

Gesunde Erbsen

Erbsen sind sehr ballaststoffreich und von daher gut für einen aktiven Darm und eine gesunde Verdauung. Sie enthalten mehr Eiweiß als alle anderen hierzulande kultivierten Gemüsearten und eignen sich deshalb gut für die vegetarische Ernährung. Auch ist der Gehalt an Vitamin B_1 und B_2 höher als bei den meisten anderen Gemüsearten, ebenso der Niacingehalt.

An Mineralstoffen sind Kalium und Magnesium reich vertreten, letzteres ist günstig für den Zellstoffwechsel. Man sagt Erbsen positive Auswirkungen auf den Blutfettspiegel nach, sie gelten als cholesterinsenkend. Neuere Studien haben ergeben, dass Erbsen die Fruchtbarkeit reduzieren können.

Dazu müssen allerdings enorme Mengen verzehrt werden, sodass eine verlässlich empfängnisverhütende Wirkung nicht gegeben ist. Umgekehrt aber sollte man besser bei Kinderwunsch nicht allzu viele Erbsen essen. In der Volksheilkunde spielt die Erbse trotz ihrer langen Geschichte keine besondere Rolle.

Die Kapuzinererbse 'Blauschokker' hat auffällige dunkelviolette Hülsen.

FELDSALAT *Valerianella locusta*

Der Feldsalat gehört in die Familie der Baldriangewächse. Er kann im späten Herbst, an frostfreien Tagen im Winter oder im Frühjahr aus dem Freiland geerntet werden. Er gilt als besonders gesunde Salatsorte. Aus heimischem Anbau wird Feldsalat vor allem im Spätherbst angeboten.

Kulturgeschichte

Der wilde Feldsalat ist in Mitteleuropa zu Hause und wurde seit mindestens der Jungsteinzeit gesammelt und verzehrt. Mit dem aufkommenden Ackerbau siedelte sich der Feldsalat als Unkraut auf Äckern und in Weinbergen an. Dort wurde er weiterhin als Wildpflanze geerntet. Besonders wohl fühlte sich der Feldsalat auf Brachäckern, die zur Regeneration des Bodens für ein Jahr nicht bestellt wurden. Mit der Einführung mineralischer Düngung wurde diese Anbaumethode aufgegeben und so findet man heute kaum noch wilden Feldsalat. Erst seit jüngerer Zeit wird er auch im Garten gezogen. Zunächst beschränkte man sich darauf, wilde Pflanzen auszugraben und auf leere Beete umzusetzen. Vor etwa hundertfünfzig Jahren ist Feldsalat in Kultur genommen worden und es sind mittlerweile mehrere Feldsalatsorten im Samenhandel erhältlich.

Anbau im Garten

Den Feldsalat für die Herbst- und Winterernte sät man 1 cm tief in dem Zeitraum ab Ende Juli bis Mitte September. Später gesäte Pflanzen werden erst im kommenden Frühjahr erntereif. Will man den Salat erst im Frühjahr ernten, kann man ihn bis Ende Februar oder Anfang März säen. Noch spätere Aussaaten neigen zum Schießen.

Der Feldsalat ist unkompliziert, er verträgt jeden Gartenboden und jede Vorfrucht. In den Reihen sollten die einzelnen Pflanzen ein paar Zentimeter Abstand haben – ausgelichtete Pflänzchen lassen sich zu jeder Zeit als besonders zarter Salat essen. Wenn Sie genügend Platz haben, sollten Sie zwischen den Reihen mindestens 15 cm frei lassen, damit Sie gut mit der Hacke durchkommen. Ansonsten kann man auch auf bis zu 10 cm gehen.

Feldsalat kann in Topfplatten vorgezogen und später gepflanzt werden. Das macht etwas mehr Arbeit, doch können die Vorkulturen länger stehen, man spart sich später das Auslichten und erntet stattliche Einzelpflänzchen. Damit die Pflanzen gut gedeihen, ist es wichtig, den Boden locker zu halten und zu jäten. Wenn die Vorfrucht stark gedüngt wurde, kommt der Feldsalat mit den Nährstoffresten im Boden aus und benötigt nur ein wenig Stickstoff. Ansonsten tut ihm eine leichte Grunddüngung gut.

Bei stärkerem Frost sollte man den Feldsalat mit Tannenreisig oder einer doppelten Lage Vlies abdecken. Grundsätzlich kann man Feldsalat auch unter Folie oder Glas ziehen, dadurch vergrößert sich der Erntezeitraum. Allerdings steigt der Nitratgehalt der Blätter, je weniger Licht die Pflanzen bekommen.

Sorten

- 'Elan' ist eine neue Sorte, die gegen Falschen Mehltau resistent sein soll.
- Auch 'Medaillon' ist tolerant gegen den Falschen Mehltau.

Auf einen Blick

- Aussaat 2 und 7–9 / Ernte 10–4
- Sonniger Standort
- Mittlerer Nährstoffbedarf
- Guter Lückenfüller
- Einfach anzubauen
- Frisch am besten
- Geeignet für den Balkonkasten

- 'Kölner Palm' ist eine alte Sorte mit besonders großen Blättern und geringer Schossneigung.
- 'Vit' ist eine bewährte Sorte, die ebenfalls recht tolerant gegen Falschen Mehltau ist, zudem ist sie sehr frosthart und starkwüchsig.
- 'Dunkler Vollherziger' ist ein schnellwüchsiger, frosttoleranter Feldsalat mit dichtem Wuchs und hohem Ertrag.

Schädlinge und Krankheiten

Die Hauptprobleme für Feldsalat sind die Pilzerkrankungen Echter und Falscher Mehltau. Der Echte Mehltau macht sich durch einen mehlartigen Belag auf den Blättern bemerkbar. Beim Falschen Mehltau findet man auf der Blattoberseite schwärzlichbraune Flecken, auf der Unterseite lässt sich ein graues Pilzmyzel entdecken. Mehltau ist unappetitlich, aber für Menschen nicht schädlich, auch nicht durch den Verzehr. Bei starkem Befall sterben die Pflanzen ab. Entfernen Sie die befallenen Pflanzen aus dem Beet, diese können ohne Sorge kompostiert werden. Beim Anbau unter Glas bzw. Folie empfiehlt es sich, vorbeugend regelmäßig zu lüften und tolerante Feldsalatsorten zu wählen. Gegen den Echten Mehltau hilft es, den Boden im Herbst feucht zu halten. Im Frühjahr tritt er wegen der noch vorhandenen Winterfeuchtigkeit selten auf.

Ernten und Lagern

Feldsalat hält sich am besten auf dem Beet. An frostfreien Tagen kann den ganzen Winter über geerntet werden. Dazu schneidet man die Pflänzchen dicht über der Oberfläche ab, so können sie noch einmal austreiben. Bis April sollte man die Ernte beendet haben, sonst beginnen die Pflanzen zu schießen.

Im Kühlschrank kann man Feldsalat wenige Tage in einer Frischhaltedose oder einem Gefrierbeutel aufbewahren. Wenn Sie die zarten Blätter in feuchtes Küchenkrepp einschlagen, werden sie nicht welk.

Feldsalat in der Küche

An den Wurzeln von Feldsalat haftet häufig noch etwas Sand. Man entfernt diesen, indem man die Salatpflanzen in Wasser schwimmend wäscht. Der feine nussige Geschmack des Feldsalates kommt am besten zur Geltung, wenn er mit einer einfachen Vinaigrette aus Essig, (Nuss-)Öl, Salz und einer Prise Zucker angemacht wird. Geben Sie ein paar Kräuter zum Salat, sehr gut passen auch fein geschnittene Apfelstückchen sowie geröstete Sonnenblumenkerne – oder die edlere Variante: Pinien- oder Walnusskerne. Auch dünne Kartoffelscheiben schmecken im Feldsalat lecker.

Gesunder Feldsalat

Feldsalat reichert Nitrat an, wenn er mit Stickstoff gedüngt oder unter Glas gezogen wird. Der Nitratgehalt ist geringer, wenn Sie ihn am Nachmittag ernten.

Da im Winter nur wenig frisches Grün aus regionalem Anbau zur Verfügung steht, gehört Feldsalat zu den sehr empfehlenswerten Gemüsen. Er enthält – neben verschiedenen weiteren Mineralstoffen und Vitaminen – im nennenswerten Maß Eisen, Provitamin A (Carotin) und Vitamin C. Im Feldsalat enthaltene Baldrianöle wirken in größeren Mengen genossen beruhigend und entspannend.

Feldsalat kann man den ganzen Winter über aus dem Garten holen, wenn gerade kein Frostwetter ist

FENCHEL *Foeniculum vulgare*

Der Gemüsefenchel ist eine Weiterzüchtung des Gewürzfenchels und gehört zur Familie der Doldenblütler. Er ist in den letzten Jahrzehnten vor allem durch die mediterrane Küche in Deutschland bekannt geworden. Gegessen wird die fleischige Knolle. Hauptsaison sind Spätsommer und Herbst.

Kulturgeschichte

Der Fenchel ist im Mittelmeergebiet und in Vorderasien beheimatet. Als Gewürz- und Heilpflanze war er bereits in der Antike bekannt und begehrt. Er wurde bei Blasen- und Nierenleiden, bei Verdauungsstörungen und in der Frauenheilkunde eingesetzt. Die Römer brachten den Gewürzfenchel mit nach Mitteleuropa, aber erst den christlichen Mönchen gelang es, den Fenchel dauerhaft in Mittel- und Nordeuropa einzubürgern. Er wurde zu einer klassischen Klostergartenpflanze, deren gesundheitlichen Nutzen man schätzte und der man nachsagte, dass sie Irr- und Aberglauben entgegenwirke.

Erst im 19. Jahrhundert züchteten italienische Gemüsegärtner den uns heute bekannten Knollenfenchel, der seitdem ein unverzichtbarer Bestandteil der italienischen Küche ist. Das würzige Gemüse wurde erst im letzten Drittel des vorigen Jahrhunderts in Deutschland bekannt und ist bis heute nur selten in hiesigen Gärten zu finden, ist aber im gut sortierten Lebensmittelhandel und auf Wochenmärkten erhältlich.

Anbau im Garten

Fenchel ist eine Langtagspflanze, das heißt, er neigt zum Schossen bzw. Blühen, wenn die Tage länger werden. Bei Gemüsefenchel ist diese Eigenschaft unerwünscht, da man ja möglichst große Knollen ernten möchte. Um das Schossen im Frühsommer zu verhindern, besorgt man sich entweder schossfeste Sorten oder sät erst Mitte Juni bis Mitte Juli an einem warmen und geschützten Ort im Freiland aus. Damit der im Hochsommer gesäte Fenchel bis zum November erntereif ist, benötigt er viel Wärme – ideal ist der Anbau im Weinbauklima.

Wer in ungünstigeren Klimalagen gärtnert, sollte auf entsprechend schossfeste Sorten zurückgreifen, die bereits ab März vorgezogen werden können. Die ideale Keimtemperatur liegt bei 20 °C, nach der Keimung können die Pflänzchen behutsam an etwas tiefere Temperaturen gewöhnt werden, die aber möglichst nicht unter 15 °C fallen sollen.

Ausgepflanzt wird im Mai – bei nur mäßig warmem Klima zunächst noch unter Vlies oder Folie. Der beste Abstand beträgt 40 cm zwischen und 25 cm in den Reihen. Pflanzt man enger, so bleiben die Knollen zu klein. Auch sehr junge Fenchelpflanzen sind in der Küche bestens zu verwenden. Bei der Direktaussaat sollten Sie deshalb mit dem Vereinzeln auf den empfohlenen Abstand warten, bis die herauszuziehenden Pflänzchen eine solche Größe haben, dass Sie eine oder mehrere Mahlzeiten aus ihnen zubereiten können.

Fenchel zehrt mittelstark, d. h., er wächst am besten in zweiter Tracht, nachdem im Vorjahr ein Starkzehrer das Beet belegt hat. Während der Wachstumszeit können Sie den Fenchel mit ein wenig Kompost oder einem anderen organischen Dünger versorgen. Zu viel Stickstoff sollte nicht aufs Beet, da die Pflanzen dann das gesundheitsschädliche Nitrat anreichern.

Die Pflege des Fenchelbeets ist einfach: Sie müssen sich lediglich darum kümmern, Unkraut zu zupfen bzw. zu hacken, und es darf keine zu starken Unterschiede in der Wasserversorgung geben, da die Knollen sonst platzen können.

Fenchel verträgt sich gut in Mischkultur mit Salat, der zwischen den Reihen wachsen kann, bis die Fenchelpflanzen den ganzen Platz einnehmen. Verwandte Pflanzen wie Möhren, Pastinaken oder Petersilie sollten aber nicht neben Fenchel wachsen.

Im Herbst kann der Fenchel bei vorübergehend leichten Minustemperaturen auf dem Beet stehen bleiben, günstig ist dabei eine Abdeckung mit Vlies oder Stroh. Drohen länger Temperaturen unter 0 °C, muss er aus dem Beet genommen werden.

Sorten

- 'Zefa Fino' ist eine weitgehend schossfeste Sorte für den ganzjährigen Anbau, die bereits im Frühjahr ausgesät werden kann.
- 'Selma' ist ebenfalls eine schossfeste Sorte und kann ab April angebaut werden.
- 'Mammouth' bildet helle große Knollen und ist recht schossfest.

Auf einen Blick

- Aussaat 3–7 / Pflanzung 5–8 / Ernte 7–11
- Sonniger Standort
- Wärmebedürftig
- Mittlerer Nährstoffbedarf
- Dekoratives Gemüse

Bevor die Fenchelpflanzen noch größer werden, ist der Salat schon abgeerntet.

■ 'Di Firenze' ist eine ältere Sorte, die sehr große aromatische Knollen bildet, aber nicht schossfest ist, Anbau ab Sommer.

Schädlinge und Krankheiten

Gemüsefenchel ist in deutschen Gärten wenig verbreitet und hat von daher auch noch nicht viele Feinde. In nassen Sommern können Pilzkrankheiten den Pflanzen zusetzen. Um Erkrankungen vorzubeugen, sollte man erst nach drei Jahren wieder auf demselben Beet Gemüsefenchel anbauen und auch eine Fruchtfolge mit anderen Pflanzen aus der Familie der Doldenblütler vermeiden.

Ernten und Lagern

Im Frühjahr gepflanzter Fenchel ist im Sommer erntereif und droht in Blüte zu gehen, wenn man ihn zu lange auf dem Beet stehen lässt. Beginnen Sie deshalb schon mit der Ernte, wenn die ersten Pflanzen noch recht klein sind – dann müssen Sie nicht alle auf einmal verwerten.

Bei der Herbsternte kann man sich etwas mehr Zeit lassen. Wenn allerdings Minustemperaturen angesagt sind, müssen die Knollen vom Beet. Eine kurze leichte Frostperiode kann man auch überbrücken, indem man die Pflanzen mit Vlies abdeckt.

Knollenfenchel können Sie zwei bis drei Wochen im Gemüsefach des Kühlschrankes lagern. Auch einfrieren lässt sich Fenchel unkompliziert, man bereitet ihn dazu küchenfertig zu.

Wenn man das Grün abschneidet (das in der Küche für Salate, Suppen etc. vollständig verwendet werden kann) und die Knollen mitsamt Wurzeln in feuchten Sand einschlägt, halten sie in einem kühlen Kellerraum einige Wochen.

Fenchel in der Küche

Beim Kauf von Fenchel sollten Sie darauf achten, dass er keine stark angetrockneten Schnittstellen hat, das Blattgrün sollte nicht schlapp sein. Dasselbe gilt für Knollen, die Sie aus eigener Ernte im Kühlschrank aufbewahren.

Vor der weiteren Verwendung waschen Sie die Knolle und schneiden eventuell unansehnliche Stellen ab. Fenchel kann roh verzehrt werden, z. B. in einem Salat aus Möhren und Äpfeln, angemacht mit Zitronensaft. Dünn aufgeschnitten, schmeckt er mit einem Dressing aus Olivenöl, Balsamessig und einer Spur Knoblauch. Auch zum Dippen eignet sich Fenchel. Kinder mögen ihn meist lieber roh knabbern. Der Geschmack erinnert ein wenig an Lakritze.

Gegart schmeckt Fenchel etwas weniger intensiv. Er lässt sich wunderbar zusammen mit Zwiebeln in ein wenig Pflanzenöl dünsten und passt gut als Gemüsebeilage zu Fisch und Fleisch. Für Vegetarier ist Fenchel ein sehr vielseitiges Gemüse, da er sich gut mit Sahne und Käse gratinieren lässt.

Einfach, aber lecker schmeckt er außerdem mit oder ohne Schinkenwürfel gedünstet zu Pasta, überstreut mit etwas Parmesan. Fenchel macht sich aber auch gut in Kombination mit Möhren, Chinakohl, Ingwer und Pilzen als asiatisches Wok-Gemüse.

Gesunder Fenchel

Der Fenchel ist ein Klassiker der Volksmedizin. Ihm werden allerlei positive Wirkungen zugeschrieben, er soll anregend und belebend wirken und auch gegen Mundgeruch helfen. Er wirkt harmonisierend auf den Verdauungstrakt und gilt als gute Medizin bei krampfartigem Husten. Fakt ist, dass die ätherischen Öle, die im Fenchel enthalten sind, sich positiv bei Atemwegsproblemen auswirken und auch bei Blähungen helfen – dies trifft allerdings auf den Gewürzfenchel in einem stärken Maße zu als auf den Gemüsefenchel. Letzterer punktet mit seinem hohen Ballaststoffanteil sowie dem überdurchschnittlichen Gehalt an Vitamin E und Vitamin C. Fenchel unterstützt die Milchbildung bei stillenden Müttern und wirkt zugleich harmonisierend auf den Darm der Säuglinge, die die beruhigenden Stoffe mit der Muttermilch aufnehmen. Fencheltee hilft unruhigen Kleinkindern, in den Schlaf zu finden, und mildert Nervosität.

Das frische Blattgrün kann man als Gewürz für Salate verwenden.

GRÜNKOHL *Brassica oleracea* convar. *acephala* var. *sabellica*

Der Grünkohl ist ein besonders in Norddeutschland beliebtes Wintergemüse aus der Familie der Kreuzblütler. In den Handel gelangt Grünkohl meist als Glaskonserve oder als Tiefkühlprodukt. Frischen Grünkohl erhält man am ehesten im frühen Winter auf dem Wochenmarkt.

Kulturgeschichte

Der Grünkohl hat denselben Ursprung wie unser → Kopfkohl. Krauser Kohl, der wie unser heutiger Grünkohl aussieht, wurde im 16. Jahrhundert in mehreren Kräuterbüchern abgebildet. Dank seiner Winterhärte erfreute er sich vor allem in nord- und westdeutschen Gemüsegärten großer Beliebtheit.

Anbau im Garten

Grünkohl ist wie die meisten seiner Verwandten aus der Kohlfamilie eine zweijährige Pflanze, die einjährig gezogen wird. Von allen Kohlsorten stellt er die geringsten Ansprüche an den Boden. Sein Nährstoffbedarf liegt im mittleren Bereich. Er eignet sich hervorragend als Nachfrucht, z. B. von Frühkartoffeln.

Wenn Sie den Grünkohl als zweite Kultur ziehen möchten, säen Sie ihn im Mai, spätestens Juni auf einem Vorziehbeet oder in Töpfen an und verpflanzen ihn nach vier bis sechs Wochen auf seinen endgültigen Platz. In Gebieten mit frühem Wintereinbruch sollte man ihn bis Anfang August ausgepflanzt haben, in wintermilden Gegenden reicht auch Mitte August noch aus. Man setzt die Jungpflanzen je nach Größe der Grünkohlsorte mit einem Abstand von

40 bis 50 cm in der Reihe und etwa 50 cm bis 60 cm zwischen den Reihen. Direktaussaat ist auch möglich, verziehen Sie die Jungpflanzen dann entsprechend.

Grünkohl benötigt in seiner Jugendentwicklung reichliche Wassergaben, durch regelmäßiges Hacken kann die Verdunstung auf dem Beet niedrig gehalten werden. Im September noch einmal düngen. Der Grünkohl mag es, wenn Sie ihn mit Rasenschnitt mulchen. Er kann gut in Mischkultur mit Salat gezogen werden, da dieser das Beet bereits räumt, wenn der Kohl den gesamten Platz einnimmt. Salat verträgt es auch, teilweise vom Kohl beschattet zu werden.

Sorten

Es gibt niedrige, halbhohe und hohe Grünkohlsorten, die sich wiederum durch unterschiedlich gefärbte und geformte Blätter unterscheiden. In Gegenden, in denen im Winter viel Schnee fällt, sollte man niedrige Sorten wählen, da die hohen Pflanzen der Schneelast nicht gut standhalten können. Die niedrigen Sorten entwickeln sich außerdem schneller.

- 'Vitessa' ist eine wüchsige halbhohe Standardsorte mit dunkelgrünen Blättern.
- 'Halbhoher grüner Krauser' hat sich schon lange bewährt und wächst ebenfalls halbhoch.
- 'Lerchenzungen' bildet dekorative lange schmale Blätter und ist sehr winterhart.
- 'Redbor' F_1 ist eine hübsche rotblättrige Sorte mit feinen krausen Blättern und halbhohem Wuchs. Sie ist robust, aber nicht so ertragreich.
- 'Ostfriesische Palme' kann unter idealen Bedingungen mannshoch werden. Die

unteren Blätter sind derb und als Viehfutter zu verwenden.
- 'Braunkohl Roter Krauskohl' ist eine Neuzüchtung aus mehreren alten Braunkohlsorten. Die Blätter sind rotbraun, der Gehalt an den vermutlich krebsvorbeugenden Flavonoiden und Carotinoiden ist höher als bei anderen Sorten, allerdings ist er nicht ganz so frosthart.

Palmkohl, z. B. 'Cavolo Nero' ist die italienische Variante des Grünkohls. Die Pflanzen tragen dunkelgrüne Blätter, die nicht kraus, sondern blasig aussehen. Sie sind angeordnet wie bei einer Palme. Sehr dekorative Pflanze, auch für den Kübel geeignet. Nicht so wüchsig und nicht so winterhart wie der hiesige Grünkohl. Frosteinwirkung verbessert den Geschmack.

Schädlinge und Krankheiten

Grünkohl ist robust. Im Prinzip wird er von denselben Krankheiten und Schädlingen befallen wie → Kopfkohl auch.

Ernte und Lagern

Grünkohl kann ab Oktober geerntet werden. Schneiden oder brechen Sie die äußeren

Auf einen Blick

- Aussaat 5–6 / Ernte 10–3
- Sonniger Standort
- Mittlerer Nährstoffbedarf
- Verträgt kühles Klima
- Frisch am besten
- Einfach anzubauen

Blätter von mehreren Pflanzen, damit genug Substanz stehen bleibt. Die Pflanzen wachsen weiter, solange es nicht zu kalt wird. Grünkohl ist frosthart und kann den ganzen Winter über beerntet werden. Durch die Kälte gewinnt das Gemüse sogar noch an Aroma. Wenn Sie im Spätwinter auch bei stark beernteten Pflanzen das Herz und ein paar Blätter stehen lassen, treiben die Pflanzen wieder aus, sobald es im Frühjahr wärmer wird. Die zarten jungen Blätter sind willkommen in einer Zeit, in der es kaum Frischgemüse gibt.

Grünkohl ist im Kühlschrank oder bei winterlichen Temperaturen einige Tage lang haltbar. Frisch geerntet enthält er jedoch die meisten Vitamine. Da er auch frosthart ist, sollte man ihn möglichst bis zum Verzehr auf dem Beet stehen lassen. Sie können Grünkohl übrigens auch einfrieren, sollten ihn dazu aber blanchieren, da er sonst zu voluminös ist.

Grünkohl in der Küche

Traditionell wird Grünkohl mit Schmalz und Zwiebeln geschmort, dazu reicht man Räucherwurst, Kasseler oder Bauchfleisch. Es sind jedoch auch leichtere und vegetarische Zubereitungsweisen möglich.

Probieren Sie den Grünkohl einmal fein geschnitten und mit ein paar Zwiebelstückchen in Olivenöl ca. 20 Minuten gedünstet, geben Sie ein paar Apfelstückchen hinzu und garen Sie alles zusammen noch einmal 10 Minuten. Mit gerösteten Sonnenblumenkernen (nach Geschmack auch mit Walnüssen) bestreut servieren. Das schmeckt zu Nudeln oder Spätzle, aber auch zu Fleisch.

Die Sorte 'Redbor' bringt Farbe ins Gemüsebeet, allerdings ist sie nicht ganz so ertragreich.

Sie können vorgegarten Grünkohl auch mit Eiern, Reibekäse und Schinkenwürfeln vermengt auf einem Pizzateig verteilen und eine knappe halbe Stunde backen. Dazu schmeckt Rohkostsalat.

Palmkohl hat einen weniger derben Geschmack als Grünkohl. Ein paar in Streifen geschnittene Blätter machen sich gut in Mischgemüse oder einem winterlichen Eintopf. In Olivenöl gedünstet und mit einer ordentlichen Portion Knoblauch gewürzt, schmeckt Palmkohl auch zu Pasta.

Gesunder Grünkohl

Grünkohl gilt als wertvollste Kohlsorte. Mit seinem Vitamin C-Gehalt nimmt er ebenso wie mit dem Kalzium-Gehalt eine Spitzenstellungen beim Gemüse ein. Er enthält zudem für Gemüse außerordentlich viel Eiweiß. Die reich enthaltenen Carotine und Flavonoide gelten als Radikalenfänger, wirken also krebsvorbeugend. Grünkohl ist ein ideales Gemüse in einer Jahreszeit, in der ansonsten fast nur Lager- oder Importware zur Verfügung steht.

Wegen des hohen Nitratgehaltes sollte man Grünkohl nicht längere Zeit lauwarm oder bei Zimmertemperatur stehen lassen, sondern Reste baldmöglichst herunterkühlen und im Kühlschrank lagern. So verhindert man, dass das Nitrat in das gesundheitsschädliche Nitrit umgewandelt wird.
In der Volksmedizin wurde Grünkohl wegen seiner entzündungshemmenden und immunstimulierenden Wirkung von jeher geschätzt. Auflagen aus gestampften rohen Grünkohlblättern sollen Entzündungen aus dem Körper ziehen.

Palmkohl ist dekorativ und schmeckt gut in bunten Gemüsesuppen.

GURKE *Cucumis sativus*

Die Gurke ist eng verwandt mit der Melone und gehört in die große Familie der Kürbisgewächse. Aus heimischem Freilandanbau ist sie nur im Hochsommer und frühen Herbst erhältlich, Treibhausgurken – meist aus Spanien oder den Niederlanden – sind hingegen ganzjährig im Handel.

Kulturgeschichte

Die Wildform der Gurke wächst in den subtropischen Tälern des Himalaja. Diese wilden Sorten schmecken bitter. Die Pflanzen schützen sich dadurch davor, dass die Früchte aufgefressen werden, noch bevor die Samenreife erlangt ist. Erst im Verlauf jahrhundertelanger Bemühungen ist es gelungen, bitterfreie Gurken zu züchten.

In den asiatischen Ländern rund um den Himalaja, vor allen Dingen in Indien, sind Gurken bereits sehr früh – vermutlich schon drei Jahrtausende vor Christi Geburt – angebaut worden. Von dort haben sie sich über ganz Asien verbreitet. In Ostasien – China und Japan – sind besonders lange und schlanke Gurkenformen gezüchtet worden. Aus Vorderasien sind die Gurken später nach Griechenland und auf den Balkan gelangt.

Im Mittelalter verbreitete sich der Anbau in Osteuropa und auch bis in die östlichen Teile Deutschlands. Dort lagen noch im letzten Jahrhundert die größten deutschen Anbaugebiete, rund um Berlin, Halle, Naumburg, Quedlinburg und vor allem im Spreewald. In der Ernährung der slawischen Völker spielt die Gurke – vor allem in eingesäuerter oder gesalzener Form – bis heute eine besondere Rolle.

Anbau im Garten

Die kriechenden und je nach Sorte auch rankenden Gurken sind sehr wärme- und nährstoffbedürftig. Sie finden im Garten am besten einen Platz an einer windgeschützten Stelle und vertragen auch kürzere schattige Abschnitte während des Tages.

Gurken mögen keine Kälte und sollten erst nach den Eisheiligen ins Freiland gepflanzt bzw. ausgesät werden. Unter Glas oder Vlies können sie früher kultiviert werden. Wer das Wachstum beschleunigen möchte, zieht Gurkenpflanzen im Treibhaus oder auf dem Fensterbrett vor. Beginnen Sie damit erst gegen Mitte April, da die Pflanzen sonst schon sehr groß sind, bis sie ausgepflanzt werden können. Die Anzucht muss unbedingt an einem sehr hellen Platz erfolgen, damit die Pflanzen nicht vergeilen. Wo dies nicht möglich ist, können Sie auf Jungpflanzen vom Markt oder aus einer Gärtnerei zurückgreifen.

Dort sind auch auf eine Unterlage vom Feigenblattkürbis veredelte Gurken erhältlich. Diese sind nicht ganz billig, aber deutlich widerstandsfähiger gegen verschiedene Erkrankungen – vor allem gegen die Gurkenwelke. Bei Salatgurken ist der Ertrag zudem deutlich höher.

Das Gurkenbeet sollte mit frischem organischem Dünger – Stallmist oder Kompost – gedüngt sein. Gurken gedeihen auf kleinen Wällen oder gar im Hügel- bzw. Hochbeet besonders gut. Der Boden sollte gut gelockert, aber nicht zu feinkrümelig sein, da die Wurzeln einen hohen Sauerstoffbedarf haben. Vorsichtiges Hacken beugt ver-

schlämmtem Boden vor. Gurken haben einen hohen Platzbedarf, wenn man sie am Boden kriechen lässt. Setzen Sie die Pflanzen mit einem Abstand von 15–20 cm auf die Mitte des Beetes – dieses werden sie nach einigen Wochen vollständig eingenommen haben. Bis dahin können Sie an den Beeträndern schnellwüchsige Pflanzen wie Erbsen, Salat, Kohlrabi oder Radieschen kultivieren. Platzsparend ist es, Gurken am Maschendraht oder Estrichgitter zu ziehen. Bei Salatgurken ist es grundsätzlich vorteilhafter, sie aufranken zu lassen. Anfangs müssen Sie die Triebe zum Gitter führen.

Die Pflanzen werden zum ersten Mal gedüngt, wenn sie drei oder vier normale Blätter entwickelt haben. Ältere Gurkensorten regt man bald darauf zu buschigem Wachstum und höherem Ertrag an, indem man die Triebspitzen abknipst – es sollten zwei bis drei Blätter stehen bleiben. Bei neueren Züchtungen ist das Entspitzen nicht mehr notwendig. Gerade in den ersten Wochen draußen schätzen es Gurken noch sehr, wenn sie unter Folie oder Vlies wachsen können. Wenn die ersten Blüten kommen, sollte man den Schutz abnehmen, damit die Befruchtung stattfinden kann.

Wenn Sie Gurken im Gewächshaus ziehen, müssen Sie vielleicht Bienchen spielen und bei der Befruchtung mit einem Pinsel oder Wattestäbchen nachhelfen, wenn nicht genügend Insekten vorhanden sind.

- Aussaat 4–5 / Pflanzung 5–6 / Ernte 7–10
- Feuchter, warmer Standort
- Braucht sehr lockeren Boden
- Hoher Nährstoffbedarf
- Interessante Sorten

Schmorgurken sind richtig reif, wenn die Schale gelb wird.

Eine zweite Düngergabe in Form von Brennnesseljauche oder aber auch mineralischem Dünger erfolgt Anfang Juli und Anfang August, wenn die Pflanzen bereits angesetzt haben. Ebenso wichtig wie das Düngen ist es, die Gurken regelmäßig zu wässern. Sie schätzen feuchten Boden, aber keine Staunässe. Das Gießwasser sollte auf die Umgebungstemperatur temperiert sein. Auf kaltes Wasser reagieren manche Gurkensorten, indem sie bitter werden. Aber auch anhaltende Trockenheit führt zum Entstehen von Bitterstoffen.

Sorten

Das Sortenspektrum bei Gurken ist sehr groß, auch wenn hierzulande in Supermärkten hauptsächlich Schlangengurken erhältlich sind. Einlege- und Schmorgurken bekommt man auf dem Wochenmarkt. Wir sind daran gewöhnt, Salatgurken im unreifen grünen Zustand zu verzehren. Einige Sorten gewinnen aber besonders an Geschmack, wenn man sie ausreifen lässt, was meistens an der gelblichen Färbung zu erkennen ist. Neben grünen und länglichen Gurken gibt es auch solche, die zitronengelb oder weiß bleiben, es gibt runde Formen und auch stachelige oder warzige Varietäten.

Salatgurken

Die hierzulande bekanntesten Salatgurken sind Schlangengurken, die nur bei günstigem Klima oder aber im Treibhaus gedeihen. Für den Hausgarten geeignete Salatgurkensorten sind meist ein wenig gedrungener im Wuchs und haben des Öfteren auch eine etwas weniger gleichmäßige Schale.

- 'La Diva' ist bitterfrei und tolerant gegen den Echten und Falschen Mehltau.
- 'Rimoni' F_1 ist eine Sorte, die besonders kleine Salatgurken hervorbringt.
- 'Chinese Slangen' ist eine typische und weitverbreitete Schlangengurke, die am besten im Treibhaus gedeiht.

- 'Delikateß' – bewährt und altbekannt, kann sowohl als Salat- wie auch als Einlegegurke verwendet werden.
- 'Marketmore' trägt mittelgroße schlanke Früchte, eine ertragreiche und unkomplizierte bitterfreie Sorte, tolerant gegen Gurkenmosaikvirus, Echten und Falschen Mehltau.

Einlegegurken

Einlege- und Schmorgurken sind in der Regel robuster als Salatgurken und können jung auch für Salate verwendet werden.

- 'Regal' F_1 – ertragreich, tolerant gegen Echten und Falschen Mehltau.
- 'Stimora Mix' ist eine robuste kleine Einlegegurke mit hohem Ertrag.
- 'Vorgebirgstraube' hat sich bewährt als eine frühe und zuverlässige Einlegegurke.

Besondere Sorten

- 'Sikkim-Gurke' ist eine ungewöhnliche Sorte aus Indien mit anfangs dunkelgrünen Früchten, die sich mit zunehmender Reife verfärben. Die Haut wird rissig und braun. Sehr aromatisch, lange lagerfähig. Gute Schmorgurke.
- Die 'Zitronengurke' sorgt mit ihrer kräftig gelben Schale und ihrer rundlichen Form für Abwechslung im Gemüsebeet. Sie schmeckt nur jung gut und wird später wattig.
- Aus der 'Luffagurke', die allerdings nicht zur Gattung *Cucumis* gehört, werden Massageschwämme hergestellt. Dazu muss die Frucht im Inneren verholzen, sodass eine feste Schwammstruktur entsteht. Anbau nur gut geschützt möglich.

- Die *Cucumis*-Art 'Kiwano' kennen Sie vielleicht als Obst. Die zackigen Früchte mit den vielen Kernen schmecken süßlich erfrischend. Diese Sorte braucht einen geschützten Platz und kann auch hierzulande erfolgreich kultiviert werden.

Schädlinge und Krankheiten

Bitterkeit entsteht häufig durch Gießen mit zu kaltem Wasser, in kalten Nächten oder bei starker Trockenheit. Es gibt bitterfreie Züchtungen im Handel.

Echter Mehltau tritt vor allem in trockenen und warmen Perioden auf. Die Blätter bekommen mehlig wirkende Flecken, später werden sie braun und fallen ab. Regelmäßiges Gießen beugt vor.

Die äußere Form ist bei Einlegegurken vielfältiger als bei der eher langweiligen Salatgurke.

Der Falsche Mehltau breitet sich bei feuchtem Wetter aus. Die Pflanzen entwickeln auf der Oberseite der Blätter gelbe, später braune Flecken, auf der Unterseite einen weiß-bräunlichen Pilzbelag. Die Blätter werden rasch welk. Übermäßige Stickstoffdüngung befördert den Befall. In einem Gerüst rankende Pflanzen können leichter abtrocknen, was das Krankheitsrisiko deutlich verringert.

Das Gurkenmosaikvirus verursacht scheckige Flecken auf den Blättern. Es wird ebenso wie das Zucchinimosaikvirus hauptsächlich durch Blattläuse übertragen. Entfernen Sie Pflanzen, die Ihnen infiziert erscheinen.

Einige Gärtner schwören auf Spritzungen mit verdünnter Milch gegen den Mehltau, andere empfehlen verdünnten Apfelessig.

Beide Behandlungsmethoden verändern den pH-Wert auf den Blättern, was den Pilzen das Leben schwer macht – so ist es einen Versuch wert.

Bauen Sie vorbeugend frühestens alle drei Jahre auf demselben Beet Gurken, Zucchini, Melone oder Kürbis an, sodass Krankheitserreger nicht im Boden überdauern können.

Ernten und Lagern

Geerntet werden kann je nach Sorte ab Mitte/Ende Juli. Eine frühe und regelmäßige Ernte fördert die Blüte und damit die Entwicklung weiterer Früchte. Zum Ernten schneiden Sie die Gurken am Stiel mit einem Messer ab. Salat- und Einlegegurken werden unreif geerntet, Schäl-

bzw. Schmorgurken hingegen belässt man länger an der Pflanze. Knipsen Sie neue Blütenansätze ab Ende August aus, damit die Gurkenpflanze ihre Energie auf das Ausreifen der schon vorhandenen Früchte richten kann.

Als Essig- oder Salzgurken sind Gurken lange haltbar und können das ganze Jahr über genossen werden. Frische Gurken kann man bis zu drei Wochen bei ausreichender Luftfeuchtigkeit im Kühlschrank lagern, allerdings soll man die Nähe ethylenhaltiger Früchte wie Äpfel meiden. Einige Gurkensorten – wie z. B. die Sikkim-Gurke und die russischen braunen Sorten – sind noch weit länger haltbar.

Gurke in der Küche

Knackig frische Salatgurke als Rohkost mögen fast alle Kinder und auch viele Erwachsene begleitend zu einer Brotzeit oder einfach nur so. Beliebt ist auch Salat aus dünn gehobelten Gurkenscheiben, angemacht mit Zitronensaft, etwas Zucker, Salz und Öl und mit Dill gewürzt. Zu Grillfleisch schmeckt Zaziki, das ist Joghurt mit Knoblauch, unter den abgetropfte, fein geriebene Gurke gerührt wird. Einige Menschen allerdings vertragen rohe Gurke nicht, sehr gründliches Kauen und das Entfernen aller Kerne hilft manchmal.

Gurken schmecken aber auch in gegarter Form. Man verwendet dann etwas dickere und festere Sorten, die im Handel als »Schmorgurken« erhältlich sind. Halbierte Gurken, bei denen man die Mitte mit den Kernen auslöffelt und mit Hackfleisch oder Schafskäse füllt und dann im Ofen gart, schmecken sommerlich leicht.

Für ein geschmortes Gurkengemüse braten Sie Zwiebeln zusammen mit etwas Speck oder Schinken an, fügen die in Würfel

Traditionell isst man Schmorgurken zu Fleisch, aber auch mit anderem Gemüse zusammen ergeben sie ein leckeres Sommergericht.

geschnittenen Gurkenstücke hinzu und dünsten sie weich. Das schmeckt sehr gut zu Kartoffelmus mit Frikadellen oder Bratwurst. Eine vegetarische Variante lässt sich mit gebräunten Zwiebeln herstellen, dazu passen gut Tomaten oder Paprika.

Eingelegte Gurken können Sie nach den Rezepten, die sich auf den fertig gewürzten »Einmachhilfen« befinden, leicht selbst herstellen. Milchsauer vergorene Gurken sind wegen der positiven Eigenschaften der Milchsäurebakterien für den Darm besonders gesund. Diese werden in einem großen Gärtopf eingelegt.

Gesunde Gurke

Gurken enthalten sehr viel Wasser und sind kalorienarm. Deshalb und wegen ihrer entschlackenden Wirkung eignen sie sich gut bei Schlankheitsdiäten. Sie gelten als basenbildend und daher als ein guter Ausgleich bei einer fleisch- und zuckerreichen Kost. Dünne Gurkenscheiben, auf die Haut gelegt, helfen bei Sonnenbrand, und als Gesichtsmaske lassen sie die Haut frisch und entspannt aussehen. Die Gurke gilt als kühlend, soll sogar bei Fieber helfen und ausgleichend bei Menschen mit hohem Blutdruck wirken.

Dill und Gurken harmonieren im Beet und in der Küche.

GUTER HEINRICH *Chenopodium bonus-henricus*

Auf einen Blick

■ Aussaat 8–10 oder 4–5 / Ernte 3–10
■ Sonniger bis halbschattiger Standort
■ Mehrjährige Standdauer
■ Verträgt kühleres Klima

Der Gute Heinrich ist im Gegensatz zu den meisten Gemüsepflanzen mehrjährig. Er gehört in die Familie der Gänsefußgewächse, in die auch Mangold, Melde und der Gartenspinat gehören. Wie seine Verwandten wird der Gute Heinrich vorrangig als Spinatgemüse verzehrt.

Kulturgeschichte

Der Gute Heinrich ist als Wildpflanze in vielen Teilen Europas verbreitet. Er siedelt sich gerne auf stickstoffhaltigen Ruderalflächen an. Bis zum ausgehenden Mittelalter hatte er seinen festen Platz im Speiseplan der Menschen. Aus dieser Zeit rühren die beschreibenden Namen »Dorf-Gänsefuß«, »Wilder Spinat« oder »Mehlspinat«. Er wurde sowohl in Kultur genommen wie als Wildpflanze beerntet.

Später ist er von dem ertragreicheren Echten Spinat verdrängt worden. Als Kulturfolger konnte er sich aber noch lange Zeit an Zäunen, Ackerrändern, Misthaufen etc. behaupten. Mittlerweile ist er auch an diesen Standorten in Bedrängnis geraten und damit zumindest in Deutschland sogar vom Aussterben bedroht.

Anbau im Garten

In der Kultur ist der Gute Heinrich anspruchslos. Er bevorzugt hohe Luftfeuchtigkeit und kommt mit kühlerem Klima gut zurecht. Die Pflanzen werden etwa hüfthoch. Bei trockenen und mageren Standorten bleiben sie kleiner, kräftige Stickstoffgaben fördern den Wuchs. Ausgesät wird im Herbst oder auch im Frühjahr, wobei die Herbstaussaat oftmals kräftiger wird. Man kann die

Pflanzen pikieren, sobald sie vier bis fünf Blätter gebildet haben. Der endgültige Pflanzabstand sollte in alle Richtungen 40 cm betragen. Mehrjährige Pflanzen sollten analog zu Blumenstauden nach einigen Jahren ausgegraben, geteilt und dann an einem neuen Standort wieder eingepflanzt werden.

Sorten

Der Gute Heinrich ist eine Wildpflanze, die noch nicht züchterisch bearbeitet worden ist. Von daher sind keine Sorten bekannt. Möglicherweise existieren aber regional unterschiedliche Sorten, die sich aus der Auslese der jeweiligen Anbauer ergeben haben.

Schädlinge und Krankheiten

Der Gute Heinrich ist eine sehr robuste Pflanze, es sind keine besonderen Schädlinge oder Krankheiten bekannt. Bei extremer Trockenheit kann er vom Echten Mehltau befallen werden.

Ernten und Lagern

Beernten Sie neue Pflanzen erst im zweiten Standjahr, um sie nicht zu sehr zu schwächen. Die Erntezeit beginnt im Frühjahr und reicht bis zum Frosteintritt. Man benötigt für einen vierköpfigen Haushalt fünf bis zehn Pflanzen. Wählen Sie junge, frische Blätter, denn mit zunehmendem Alter reichern sie immer mehr Oxalsäure an (das ist das, wovon man beim Genuss von Spinat, Mangold und Rhabarber ein stumpfes Gefühl auf den Zähnen bekommt).

Die Blätter müssen unmittelbar nach der Ernte verarbeitet werden, da sie sehr schnell schlapp werden. Fertiger Spinat kann gut eingefroren werden.

Guter Heinrich in der Küche

Der Gute Heinrich lässt sich wie Spinat zubereiten. Sehr wohlschmeckend ist es, wenn man zunächst eine fein geschnittene Zwiebel anbrät und dann die Blätter hinzugibt und alles zusammen dünstet.

Das Gemüse kann aber auch als Füllung für Gemüsetorten und Quiches verwendet werden. Frische junge Triebe, die im Frühjahr knapp unter der Erde gestochen werden, können wie Spargel zubereitet werden und schmecken sehr fein. Allerdings ist der Ertrag bei dieser Zubereitungsweise gering. Man kann die jungen Blätter vom Guten Heinrich auch roh verwenden, z. B. als Beigabe zu einem gemischten Salat.

Gesunder Guter Heinrich

Wildgemüse enthält in der Regel mehr Vitamine und Mineralstoffe als die züchterisch bearbeiteten Sorten. Der Gute Heinrich weist einen hohen Vitamin-C-Gehalt auf. In der Volksmedizin werden Umschläge aus den Blättern zur Behandlung von Entzündungen und Abszessen verwendet. Sie sollen entzündungshemmend wirken.

HAFERWURZEL *Tragopogon porrifolius*

Die Haferwurzel gehört in die Familie der Korbblütler. Im Handel sind Haferwurzeln nicht erhältlich, Saatgut bekommt man bei einigen wenigen Anbietern, die sich auch auf seltenere Gemüsesorten spezialisiert haben. Die Haupterntezeit der Haferwurzel liegt im Spätherbst und Winter.

Kulturgeschichte

Die Haferwurzel gehört wie der Wiesenbocksbart der Gattung Tragopogon an, die bereits im antiken Griechenland in den Schriften von Diuskurides als essbare Wurzel genannt wird. Unklar bleibt jedoch, ob bereits die uns heute bekannte Haferwurzel oder eine andere Tragopogon-Art gemeint war. Auch von dem Römer Plinius wird um die Zeit Christi Geburt eine Pflanze beschrieben, die sowohl der Bocksbart wie auch die Haferwurzel sein könnte. Die Wildform der Haferwurzel stammt auf jeden Fall aus Südeuropa. In Deutschland findet die Pflanze erstmals bei Albertus Magnus im 13. Jahrhundert Erwähnung. In der nachfolgenden Zeit hat sich der Anbau der Haferwurzel in Deutschland weiter verbreitet, der Höhepunkt war im 19. Jahrhundert. Seitdem geht es allerdings mit der Beliebtheit der Wurzel bergab, sie wurde von der Schwarzwurzel verdrängt und ist fast nur noch in Liebhabergärten zu finden. Haferwurzeln werden regional auch Weißwurzel oder Habermark genannt. In England und Frankreich werden Haferwurzeln in einem größeren Umfang angebaut als hierzulande.

Anbau im Garten

Haferwurzeln sind unkompliziert. Sie werden im März oder April auf einen tiefgründig gelockerten Boden gesät. Der Abstand zwischen den Reihen beträgt 20 bis 25 cm. Nach dem Aufgehen werden die Pflanzen auf 10 cm in der Reihe verzogen. Sie mögen keinen frischen Mist, eine Gabe Kompost ist jedoch willkommen. Zwischen den Reihen muss nun nur noch regelmäßig gehackt werden, sodass kein Unkraut den Pflanzen die Kraft nimmt.

Haferwurzeln sind vollkommen frosthart. Wenn man sie nicht erntet, werden sie im zweiten Standjahr einen guten Meter hoch und entwickeln eine strahlenförmige blauviolette Blüte. Sobald sich die sehr hübschen Blüten bilden, verholzt die Wurzel und wird ungenießbar.

Sorten

In Deutschland sind keine verschiedenen Sorten mehr im Handel, in England und Frankreich gibt es eine kleine Auswahl an Züchtungen.

Schädlinge und Krankheiten

Haferwurzeln sind sehr unempfindlich und erkranken in der Regel nicht. Man sollte sie jedoch vorsichtshalber nicht vor oder nach anderen Korbblütlern – das sind im Garten hauptsächlich Salatsorten sowie die verwandte Schwarzwurzel – ziehen und sollte sie erst nach drei Jahren wieder auf demselben Beet anbauen.

Ernten und Lagern

In der Wachstumszeit können Sie im Sommer einzelne Blätter schneiden und einem Salat beigeben. Übertreiben darf man es nicht, um die Pflanzen nicht zu schwächen. Die eigentliche Ernte beginnt im November. Mithilfe einer Grabegabel werden die Pflanzen gelockert und mitsamt Wurzel gezogen. Die Ernte kann sich über den ganzen Winter hinziehen, sofern der Boden offen ist. An milden Tagen wachsen die Wurzeln weiter.

Wenn man die Blätter einen Zentimeter oberhalb vom Wurzelkopf abschneidet, kann man die Wurzeln auch in feuchten Sand einschlagen und auf diese Weise im Keller aufbewahren. Tiefgefrieren lassen sich Haferwurzeln am besten, wenn sie bereits fertig zubereitet sind.

Haferwurzel in der Küche

Die Zubereitung von Haferwurzeln ist ähnlich wie bei den Schwarzwurzeln nicht ganz angenehm. Denn sie sondern beim Schälen einen milchigen klebrigen Saft ab, der Haut und Kleidung braun einfärbt. Dagegen hilft das Schälen unter Wasser, das Tragen von Einweghandschuhen – oder aber man reibt Hände und Küchenwerkzeug nach der Zubereitung mit Zitronensaft ab.

Man gart die Wurzeln etwa eine Viertelstunde in Salzwasser. Die Haferwurzel schmeckt gut zu einer Soße aus Edelpilzkäse (z. B. Gorgonzola) und Sahne, aber auch mit Béchamelsoße oder ähnlich wie Spargel mit zerlassener Butter. Dazu passt gekochter

Schinken, helles Fleisch oder auch Fisch. Im Frühjahr schmecken die ersten frischen Kräuter über die Haferwurzeln gestreut besonders gut. Der Geschmack der Haferwurzel ist leicht süß-säuerlich und erinnert ein wenig an Austern, weshalb sie im Englischen »oyster plant« heißt.

Gesunde Haferwurzel

Haferwurzeln gelten als besonders nahrhaft – daher auch der Spruch »Habermark macht Buben stark«. Die Wurzeln sollen positiv regulierend auf das Verdauungssystem wirken und Leber und Galle stärken. Für Diabetiker sind Haferwurzeln sehr bekömmlich, da sie Inulin enthalten, eine Stärkeart, die keinen Einfluss auf den Blutzuckerspiegel hat. Der Stoff dient den nützlichen Darmbakterien als Nahrung, sodass der regelmäßige Verzehr günstig für eine gesunde Darmflora ist.

Haferwurzeln frisch aus dem Garten bereichern den Speiseplan im Winter.

KARTOFFEL *Solanum tuberosum*

Die Kartoffel gehört zu den Nachtschattengewächsen und ist somit verwandt mit der Tomate, der Paprika, der Aubergine und auch dem Tabak. Das ganze Jahr über sind Kartoffeln aus heimischem Anbau im Handel. Im Frühjahr werden zudem junge Kartoffeln angeboten, die meist aus Nordafrika zu uns kommen.

Kulturgeschichte

Erst zum Ende des 17. Jahrhunderts hat sich der Anbau der Kartoffel, die die Spanier ein Jahrhundert zuvor von Entdeckungsfahrten nach Südamerika mitgebracht hatten, in Mitteleuropa durchgesetzt. Bald war die sättigende Knolle aus dem Speiseplan der Menschen nicht mehr wegzudenken. Vor allem in der Mitte und im Norden fand die Kartoffel günstige klimatische Bedingungen vor, und es konnten große Erträge erwirtschaftet und viele Menschen satt gemacht werden. Recht schnell verdrängte die Kartoffel die seinerzeit noch üblichen Getreidebreie vom Esstisch. Den langen Winter überstanden die Nord- und Mitteleuropäer dank des recht hohen Vitamin-C-Gehalts der Knollen nunmehr, ohne an Skorbut zu erkranken. Das hochwertige pflanzliche Eiweiß hielt die Menschen auch bei einer fleischarmen Ernährung bei Kräften.

Die Kartoffel hatte sicher einen höheren Anteil an der steigenden Lebenserwartung und dem rasanten Bevölkerungswachstum im 18. und 19. Jahrhundert als die immer noch spärlichen Fortschritte in der Medizin. Die verbesserte Ernährung der breiten Massen wurde zu einer Grundlage der industriellen Revolution.

Die euphorische Zuwendung der Landwirtschaft zum Kartoffelanbau brachte jedoch auch eine der größten Tragödien des 19. Jahrhunderts mit sich, die mehrere Millionen Menschen das Leben kostete. In Irland brach 1845 erstmals die Kartoffelfäule aus und vernichtete in drei aufeinanderfolgenden Jahren einen großen Teil der Ernte. Alternative Nutzpflanzen waren nicht in ausreichender Menge angebaut worden. Infolgedessen verhungerten mehr als zwei Millionen Iren, ungefähr ebenso viele wanderten in die Vereinigten Staaten von Amerika aus.

Bis nach dem Zweiten Weltkrieg spielte die Kartoffel eine enorm wichtige Rolle für die Ernährung der europäischen Bevölkerung. Seitdem aber nimmt die Verzehrmenge stetig ab, anstelle der Kartoffel werden mehr Teigwaren und Reis verspeist. Während um 1900 noch 340 kg Kartoffeln jährlich pro Kopf in Deutschland verspeist wurden, war der Verzehr zu Beginn der 1950er-Jahre bereits auf die Hälfte gesunken und ist heute bei 63 kg pro Kopf angelangt. Die Hälfte davon wird in verarbeiteter Form genossen, Kartoffeln sind nun vor allem als Chips und Pommes beliebt, die klassische Salzkartoffel hingegen kommt immer seltener auf den Tisch. Heute stammt ein Drittel der weltweiten Kartoffelproduktion aus China, gefolgt von Russland und Indien.

Anbau im Garten

Der Anbau von Kartoffeln ist unkompliziert. Die Pflanzen gedeihen am besten auf leichten bis mittelschweren Böden ohne Staunässe. Gerne wird die Kartoffel als erste Kultur auf Flächen angebaut, die gerade erst gerodet bzw. urbar gemacht worden sind, da man durch die häufigen Hack- und Häufelarbeiten aufkommende Wildkräuter gut in Schach halten kann. Kartoffeln sind sehr nährstoffbedürftig und schätzen es, wenn im Herbst Mist aufgebracht oder vor der Pflanzung Kompost eingearbeitet worden ist.

Da Kartoffeln frostempfindlich sind, sollte man sie nicht vor Anfang April legen. Wenn Sie die Knollen sechs Wochen vorher in einem hellen, etwa 10 bis 15 °C warmen Raum zum Vorkeimen auslegen, können Sie damit die Ernte um zwei bis drei Wochen verfrühen. Das bringt vor allem bei Frühkartoffeln Vorteile, da diese dann zeitig das Beet räumen und Platz für andere Kulturen machen können. Die Knollen werden mit den Augen bzw. Austrieben nach oben etwa 10 cm tief ausgelegt. Dazu zieht man mit der Hacke am besten eine entsprechend tiefe Rille. Einzelne Pflanzlöcher zu graben verringert den Aufwand nicht und lockert den Boden weniger gut. Der Pflanzabstand richtet sich nach der Sorte. Frühkartoffeln kommen mit einem Abstand von 25 cm in der Reihe und etwa 70 cm zwischen den Reihen gut zurecht. Mittel- und spätreifende Sorten legt man in einem Abstand von 35 bis 40 cm in der Reihe. Wer die Kartoffeln enger legt, erntet kleinere Knollen und benötigt unterm Strich auch mehr Pflanzkartoffeln.

Die rotschalige Sorte 'Romanza' erfreut Gemüsegärtner mit rosafarbigen Blüten.

Ist doch noch einmal Nachtfrost angekündigt, wenn das Kartoffelgrün schon ausgetrieben ist, kann man das Abfrieren vermeiden, indem man die Pflanzen mit Decken, Vlies oder Stroh abdeckt. Alternativ können Sie auch das Grün komplett anhäufeln. In der Regel treiben die Pflanzen zwar nach, wenn das Blattwerk abfriert, sie sind aber in ihrer Entwicklung geschwächt, das heißt, die Krankheitsanfälligkeit steigt und der zu erwartende Ertrag sinkt.

Sobald das Kartoffelgrün aus dem Boden kommt, kann man mit dem Anhäufeln beginnen. Sinn dieser Arbeit ist, den Boden zu lockern, was sich positiv auf die Bildung von Knollen auswirkt. Zudem wird vermieden, dass diese durch Lichteinwirkung grün werden. Anhäufeln sollte man etwa alle zwei Wochen bis zur Blüte der Pflanzen bzw. bis der Grat der Hügel etwa 30 cm hoch ist. Es gibt aber noch andere Möglichkeiten der Kultur: Einige Gärtner machen gute Erfahrungen damit, die Kartoffelknollen mit einer mindestens 20 cm hohen Mulchschicht – z. B. aus Heu – zu bedecken und ganz aufs Anhäufeln zu verzichten. Die Mulchdecke fördert das Leben von Bodenorganismen, die Erde wird sehr locker und durch die Zersetzung des organischen Materials auch sehr nährstoffreich. Eine weitere Möglichkeit ist es, die Kartoffelreihen nach der Pflanzung mit schwarzer Folie zu bedecken, in die jeweils Schlitze für das Kraut geschnitten werden. Auf diese Weise erwärmt sich der Boden rasch und gleichzeitig werden Unkrautwuchs und das mögliche Grünwerden der Knollen unterdrückt.

Bei längerer Trockenheit sollte ab Mitte/Ende Mai auch gegossen werden. Unter einer Folie bleibt in der Regel genügend Feuchtigkeit erhalten, sodass auf diese Arbeit verzichtet werden kann.

Sorten

Es gibt eine unüberschaubare Vielzahl von Kartoffelsorten, seriöse Schätzungen gehen von weltweit mehr als 2.000 Varianten aus. Im Handel sind hingegen nur wenige Sorten erhältlich. Nur Pflanzen, die einen Platz in der Bundessortenliste gefunden haben, dürfen als Saatgut in den Verkehr gebracht werden. Das Zulassungsverfahren ist aufwendig, sodass nur größere Züchtungsbetriebe die Chance haben, neue Sorten auf den Markt zu bringen. Nach 30 Jahren verfällt die Zulassung und muss erneuert werden, weshalb viele alte Sorten, die keine industriekonformen Eigenschaften aufweisen, nicht mehr erhältlich sind. Insgesamt sind derzeit in Deutschland etwa 120 Sorten zugelassen. Im regionalen Saatguthandel sind davon meist nur ein halbes Dutzend erhältlich. Wer mehr möchte, ist auf den Versandhandel angewiesen. Kürzlich leisteten Erzeuger und Verbraucher erfolgreich Widerstand gegen die Aufhebung der Zulassung der beliebten Sorte 'Linda'.

Sehr frühe Sorten

- 'Solist', eine der frühesten Sorten, überwiegend festkochend. Helles Fruchtfleisch, lange lagerfähig. Seit 1999 in Deutschland zugelassen.
- 'Rosara', vorwiegend festkochend, rotschalig. Teilweise sehr große längliche Knollen, helles Fleisch. Unempfindlich gegen viele Kartoffelkrankheiten. Seit 1990 in Deutschland zugelassen.
- 'Gloria', vorwiegend festkochend. Dunkelgelbes Fruchtfleisch, kräftig-aromatischer Geschmack. Seit 1972 in Deutschland zugelassen.

Frühe Sorten

- 'Sieglinde', festkochend. Lang gestreckte Knollen mit hellgelbem Fleisch. Die eigentlich festkochende Sorte ist kurz nach dem Ernten oft noch mehligkochend und neigt auch zum Aufplatzen. Sehr gut geeignet als Ofenkartoffel. 'Sieglinde' ist unempfindlich gegen Kartoffelkrebs, aber leider anfällig für Krautfäule und Schorf. Sie wurde bereits 1954 zugelassen und ist damit eine sehr alte Sorte in der Liste des Bundessortenamts.
- 'Forelle', festkochend. Längliche Form, hellgelbes bis gelbes Fruchtfleisch, flache Augen, schmeckt sehr »kartoffelig«.
- 'Cilena', festkochend. Längliche Knolle mit tiefgelbem Fruchtfleisch. Sehr gut geeignet als Salat- und Bratkartoffel, da sehr schnittfest. Unempfindlich gegen viele Kartoffelkrankheiten, allerdings anfällig für Krautfäule und Kartoffelkrebs. Seit 1981 in Deutschland zugelassen.
- 'Karlena' gehört zu den frühesten mehligkochenden Sorten. Rundliche bis ovale Knolle mit genetzter Schale, hellgelbes Fruchtfleisch. Sehr unempfindlich gegen viele Kartoffelkrankheiten, auch gegen Krautfäule. Sehr gut lagerfähig. Seit 1988 in Deutschland zugelassen.

Mittelfrühe Sorten

- 'Nicola', festkochend. Längliche Frucht mit typisch gelber Farbe. Sehr gut geeignet für Salat und als Bratkartoffel. Weitverbreitete Sorte, die auch gerne im ökologischen Landbau verwendet wird, da sie gegen viele Krankheiten unempfindlich ist. Ertragreich, aber nur bedingt lagerfähig. Diese Sorte ist seit 1973 in Deutschland zugelassen.
- 'Agria', mehligkochend. Längliche Knolle, hellgelbes Fruchtfleisch, sehr gutes Aroma. 'Agria' bildet große Knollen und ist außergewöhnlich ertragreich. Gut lagerfähig. Wegen der Unempfindlichkeit gegen viele Krankheiten gut für den ökologischen Anbau und den Hausgarten geeignet. Allerdings neigt sie zu Kartoffelschorf. Sie ist seit 1985 in Deutschland zugelassen.
- 'Blauer Schwede', auch 'Blaue Kongo' genannt, ist eine alte Sorte. Vorwiegend festkochend, violettgraue Schale, blaues Fruchtfleisch, ovale Knolle, lagerfähig. Sie eignet sich auch für den Anbau in kühleren Regionen oder Höhenlagen bis 1.200 Meter.

Liebhaber tauschen Saatknollen von bunten Kartoffeln aus aller Welt und erhalten seltene Sorten.

- 'La Ratte' ist eine Liebhabersorte aus Frankreich von 1872. Überwiegend festkochend. Von der Form erinnert die dünne, hörnchenförmige Knolle an das 'Bamberger Hörnchen', ist aber deutlich früher reif.
- 'Bintje', vorwiegend festkochend. Lange ovale Knolle mit heller Schale und hellgelbem Fruchtfleisch.
- 'Granola', vorwiegend festkochend. Ovale Knolle, gelbes Fruchtfleisch, raue Schale. Sehr gut lagerfähig. Herkunftsland Deutschland, Zulassung 1975. Unempfindlich gegen viele Kartoffelkrankheiten mit Ausnahme von Krebs.

Mittelspäte und späte Sorten

- 'Arran Victory', mehligkochend. Die Knollen sind länglich und haben eine tiefviolette Schale. Das Fleisch allerdings ist sehr hell, fast weiß. Diese Sorte ist ertragreich und gut lagerfähig. Sie stammt von den Britischen Inseln und ist seit etwa 100 Jahren im Anbau.
- 'Aula', sehr mehligkochend. Flache runde Knollen mit kräftig gelbem Fruchtfleisch. Sehr ausgeprägter »kartoffeliger« Geschmack. Bestens geeignet für Püree und Kartoffelklöße. Gut lagerfähig, die Knollen erreichen den typischen Geschmack erst einige Wochen nach der Ernte. Unempfindlich gegen viele Krankheiten. 1974 wurde die Sorte in Deutschland zugelassen, seit Kurzem ist die Zulassung verfallen und wird auch nicht mehr erneuert, sodass keine Saatkartoffeln mehr im Handel erhältlich sind. Die Sorte wird von Liebhabern vermehrt und getauscht und ist auch über Initiativen zum Erhalt alter Pflanzensorten erhältlich.
- 'Bamberger Hörnchen', festkochend. Die eher dünnen und oft gebogenen – eben hörnchenförmigen – Knollen haben eine gelb-rosé-farbene Schale und hellgelbes Fleisch. Die Sorte ist nicht sehr ertragreich und gilt wegen ihres sehr würzigen

Geschmacks als Liebhabersorte. Gezüchtet um 1870 in Deutschland.

- 'Highland Burgundy Red', mehlig. Diese Liebhabersorte hat eine unscheinbare graue bis leicht rötliche Schale und kräftig rot marmoriertes Fruchtfleisch. Sie stammt aus Schottland und wurde dort um 1900 gezüchtet.

Schädlinge und Krankheiten

Kartoffelkäfer sind vor allem den Älteren noch bekannt, die als Kinder zum Ablesen der Tiere auf die Äcker geschickt worden sind. Zwischenzeitlich hatte die Chemiekeule annähernd zum Aussterben der Schädlinge geführt. Doch mittlerweile breitet sich der Käfer in Haus- und Kleingärten wieder aus. Er überwintert tief in der Erde, ab April fressen die Larven und später auch die Jungkäfer das Kartoffellaub. Bei warmer Witterung können bis zu drei Generationen pro Jahr entstehen. Die Pflanzen werden durch den Fraß erheblich geschwächt, im Extremfall vernichtet. Frühzeitiges Absammeln ist eine wirksame Bekämpfungsmethode. Wer viele Nützlinge – Vögel und auch Kröten – im Garten hat, beugt der Verbreitung vor. Überdüngte Pflanzen sind besonders gefährdet.

Der Kartoffelschorf ist eine Pilzkrankheit, die vor allem in trockenen und stark kalkhaltigen Böden auftritt. Es entstehen dunkle schorfige Stellen auf den Kartoffeln, die auch tiefer in die Frucht hineinreichen können. Dadurch ist die Haltbarkeit der Knollen beeinträchtigt. Kartoffeläcker nicht kalken, für gute Humusversorgung und bei sandigen Böden für genügend Feuchtigkeit sorgen. Die Anfälligkeit für Kartoffelschorf ist bei verschiedenen Sorten unterschiedlich stark.

Es gibt eine ganze Reihe von Viruserkrankungen, die dazu führen, dass die Kartoffeln kümmerlich wachsen und die Erträge leiden. Oft sind die Blätter der Pflanzen verformt

oder werden gelblich. Bemerken Sie entsprechende Veränderungen an Ihren Pflanzungen, so sollten Sie die infizierten Knollen ausgraben und vernichten, damit nicht der gesamte Bestand angesteckt wird. Viruserkrankungen können durch Blattläuse übertragen werden oder aber durch bereits infizierte Pflanzkartoffeln weiter verbreitet werden. Deshalb sollte man darauf verzichten, einfache Speisekartoffeln zu legen. Zertifiziertes Saatgut hingegen ist gesund.

Die *Phytophthora infestans* (Krautfäule) ist die wohl am meisten gefürchtete Kartoffelkrankheit. In den 1840er-Jahren wurde sie nach Europa eingeschleppt und verursachte in Irland mehrere verheerende Missernten, in deren Folge ein Drittel der irischen Bevölkerung verhungerte und ein weiterer großer Teil nach Übersee, vor allem in die USA, auswanderte.

Die Krautfäule wird durch einen Pilz verursacht, der sich besonders in feuchten Sommern stark ausbreiten kann. Man erkennt den Befall an braunen Flecken, die von den Blatträndern her zur Mitte wandern. Auf der Unterseite der Blätter ist ein weißlicher Pilzrasen zu erkennen. Die Blätter sterben im weiteren Verlauf ab und werden braungrau, die Stängel bekommen braune Flecken, werden dann gänzlich schwarz und knicken um. Sind auch die Knollen befallen, so bekommen sie graue Flecken und das Fleisch wird dunkel und ungenießbar. Sie werden matschig und beginnen zu stinken.

Im gewerblichen Anbau wird die Krautfäule mit Fungiziden bekämpft. Im Hausgarten kann man versuchen vorzubeugen: Bauen Sie Kartoffeln so früh wie möglich an. Nicht überdüngen, vor allen Dingen nicht mit Stickstoff. Organische Düngung, z. B. mit Brennnesseljauche, ist besser als mineralische Düngung. Sind bereits die Blätter und Stängel infiziert, so ziehen Sie diese heraus

und lassen die Knollen noch zwei bis drei Wochen im Boden, damit die Schale aushärten kann. Nehmen Sie keine Saatkartoffeln aus diesem Bestand und sichten Sie Ihre Vorräte regelmäßig, damit Sie befallene Knollen frühzeitig aussortieren können. Ernten Sie Kartoffeln nur bei trockenem Wetter und bringen Sie die Knollen nicht sofort von der warmen Sonne in den kalten Keller, sondern lassen Sie diese erst etwas antrocknen.

Drahtwürmer sind Käferlarven, die besonders dort vorkommen, wo Wiesen neu umgestochen worden sind. Wollen sie dort Kartoffeln legen, vergraben Sie zwei, drei Wochen vorher angeschnittene alte Kartoffeln als Köder. Dort sammeln sich die Drahtwürmer und können später ganz einfach zusammen mit den Kartoffelstücken aus dem Beet entfernt werden.

Grundsätzlich gilt, dass Kartoffellaub nach der Ernte vernichtet werden soll, um die Ausbreitung von Krankheiten über den Boden und den Kompost zu vermeiden. Für diesen Zweck wurden früher die Kartoffelfeuer gemacht, in denen auch einige frisch geerntete Kartoffeln direkt in der Schale geröstet und auf dem Feld nur mit Salz bestreut verzehrt wurden. Heute sind offene Feuer in den meisten Bundesländern verboten und das Kartoffelkraut muss über die Biotonne entsorgt werden. In professionellen Kompostieranlagen werden Temperaturen erzeugt, die die Krankheitserreger absterben lassen.

Ernten und Lagern

Früher hieß es, die ersten Frühkartoffeln kann man ernten, sobald die Pflanzen blühen. Mittlerweile gibt es verschiedene Sorten, die kaum noch Blüten bilden. Machen Sie deshalb zehn Wochen nach dem Legen der Kartoffeln eine erste behutsame »Probebohrung« und begutachten Sie die Größe der Knollen. Sie können größere Knollen vorsichtig abnehmen und kleinere noch an der Pflanze weiterwachsen lassen. Da Frühkartoffeln sich nicht gut lagern lassen, gräbt man sie immer nur bedarfsweise aus und belässt den Rest weiter im Boden. Zum Ausgraben benutzt man eine Grabegabel, nicht den Spaten, um die Knollen möglichst nicht zu verletzen.

Mittelfrühe Kartoffelsorten werden im August geerntet, wenn das Laub bereits gelb geworden ist, späte Sorten bleiben bis in den Herbst hinein in der Erde. Für den Anbau ohne Pflanzenschutzmittel, wie er im Haus- und Kleingarten meist betrieben wird, sind späte Sorten heikel, da sie oft von

Die ersten zarten Frühkartoffeln schmecken am besten nur mit Butter und Salz.

der Krautfäule *(Phytophthora infestans)* befallen werden, bevor sie vollständig ausgereift sind. Es ist aber auch nicht mehr so, dass sich nur späte Sorten gut über den Winter einlagern lassen, mittlerweile gibt es verschiedene frühe und mittelfrühe Lagersorten.

Achten Sie in Gebieten mit gemäßigtem Winter darauf, Ihre Kartoffeln vollständig auszugraben und auch sehr kleine Knollen aus dem Boden zu holen. Sonst haben Sie im kommenden Frühjahr Durchwuchskartoffeln im Beet, die sich nur schwer jäten lassen. Das stört die neuen Kulturen. Falls Sie auf derselben Fläche wieder Kartoffeln anbauen möchten, erhöht es die Gefahr von Krankheitsbefall.

Nach der Ernte müssen Ihre Kartoffeln erst ein wenig abtrocknen, bevor Sie im Keller eingelagert werden können. Breiten Sie die Knollen dazu auf dem Rasen oder einer anderen Fläche für ein paar Stunden aus. Kartoffeln müssen dunkel gelagert werden, damit sie nicht frühzeitig austreiben. Beschädigte Knollen nicht mit ins Lager geben, sondern im Kühlschrank zum raschen Verzehr aufbewahren. Eine luftige Kartoffelstiege in einem nicht zu trockenen und kühlen Keller (optimal sind etwa 5 °C) ist der beste Lagerplatz. Sehen Sie regelmäßig den Bestand durch und sondern Sie eventuell faulende Knollen aus. Wer keinen geeigneten Keller hat, kann Kartoffeln auch einige Wochen im Gemüsefach des Kühlschranks aufbewahren. Ebenso ist eine frostfreie Erdmiete geeignet.

Kartoffel in der Küche

Es gibt Dutzende von Kochbüchern, die sich ausschließlich der Kartoffel widmen, so vielfältig lässt sich die Knolle zubereiten. Regel Nummer eins: Man soll Kartoffeln nur gegart essen, roh sind sie schlecht verträg-

lich. Grüne Stellen entfernen, diese enthalten das giftige Solanin.

Gute Kartoffelsorten schmecken so lecker, dass sie als Pellkartoffel mit Schale in Wasser gekocht und dann geschält nur mit einem Stück Butter und Salz zusammen schon eine einfache kleine Mahlzeit abgeben. Ergänzt werden kann natürlich immer, sehr beliebt dazu sind Kräuterquark oder Leinöl. Pellkartoffeln lassen sich leichter von der Schale befreien, wenn man sie nach dem Kochen kurz unter kaltem Wasser abschreckt. Salzkartoffeln braucht man beim Kochen nicht ganz mit Wasser zu bedecken, sie garen auch vom umgebenden Wasserdampf. Gibt man ein wenig Öl ans Kochwasser, werden sie noch schneller fertig.

Mittlerweile führen viele Discounter nur noch eine Kartoffelsorte mit der Bezeichnung »überwiegend festkochend«. Damit lassen sich leidlich alle gängigen Kartoffelgerichte herstellen. Früher hielten die Händler mehrere Kartoffelsorten vor, sodass die Hausfrau für unterschiedliche Gerichte geeignete Kartoffeln kaufen konnte. Für die Zubereitung von Kartoffelpüree, Suppe, Blechkartoffeln, Rösti, Klößen oder Gratins sind mehligkochende Kartoffeln besser geeignet als festkochende Sorten. Letztere hingegen eignen sich hervorragend für Kartoffelsalat und für Bratkartoffeln. Auf dem Markt oder in einem gut sortierten Supermarkt dürften Sie auch heute noch die passende Sorte finden. Für den eigenen Anbau lohnt eine gute mehlige Sorte besonders, da diese am schwersten zu erhalten sind.

Mit Kartoffeln lassen sich versalzene Suppen und Soßen retten. Man schneidet dazu rohe Kartoffelscheiben hinein und lässt sie eine Zeit mitgaren. Sie ziehen das Salz an sich und können anschließend entfernt werden. Kartoffelkochwasser eignet sich gut zur

Reinigung von metallischen Oberflächen (sie bekommen mehr Glanz) und Holz.

Gesunde Kartoffel

Immer wieder hört man, dass Kartoffeln schädlich für die schlanke Linie seien. Das stimmt nicht, im Gegenteil. Kartoffeln sättigen gut bei einem relativ niedrigen Kaloriengehalt. Zubereitungweisen mit viel Fett – wie bei Pommes Frites, Kartoffelpuffern oder Kroketten – sowie gehaltvolle Soßen als Begleitung lassen erst die Kartoffel zum Dickmacher werden. Wer die Knollen jedoch in der Schale kocht oder auf dem dünn eingefetteten Blech bäckt, wer einen Kartoffelsalat mit saurer Sahne statt mit Mayonnaise zubereitet, muss nicht um seine Figur bangen.

Kartoffeln enthalten viel Kalium, das leicht entwässernd wirkt. Sie gelten als basenbildend, beugen also einer Übersäuerung des Organismus vor. Das ist besonders wichtig für Menschen, die viel Fleisch essen. Die Kartoffel enthält ein hochwertiges pflanzliches Eiweiß und sollte deshalb auch bei vegetarischer Ernährung regelmäßig auf den Tisch kommen.

Wer einen empfindlichen Magen hat, kann Kartoffeln meistens gut vertragen. Bei Magenschleimhautreizungen und Sodbrennen wird die regelmäßige Einnahme von kleinen Mengen roh gepressten Kartoffelsafts empfohlen. Zudem sollen die in den Knollen enthaltenen Protease-Hemmstoffe vorbeugend gegen Krebs- und Viruserkrankungen wirken.

Das in der Kartoffel enthaltene Vitamin C wird durchs Kochen nicht vollständig zerstört, sodass die Knollen gerade im Winter wertvoll für die Vitaminversorgung sind. Der hohe Ballaststoffanteil der Kartoffel wirkt sich harmonisierend auf die Verdauung aus.

KNOBLAUCH *Allium sativum*

Auf einen Blick

- Aussaat 9–10 und 3–4 / Ernte 7–8
- Warmer, sonniger Standort
- Mittlerer Nährstoffbedarf
- Einfach anzubauen
- Geeignet für Balkonkästen

Knoblauch gehört in die Familie der Zwiebelgewächse. Eigentlich ist er eine mehrjährige Pflanze, die über Winter einzieht und im Frühjahr wieder austreibt. Im Garten wird er meist nur einjährig gezogen. Haupterntezeit in Mitteleuropa ist vom Hochsommer bis in den Herbst. Erhältlich ist Knoblauch das ganze Jahr über.

Kulturgeschichte

Knoblauch stammt ursprünglich aus Zentral- und Mittelasien. Bereits bei den alten Ägyptern verwendete man ihn als Stärkungs- und Heilmittel. Auch im antiken Griechenland und in Italien wurde Knoblauch verzehrt und seine Heilkraft bei der Behandlung von Darmerkrankungen, Entzündungen und Infekten eingesetzt. In Asien gilt er als aphrodisierend. In Mitteleuropa ist die Verwendung von Knoblauch seit dem Mittelalter nachgewiesen, er sollte gegen allerlei Leiden helfen. Man versprach sich auch vorbeugende Wirkung gegen die Pest. Wegen des starken Geruchs, der durch den Verzehr von Knoblauch ausgelöst wird, war er in der feineren Gesellschaft Mitteleuropas jedoch verpönt und galt als Speise des gemeinen Volkes. In Süd- und Osteuropa hingegen fand und findet der Knoblauch seine Freunde quer durch alle Gesellschaftsschichten. Zuwanderer aus diesen Gebieten haben den Knoblauch nach dem Zweiten Weltkrieg schließlich auch in Deutschland gesellschaftsfähig gemacht.

Anbau im Garten

Knoblauch lässt sich im Garten unkompliziert anbauen. Wer leichten und nicht staunassen Boden hat, kann im Herbst bereits Zehen in einem Abstand von etwa 10 cm und mit einer Tiefe von 2 bis 3 cm stecken. Bei sehr schwerer, feuchter Erde sollte man dies auf das Frühjahr verschieben, sobald der Boden wieder offen ist. Die im Herbst gesteckten Zwiebeln haben den Vorteil, eher reife Knollen zu bilden. Auch muss man die Steckzwiebeln nicht über den Winter lagern, denn da treiben sie gerne schon aus. Dagegen hilft ein kühler und dunkler Lagerplatz.

Wählen Sie für den Knoblauch einen sonnigen Standort. Zwischen den Reihen sollte man einen Abstand von 25 cm lassen, ideal ist es, den Knoblauch in Mischkultur anzubauen. Im Erdbeerbeet wirkt er vorbeugend gegen Grauschimmel, und neben Salaten soll er Pilzerkrankungen abwehren. Ungünstig ist die Nähe zu anderen Zwiebelgewächsen sowie Hülsenfrüchten, hier können Wachstumshemmungen eintreten.

Auf Stickstoffdüngung reagiert Knoblauch mit deutlich höherem Ertrag – das Aroma wird aber intensiver, wenn weniger gedüngt wird, und auch die Haltbarkeit der Zwiebeln ist dann länger. Da Knoblauch zu Beginn seiner Entwicklungszeit nur sehr langsam wächst, sollte man das Beet von konkurrierenden Beikräutern freihalten, indem man regelmäßig hackt. Gießen ist nur in extremen Trockenzeiten notwendig, zu viel Nässe schadet eher.

Manche Knoblauchsorten bilden im Sommer an einem langen, aus der Mitte wachsenden Stiel ein blütenartiges Gebilde aus, an dem allerdings keine wirklichen Blüten, sondern ein Knäuel mit Brutzwiebelchen wächst. Sie können diese essen, was allerdings mühsam ist, weil sie so klein sind. Besser ist es, sie in die Erde zu stecken. Im kommenden Jahr wird daraus zunächst ein zwiebelartiger Rundling. Diesen können Sie wie normalen Knoblauch in der Küche verwenden, Sie können ihn aber auch ein weiteres Jahr in der Erde lassen, dann entwickelt sich wieder die bekannte Knoblauchzwiebel daraus. Wenn Sie den Platz auf dem Beet brauchen, können Sie die Rundlinge auch ausgraben, trocken und dunkel lagern und im Herbst wieder in die Erde setzen. Manche Knoblauchfreunde verwenden die Brutzwiebeln, um im zeitigen Frühjahr das frische Grün zu ernten, das ähnlich wie Schnittlauch oder Bärlauch verwendet werden kann.

Sorten

Es gibt weiße und rote Knoblauchsorten, daneben werden verschiedene regionale Landsorten unterschieden. Knoblauch aus dem normalen Gemüsehandel gehört meist zu den »Softneck«-Sorten (*Allium sativum* var. *pekinense*), dieser bildet keine Stängel mit Brutzwiebelchen aus. »Hardneck«-Typen (*Allium sativum* var. *ophioscorodon*) sind auch unter der Bezeichnung »**Schlangenknoblauch**« oder »**Rocambole**« bekannt. Diese sind vor allem für das kühle norddeutsche Klima gut geeignet. Im Samenhandel ist in der Regel nur eine Sorte Steckzwiebeln erhältlich, wer mehr Vielfalt möchte, muss sein Glück bei Tauschbörsen oder spezialisierten Online-Händlern suchen.

Schädlinge und Krankheiten

Knoblauch leidet nur selten unter Schädlingen und Krankheiten. In nassen Jahren können Fäulnis- oder Pilzerkrankungen (z. B. Knoblauchrost) auftreten. Man sollte die befallenen Pflanzen dann nicht vermehren und auf jeden Fall an den Fruchtwechsel im kommenden Jahr denken. Die Zwiebel- bzw. Knoblauchfliege kann durch mechanische Barrieren wie ein Gemüseschutznetz ferngehalten werden.

Ernten und Lagern

Wenn sich das Laub des Knoblauchs gelb zu verfärben beginnt, sind die Knollen erntereif. Bleiben sie nun zu lange im Boden, werden sie anfällig für Pilzerkrankungen und sind nicht mehr so gut lagerfähig. Die dünnen Häutchen, welche die einzelnen Zehen umgeben, sollten noch intakt sein. Lassen Sie den Knoblauch nach der Ernte noch einige Zeit an einem luftigen Platz trocknen. Wenn man das Laub nicht entfernt, kann man den Knoblauch zu Zöpfen flechten, was dekorativ aussieht. Am besten lagern Sie die Zwiebeln dunkel und trocken, nicht aber im Kühlschrank, denn dort verliert der Knoblauch an Aroma. Sie können die Zehen auch geschält in Öl einlegen, müssen dabei aber immer darauf achten, dass er vollständig bedeckt ist.

Knoblauch in der Küche

Vor allem in der Mittelmeerküche ist Knoblauch unverzichtbar, aber auch in Osteuropa wird traditionell viel Knoblauch verwendet. Er passt zu vielen Fleisch- oder Gemüsegerichten. Mit einfacher Knoblauchbutter bestrichenes und getoastetes Brot schmeckt zum Wein oder auch als Beilage zum Grillen. Wird Knoblauch über längere Zeit gegart, verliert das Aroma an Intensität, er schmeckt milder. Zu heiß gebraten, wird er bitter. Roher Knoblauch – z. B. in Zaziki oder in einem Salat – schmeckt hingegen sehr intensiv und hinterlässt auch einen länger andauernden Nachgeschmack. Und die typischen Ausdünstungen, die von all denen wahrgenommen werden können, die keinen Knoblauch gegessen haben.

Gesunder Knoblauch

Die positive gesundheitliche Wirkung von Knoblauch ist schon lange bekannt. Man schreibt ihm eine günstige Wirkung auf das Herz-Kreislauf-System zu, er soll bei Bluthochdruck helfen und einen zu hohen Cholesterinspiegel senken. Die Schwefelverbindung Allicin, die auch für den typischen Geruch verantwortlich ist, wirkt antibakteriell und fungizid. Knoblauch ist deshalb ein gutes Hausmittel bei Pilzerkrankungen und stärkt ganz allgemein die Immunabwehr.

Es ist eine ganze Reihe von Knoblauchpräparaten (Kapseln, Pulver etc.) im Handel, durch deren Einnahme man Herz-Kreislauf-Erkrankungen vorbeugen möchte. Diese hinterlassen nicht den typischen »Knofi-Atem«.

Knoblauch im Erdbeerbeet beugt Grauschimmel vor.

KNOLLENZIEST *Stachys affinis*

Knollenziest, auch »Stachys« oder »Crosne« genannt, gehört zur Familie der Lippenblütler. Der oberirdische Teil der Pflanze erinnert an die Zitronenmelisse und wird etwa 40 cm hoch. Verzehrt werden die unterirdischen Wurzelausläufer, die sich zu länglichen Knöllchen verdicken – wie bei Kartoffeln, aber leider viel kleiner. Die Ernte findet ab November statt und kann sich über den ganzen Winter erstrecken, wann immer der Boden offen ist. Das seltene Feinschmeckergemüse wird auf sehr gut sortierten Märkten angeboten.

Kulturgeschichte

Während Knollenziest in den ostasiatischen Ländern schon seit mehreren hundert Jahren angebaut wird, war er in Europa bis zum Ende des 19. Jahrhunderts unbekannt. In den 1880er-Jahren wurde er von einem russischen Botaniker aus China nach Frankreich mit der Empfehlung geschickt, den Anbau dieser nützlichen Pflanze unter europäischen Bedingungen zu probieren. Die ersten Versuche fanden in dem kleinen Ort Crosnes bei Paris statt – unter diesem Namen wurde das Feingemüse in Frankreich bekannt und fand viele Anhänger. In Deutschland hat sich der Anbau nie im größeren Stil durchsetzen können. Nur selten ist Knollenziest im Handel zu bekommen. Pflanzgut wird im Internet von Anbietern seltener Nutzpflanzen gehandelt und teilweise auch auf Tauschbörsen angeboten.

Anbau im Garten

Die 4 bis 8 cm langen Knöllchen werden im Winter bis spätestens April 5 bis 10 cm tief (je nachdem, wie schwer der Boden ist) gelegt. Man kann sie in Horsten zu je drei Knollen anordnen, die dann jeweils 30 bis 40 cm Abstand zueinander haben sollten. Oder aber man legt in einfachen Reihen mit einem Abstand von 20 cm zwischen den einzelnen Knollen und 40 cm zwischen den Reihen. Der Knollenziest wächst auch im Halbschatten, starke Mittagssonne bekommt ihm eher nicht so gut.

Bis zum Erscheinen des Grüns muss man lediglich das Beet frei von Unkraut halten, danach ist keine besondere Pflege mehr nötig. Wenn man im Spätsommer die Triebspitzen ein wenig einkürzt, fördert dies das Wachstum der Knollen, die etwas gewöhnungsbedürftig aussehen und manch einen an Raupen, andere an das Michelin-Männchen erinnern. Knollenziest wird mehrere Jahre auf einem Beet gehalten. Bei der Ernte verbleiben einige Knollen im Boden und bilden im kommenden Jahr wieder neue Stauden. Im Frühjahr sollten die jungen Pflanzen eine mittlere Portion Kompost erhalten. Nach drei bis vier Jahren muss der Knollenziest auf ein neues Beet umziehen, um Ertragsschwäche und Erkrankungen vorzubeugen.

Sorten

Es ist nur eine Sorte Knollenziest bekannt. Ein europäischer Verwandter ist der Sumpfziest, dessen Wurzeln als Wildgemüse verzehrt werden können.

Schädlinge und Krankheiten

Wühlmäuse wissen Knollenziest zu schätzen. Man kann sich davor schützen, indem man den Knollenziest in vergrabenen Kübeln (mit Wasserabzugslöchern) zieht, dies beugt auch der unkontrollierten Vermehrung der Pflanzen vor. Insgesamt wächst Knollenziest sehr gesund und hat kaum Feinde.

Ernten und Lagern

Geerntet wird mithilfe der Grabegabel ab Ende Oktober, besser Ende November. Solange der Boden offen ist, kann bis Februar immer wieder nach Bedarf geerntet werden, dann beginnt schon der neue Austrieb.

Knollenziest lässt sich nicht gut lagern, man sollte ihn deshalb frisch zubereiten. Da er an frostfreien Tagen den ganzen Winter über ausgegraben werden kann, ist es die günstigste Methode, ihn auf dem Beet zu belassen, bis er verwendet wird. In kühleren Lagen kann man das Beet mit Stroh o. Ä. abdecken, um es offen zu halten.

Knollenziest in der Küche

Während Stachys im Garten kaum Arbeit bereiten, hat man in der Küche etwas Mühe mit ihnen. Vor allem wenn der Knollenziest in lehmigem Boden gewachsen ist, dauert es eine ganze Zeit, bis man alle Erdreste unter Wasser abgebürstet und die Knollen abgespült hat. Es hilft, wenn Sie den Knollenziest schon einige Minuten vor dem Waschen in zimmerwarmem Wasser einweichen lassen.

Dafür wird man belohnt mit einem zartnussigen Geschmack bei den rohen Knollen, die einfach so geknabbert werden können. Sie machen sich aber auch zusammen mit Feldsalat oder einer winterlichen Rohkostmischung gut.

In den Herkunftsländern werden Stachys gerne zusammen mit anderen Gemüsen kurz und knapp im Wok angedünstet. Er harmoniert gut mit kurzgebratenem Fleisch, besonders mit Rind. Nur in Butter bei milder Temperatur gebraten und leicht gesalzen, kommt der eigene Geschmack der Knollen am stärksten zur Geltung. Es wäre schade, dieses zarte Feingemüse allzu weich zu kochen.

Gesunder Knollenziest

Die Knollen sind nicht stärkehaltig, sondern – daher auch ihr süßlicher Geschmack – enthalten eine Zuckerart namens Stachyose. Dieses Kohlenhydrat ist leicht verdaulich und wird von Diabetikern gut vertragen.

Dem Knollenziest wird eine harmonisierende Wirkung auf das Verdauungssystem nachgesagt. Bei empfindlichen Menschen kann er jedoch Blähungen verursachen.

Knollenziest reinigt man am besten mit einer weichen Bürste von anhaftender Erde.

KOHLRABI *Brassica oleracea* var. *gongylodes*

- Aussaat 2–6 / Ernte 5–11
- Sonniger Standort
- Mittlerer Nährstoffbedarf
- Verträgt kühleres Klima
- Gute Vor- oder Nachkultur
- Einfach anzubauen

Der Kohlrabi gehört in die Familie der Kreuzblütler. Wie die meisten Kohlsorten ist er eine zweijährige Pflanze, die im ersten Jahr geerntet wird. Man verzehrt den verdickten Stängel, eine Sprossknolle. Die Erntezeit für Freilandkohlrabi liegt in Mitteleuropa zwischen Mitte Mai bis Ende Oktober.

Kulturgeschichte

Wie unser → Kopfkohl stammt auch der Kohlrabi vom Wildkohl ab. Der auch Oberrübe genannte Kohlrabi ist in Mitteleuropa seit dem 16. Jahrhundert dokumentiert. Bei früheren Nennungen ist nicht sicher, ob die Steckrübe gemeint war. In Deutschland ist der Kohlrabi weitverbreitet und beliebt.

Anbau im Garten

Kohlrabi hat eine verhältnismäßig kurze Vegetationszeit von acht bis zwölf Wochen und kann sowohl als Vor- wie als Nachkultur gezogen werden. Kohlrabi ist recht nährstoff- und wasserbedürftig, stellt aber weniger hohe Ansprüche als andere Kohlarten. Ihm behagt neutraler humoser Boden.

Unter Vlies oder Lochfolie kann Kohlrabi ab Mitte März ausgepflanzt werden. Wer die Jungpflanzen nicht im beheizten Gewächshaus heranziehen kann, kauft sie auf dem Wochenmarkt oder in der Gärtnerei. Das Wachstum der Pflanzen wird befördert, wenn der Pflanzabstand großzügig ist, 30 x 30 cm sollten es mindestens sein. Im März gesetzte Kohlrabi haben bis nach den Eisheiligen den Platz auf dem Beet für wärmebedürftige Nachkulturen – Tomaten, Gurken oder Bohnen – frei gemacht, sodass eine großzügige Platznutzung kein Problem sein dürfte. Für Kohlrabipflanzungen ab Mitte April können die Jungpflanzen im unbeheizten Frühbeetkasten oder Gewächshaus ab Ende Februar vorgezogen werden.

Direkt ins Freiland kann ab Ende März ausgesät werden. Beim Umsetzen darf man die Jungpflanzen nicht zu tief setzen. Letzter Aussaattermin für die Herbsternte im Freiland ist Ende Juni, wer die Kohlrabi unter Vlies stehen lässt, kann auch noch bis Ende Juli säen. Kleine regelmäßige Düngergaben während der Wachstumszeit bekommen ihm besser als eine einmalige stärkere Düngung.

Lagersorten wie beispielsweise 'Superschmelz' benötigen eine längere Standzeit und sollten bis Anfang Juni ausgesät und spätestens im Juli an ihren endgültigen Platz verpflanzt werden. Sie eignen sich als Nachkultur auf dem Frühkartoffelbeet.

Kohlrabi benötigen eine regelmäßige Wasserversorgung, damit sie nicht platzen. Es hilft, im Kohlrabibeet zu mulchen, um die Feuchtigkeit konstant zu halten. Hacken Sie immer wieder vorsichtig zwischen den Pflanzen, damit der Boden locker bleibt. Kohlrabi eignen sich gut dafür, einzeln in Beetlücken, ja sogar ins Staudenbeet gepflanzt zu werden – blaue Sorten sind besonders dekorativ.

Sorten

Achten Sie beim Saatgutkauf darauf, für welche Jahreszeit die Sorte geeignet ist. Es gibt blaue und weiße Kohlrabi, die Farbe sagt aber nichts über die sonstigen Eigenschaften aus.

- 'Blaro' ist eine rotblaue Sorte, die kaum zum Schossen neigt. Die Sorte eignet sich für den frühen Anbau, aber auch für den Herbst. Die Knollen sind sehr platzfest.
- Die weiße Sorte 'Delikateß' eignet sich für den Anbau im Sommer und im Herbst. Die Knollen sind sehr wohlschmeckend, verholzen aber, wenn sie zu lange auf dem Beet stehen bleiben.
- 'Lanro' ist eine weiße Sorte für den sehr frühen oder sehr späten Anbau. Sie ist kälteunempfindlich und recht schossfest. Die Sorte bleibt zart und neigt nicht zum Verholzen.
- Ebenfalls für den frühen Anbau auch unter Glas eignet sich 'Knaufs Frühweiß'.
- 'Kossak' F_1 hingegen ist eine späte Sorte mit längerer Entwicklungszeit. Die Kohlrabi werden bis zu 3 kg schwer, bleiben aber zart dabei. Sie lassen sich länger lagern als die frühen Sorten.
- 'Superschmelz' wurde für die Herbsternte gezüchtet. Die Knollen wachsen langsam, bringen schließlich aber bis zu 8 kg auf die Waage, ohne holzig zu werden. Da die Pflanzen sehr groß werden, ist ein Abstand von mindestens 40 x 50 cm in und zwischen den Reihen notwendig für die gute Entwicklung. 'Superschmelz' lassen sich im Spätherbst gut einkellern oder in einer Erdmiete lagern. Sie vertragen leichten Frost und können bis November im Beet bleiben.

Schädlinge und Krankheiten

Kohlrabi hat dieselben Feinde wie → Kopfkohl.

Ernten und Lagern

Beginnen Sie mit der Kohlrabiernte, bevor alle Knollen ihre endgültige Größe (siehe Samentütchen) erreicht haben, wenn Sie nicht jeden Tag Kohlrabi essen möchten. Denn wenn die Pflanzen zu lange auf dem Beet stehen, werden die Knollen holzig und ungenießbar. Kleine Kohlrabi hingegen sind zart und köstlich!

Bei typischen Herbstkohlrabi wie 'Gigant' oder 'Superschmelz' tritt das Problem nicht auf, diese halten draußen am besten frisch und sollten erst geerntet werden, wenn Sie mit längerem Frost unter −2 °C rechnen müssen – kurze leichte Fröste vertragen sie auch auf dem Beet.

Herbstkohlrabi können in der Erdmiete oder im kalten Keller monatelang gelagert werden. Frühlings- und Sommersorten sollten Sie binnen weniger Tage verbrauchen. Entfernen Sie die Blätter und bewahren Sie die Knollen im Gemüsefach des Kühlschranks

auf. Kohlrabi kann eingefroren werden, verändert aber dadurch seine Konsistenz und wird ein wenig gummiartig. Fertig zubereitetes gegartes Kohlrabigemüse lässt sich ohne Qualitätseinbußen tiefgefrieren. In Osteuropa wird Kohlrabi auch in Scheiben geschnitten und milchsauer eingelegt, das ist gesund und schmeckt pikant.

Kohlrabi in der Küche

Probieren Sie einmal auch die jungen Blätter vom Kohlrabi! Sie enthalten noch mehr wertvolle Inhaltsstoffe als die Knollen und kön-

Vor Schnecken geschützt, wachsen Kohlrabi im Frühjahr schnell heran.

nen z. B. klein geschnitten in eine gemischte Gemüsesuppe wandern oder zusammen mit etwas Hack und Zwiebeln gebraten werden.

Übrigens: Geschmack und Qualität von Kohlrabi hängt stark von der Düngung ab. Wenn sehr viel Stickstoff gegeben wurde, entsteht beim Kochen der typische Kohlgeruch und der Kohlrabi schmeckt derber, als wenn er zurückhaltender gedüngt worden wäre. Üblicherweise wird Kohlrabi klein geschnitten in Salzwasser gegart und dann mit Butter, Kräutern oder Béchamelsoße serviert. Er ist auch ein beliebter Bestandteil von gemischten Gemüsesuppen. Man kann ihn in dünne Scheiben geschnitten und kurz in Wasser vorgegart auch sehr gut in Gemüseaufläufen verwenden, z. B. geschichtet mit Gorgonzola und frischem Salbei und dann überbacken. Vorgekochte Kohlrabischeiben können auch paniert und als vegetarische »Schnitzel« serviert werden.

Als Rohkost zum Knabbern ist Kohlrabi bei Kindern beliebt. Geraspelt und mit Schnittlauch, Essig und Öl angemacht, gibt er einen guten Begleiter zum Wurstbrot oder Rührei ab.

Gesunder Kohlrabi

Kohl enthält viele Ballaststoffe und regt damit die Magen- und Darmtätigkeit an. Die Knollen sind reich an Vitamin C, von den Mineralien sind besonders Magnesium, Selen und Folsäure zu nennen. Die im Kohl enthaltenen Senföl-Glykoside beugen Infektionen und Entzündungen vor. Zudem wirkt er entwässernd und regt die Nierentätigkeit an. Kohlrabi enthält reichlich Antioxidanzien, denen eine Schutzwirkung vor Krebs zugeschrieben wird. Deshalb soll regelmäßiger Kohl(rabi)verzehr dem Darmkrebs vorbeugen.

Frische Kohlrabi schmecken roh lecker und ein bisschen süß, liegen sie länger, können sie leicht bitter werden.

KOPFKOHL *Brassica oleracea* subsp. *oleracea* convar. *capitata*

Wenn man »Kohl« hört, so denkt man an Weißkohl, Rotkohl und Wirsing. Dies sind die bekanntesten Vertreter der Kohlfamilie. Feldfrisch ist Kopfkohl ab Sommer im Handel, als Lagerware kann man ihn rund ums Jahr aus regionalem Anbau kaufen.

Kulturgeschichte

Unsere modernen Kohlsorten stammen vom Wildkohl ab, der an den Küsten Südenglands, Irlands und Frankreichs zu Hause ist. Heute wächst auf Helgoland noch Wildkohl. Zunächst wurden aus dem Wildkohl die einfachen Blattkohlarten kultiviert wie z. B. der Grünkohl. Im Mittelalter wurde der erste Kopfkohl gezüchtet, in den nachfolgenden Jahren erweiterte sich das Sortenspektrum erheblich. Kohl war lange Zeit ein fester Bestandteil der Ernährung der ärmeren Bevölkerung Mitteleuropas, da er ein verhältnismäßig günstiges und sehr lagerfähiges Gemüse ist, das besonders im Winter für die Versorgung mit Vitamin C sorgt. Mit den Möglichkeiten des Gemüseanbaus unter Glas und dem zunehmenden Import aus wärmeren Ländern sind die klassischen Kohlgerichte vom Speisezettel vieler Menschen beinahe vollständig verschwunden.

Anbau im Garten

Kopfkohl gibt es in frühen, mittleren und späten Sorten. Für den frühen Anbau muss man die Pflanzen vorgezogen kaufen oder bereits im Februar im geheizten Gewächshaus säen. Anfang April wird in gut gedüngten und gelockerten Boden mit einem Abstand 40 x 50 cm ausgepflanzt. Geerntet werden kann dann bereits ab Juni, jedoch sind die Köpfe nicht lange lagerfähig. Der

später auf einem Anzuchtbeet ausgesäte und ab Mai gepflanzte Kohl für die Ernte im Spätsommer und Frühherbst kann hingegen länger gelagert werden. Mittlerer und später Kohl gedeiht am besten auf lehmigem Boden, wohingegen der frühe Kohl auch mit sandigen Verhältnissen gut zurechtkommt. Der Pflanzabstand sollte für die späteren Sorten noch etwas größer gewählt werden – bis zu 60 x 60 cm. Enger bepflanzte Beete bringen keinen höheren Ertrag, sondern führen zu einer größeren Krankheitsanfälligkeit.

Wenngleich Kohl ein Starkzehrer ist, sollte man es mit der Stickstoffdüngung nicht zu gut meinen, denn mastige Pflanzen sind krankheitsanfälliger, zudem riecht der Kohl dann beim Kochen stärker nach Schwefel. Kohl ist eine typische Hackfrucht. Durch die regelmäßige Bearbeitung wird der Boden besser durchlüftet, was vor allem bei schwerem Lehm günstig ist. Spätestens bis Ende Juni sollte man den Kohl für die Herbst- bzw. Winterernte pflanzen. In Gegenden, in denen es erst spät oder nur gering friert, kann man die Kohlköpfe bis zur Ernte auf dem Beet stehen lassen.

Weißkohl und manche Wirsingsorten können in wintermilden Gegenden auch als Überwinterungsgemüse gezogen werden. Dazu sät man im August aus und verpflanzt bis Mitte Oktober auf einen Abstand von 30 cm in der Reihe und 20 cm zwischen den Reihen. Bei stärkeren Frösten abdecken. Ab März kann man dann die jungen Kohlpflanzen ernten, die noch keinen richtigen Kopf gebildet haben. Lässt man jeden zweiten stehen, so können diese in der Folgezeit noch Köpfe ausbilden. Diese sollten im Mai geerntet werden, damit sie nicht schießen.

Auf einen Blick

- Aussaat 2–5 / Ernte 6–12
- Sonniger bis halbschattiger Standort
- Hoher Nährstoffbedarf
- Verträgt kühles Klima
- Lagergemüse

Sorten

Beim **Weißkohl** gibt es eine große Sortenvielfalt.
- 'Dithmarscher' ist eine frühe Sorte, fein gerippt. Ab März säen.
- 'Amazon' F_1 ist eine Sorte, die sehr schnellwüchsig ist.
- 'Brunswijker' eignet sich für die Ernte im Herbst. Die Köpfe werden plattrund. Der Kohl ist auch für die Bereitung von Sauerkraut geeignet. Wenig lagerfähig. Aussaat ab März.
- 'Farao' kann noch im Hochsommer gesät werden und ist im Herbst erntereif.
- 'Filderkraut' heißt eine regional vor allem im Stuttgarter Raum verbreitete, spitzkegelige Sorte mit zarten Blättern, sehr gute Eignung für Sauerkraut und auch für Salat, gut lagerfähig, Aussaat ab April.
- 'Erstling' heißt eine Spitzkohlsorte, die bereits im Januar oder Februar im Gewächshaus ausgesät und im März rausgepflanzt wird. Die Ernte beginnt Mitte, Ende Mai.
- 'Cape Horn' F_1 ist ein mittelspäter Spitzkohl, den man ab März/April im Freiland aussät wird. Erntereif sind die Kohlköpfe im Sommer und Frühherbst.
- 'Kilaton' F_1 ist eine Züchtung, die resistent gegen Kohlhernie ist und entsprechend auch dort angebaut werden kann, wo

schon häufiger Kohl gestanden hat. Gut lagerfähig, auch für Sauerkraut geeignet, Aussaat ab April.

Es gibt beim **Rotkohl** keine so große Sortenvielfalt wie beim Weißkohl.

- 'Marner Frührotkohl' ist eine frühe Sorte, fein gerippt. Ab Februar oder März säen.
- 'Kalibos' nennt sich eine Kreuzung aus Spitzkohl und Rotkohl mit den Eigenschaften des Spitzkohls, also zartes knackiges Blatt, kürzere Kulturzeit – aber auch nicht zum Lagern geeignet. Aussaat ab Februar, Ernte den Sommer über.
- 'Schwarzkopf 2' ist ein lagerfähiger Rotkohl für die Aussaat im April. Diese Sorte ist zum Einlagern geeignet. Mittelgroßer, dunkelroter Kopf, kompakt und kurzer Strunk.
- 'Roxy' ist eine mittelfrühe Sorte mit kleinen Köpfen.

Wirsingkohl gibt es nicht in vielen Sorten.

- 'Goldberg' ist eine alte Sorte mit eher lockerem Kopf und mildem Geschmack, auch bekannt als Butterkohl.
- Winterwirsing 'Alaska' F_1 kann auch bei Frost auf dem Beet stehen bleiben.
- 'Adventswirsing' wird im Juli ausgesät und im September oder Oktober an den endgültigen Platz gepflanzt. Er überwintert draußen und kann im Frühjahr geerntet werden.

Schädlinge und Krankheiten

Kohl hat leider sehr viele Feinde. Ein regelmäßiger Fruchtwechsel ist die beste Vorbeugung dagegen. Man sollte mindestens drei Jahre lang pausieren, bevor auf einem Beet wieder Mitglieder der Kohl-, Rettich- und Rübenfamilie angebaut werden.

Zu den verbreiteten Schädlingen gehört die Kohlfliege, die der Stubenfliege ähnelt. Sie tritt in drei Generationen auf, und zwar je

nach lokalem Klima bereits im April/Mai. Die zweite Generation kommt im Hochsommer, meist im Juli, und die dritte Generation ab Mitte August. Sie legen ihre Eier an den Wurzelhals der Pflanzen. Nach einer Woche schlüpfen daraus Maden, die damit beginnen, die Wurzeln abzufressen, sodass die Pflanzen kümmern und absterben. Vorbeugen kann man, indem man eine Manschette um den Wurzelhals legt. Die dort hinterlassenen Eier regelmäßig vernichten. Anhäufeln beugt auch vor. Ein Gemüseschutznetz hilft nur dann, wenn nicht schon die Puppen der Kohlfliege in der Erde auf dem Beet überwintert haben.

Erdflöhe bedrohen vor allem Jungpflanzen, deren Blätter sie massiv durchlöchern können. Das Feuchthalten des Bodens beugt vor. Der Kohlweißling ist eigentlich ein friedfertiger Schmetterling. Aber er legt seine gelben Eier an die Unterseiten von Kohlblättern. Die daraus schlüpfenden Raupen fressen zuerst die äußeren Blätter, woran der Befall meist zu erkennen ist. Außerdem entdeckt man sie auch durch den hinterlassenen Kot, der erst hellgrün, später fast schwarz ist. Mit der Zeit dringen die Raupen weiter in den Kohlkopf ein und schädigen ihn dadurch stark. Infolgedessen beginnen die Köpfe leicht zu faulen. Vorbeugend kann man Vogelschutznetze über die Pflanzen legen oder aber den Kohl regelmäßig nach Eiern bzw. Raupen absuchen und diese zerdrücken bzw. entfernen.

Unangenehm kann auch der Befall durch die Weiße Fliege werden. Die winzigen Fliegen legen ihre Eier auf der Unterseite der Blätter ab. Die Larven bohren sich ins Blatt, ihre klebrigen Absonderungen tropfen auf die darunterliegenden Blätter und begünstigen die Ausbreitung von Schwarzpilzen. Stark befallene Pflanzen vergilben und sterben ab. Vorbeugend hilft es, nicht zu viel Stickstoff zu geben, denn mastige Pflanzen

werden eher befallen. Zur Bekämpfung können Spritzungen mit Wasser-Schmierseife-Gemisch oder auch Wasser-Rapsöl-Emulsion vorgenommen werden.

Kohlhernie ist die am meisten gefürchtete Kohlkrankheit. Sie wird durch einen Schleimpilz ausgelöst und führt zu einer Verformung der Wurzel und zum Absterben der Pflanze. Befallene Pflanzen vernichten, nicht kompostieren! Auf das befallene Beet sollten sieben Jahre lang keine Pflanzen aus der Familie der Kreuzblütler – also Kohl, Rettich, Senfgewächse etc. – mehr kommen. Kalkstickstoff beugt vor.

Wer Kohl anbaut, sollte zur Krankheitsvorbeugung bei der Ernte die Strünke mit herausziehen und entsorgen, aber nicht kompostieren. Das Abdecken der Kohlpflanzung mit einem Gemüsekulturschutznetz beugt dem Befall mit tierischen Schädlingen effektiv vor.

Ernten und Lagern

Frühkohl kann geerntet werden, sobald die Größe der Köpfe einem zusagt. Lässt man ihn zu lange auf dem Beet stehen, so kann er aufplatzen. Auch zur Lagerung taugt Frühkohl nicht, man kann ihn bestenfalls im verarbeiteten Zustand tiefgefrieren. Deshalb macht es Sinn, schon mit der Ernte kleinerer Köpfe zu beginnen, um die Gesamterntezeit zu strecken.

Der im Herbst geerntete Kohl – je später, desto besser – kann in einem kühlen Keller am Strunk aufgehängt und so bis zum Frühjahr gelagert werden. Kohlköpfe können auch eingemietet werden. Die äußeren Blätter, die während der Lagerung unansehnlich werden, sollte man entfernen.

Eine bewährte Möglichkeit, Weißkohl haltbar zu machen, ist die Herstellung von Sauerkraut. Dazu wird der fein geschnittene Kohl mit ein wenig Salz bestreut, gestampft und in einem Gärtopf aufgeschichtet. Die sodann stattfindende Milchsäuregärung benötigt erst Zimmertemperatur, anschließend sollte das Sauerkraut bei etwa 10 °C aufbewahrt werden. So hält es sich für einige Wochen bis Monate. Das funktioniert ebenso bei Rotkraut, allerdings wird dieses unansehnlich grau.

Kohl in der Küche

In den Strünken und derben Außenblättern des Kohls ist der Nitratgehalt sehr hoch, sodass man diese Teile vor der Zubereitung entfernen sollte.

Für die Bereitung von Rohkostsalaten sind Weiß- und Rotkohl sehr gut geeignet, man sollte dazu aber eine Sorte mit zarten Blättern wählen – besonders fein ist Spitzkohl. Mit der Küchenmaschine oder einer sehr eng eingestellten Brotschneidemaschine lässt sich der Kohl gut hobeln. Besonders lecker schmeckt die Rohkost mit einer Marinade aus Zitronensaft, Honig, Pflanzenöl und Salz, man kann auch ein paar Apfelstückchen oder Orangenschnitze dazugeben. Eine winzige Prise Zimt passt besonders im Winter zu Rotkrautsalat gut.

Aus Weißkohl werden wärmende Wintersuppen gekocht, deren Geschmack nach mehrmaligem Aufwärmen immer intensiver wird. Zu solchen Kohlsuppen passt ein wenig Schärfe von frischen Chilis. Fein geschnittener Weißkohl oder Wirsing ergänzt sich gut mit Speck und Zwiebeln, aber auch Pfannengerichte aus Weißkohl mit Hackfleisch und Tomate sind schmackhaft.

Für das klassische Rotkohlgemüse dünstet man den fein geschnittenen Kohl zusammen mit Apfel und Nelke. Dies passt besonders gut zu Ente, Gans und rotem Fleisch. Wenn man ein wenig Zitronensaft oder Essig an das Kohlgemüse bzw. an die Rohkost tut, wird die Farbe kräftiger. Ein Schuss Öl oder ein Stück Schmalz sorgt für einen appetitlichen Glanz.

Manche Menschen reagieren auf den Genuss von Kohl mit Blähungen. Dagegen hilft es, den Kohl mit Kümmel zuzubereiten. Wer den Kohl aus eigenem Anbau in die Küche bringt, achtet darauf, weniger Stickstoff zu düngen, daraufhin vermindern sich sowohl der typische Kochgeruch wie auch die blähende Wirkung.

Gesunder Kohl

Kohl ist sehr gesund. Er ist kalorienarm, ballaststoffreich und enthält Vitamin C, Kalium sowie Senföle, die das Immunsystem stärken. Frisch gepresster Kohlsaft wird als Hausmittel bei übersäuertem Magen empfohlen. Wer regelmäßig ein kleines Gläschen Sauerkrautsaft trinkt, bringt damit seine Verdauung in Schwung und beugt Darmkrebs vor. Zudem soll der Verzehr von Kohl cholesterinsenkend und entwässernd wirken. Kohlblätter, die mit dem Nudelholz mürbe gemacht worden sind, sollen hartnäckige Entzündungen aus dem Körper ziehen, zum Beispiel als Brustwickel bei Husten oder Halswickel bei Halsentzündungen. Auch auf äußerliche Entzündungen und Wunden kann man solche Kohlblätter legen, sofern man die allgemeinen Regeln der Hygiene einhält.

Rotkohl enthält darüber hinaus noch Anthocyane, die für die rote Färbung verantwortlich sind. Dies sind sekundäre Pflanzenstoffe, die eine antioxidative Wirkung haben – sie gelten als Radikalenfänger und damit als krebsvorbeugend. Allerdings ist diese Wirkung bislang erst im Labor nachgewiesen, ob sie in gleichem Maße im menschlichen Körper stattfindet, ist noch nicht ausreichend belegt. Neben der krebsvorbeugenden Wirkung sollen die Anthocyane gut für die Sehkraft sein.

Zu Rotkohl passen süße Äpfel, eine Prise Nelke und Zimt.

KÜRBIS *Cucurbita*-Arten

Kürbisgewächse bilden eine eigene Familie. Dazu gehört auch die Zucchini. Kürbispflanzen entwickeln mehrere bisweilen meterlange kriechende Triebe mit kräftig grünen Blättern. Die Blüten und später Früchte entwickeln sich an steifen Stielen. Kürbis gibt es in vielfältigen Erscheinungsformen. Obgleich die größten Kürbisse mehrere Zentner schwer werden können, gelten sie botanisch als Beerenfrüchte. Ab dem Spätsommer bis in den Winter hinein sind Kürbisse aus heimischem Anbau im Handel.

Kulturgeschichte

Der Ursprung der heute bekannten Speisekürbisse liegt in Mittel- und Südamerika. Dort gehören Kürbisse seit 10.000 Jahren zu den Grundnahrungsmitteln der indigenen Bevölkerung. Traditionell wird Kürbis in Mischkultur mit Mais und Bohnen angebaut. Es heißt, Christoph Kolumbus habe einige Früchte von seiner Amerikafahrt mit nach Europa gebracht. Fakt ist, dass der Kürbis seit dem 16. Jahrhundert in Europa und Asien bekannt ist. Auch nach Nordamerika hin breitete sich der Kürbisanbau aus. Beim amerikanischen Erntedankfest Thanksgiving spielt der Kürbis (»Squash«) neben dem Truthahn traditionell eine wichtige Rolle.

In Deutschland wurde Kürbis hauptsächlich zur Ölgewinnung und als Viehfutter verwendet, er wurde auch süßsauer eingemacht. Erst seit den letzten Jahren wird Kürbis als vielseitig zuzubereitendes Gemüse immer beliebter. Am stärksten verbreitet sind die Sorten 'Gelber Zentner' und seit einigen Jahren der aus Ostasien stammende 'Hokkaido', der wegen seiner küchen-

gerechten Größe und des aromatischen Geschmacks sehr beliebt ist.

In den USA – und von dort auch nach Europa wirkend – spielt der Kürbis eine große Rolle an Halloween, einem ursprünglich irischen Brauch. Kürbisse werden ausgehöhlt, bekommen ein Gesicht geschnitzt und es wird eine Kerze hineingestellt. Das gruselig flackernde Gesicht steht stellvertretend für die an Halloween herumgeisternde Seele des Iren Jack O'Lantern, der einen Pakt mit dem Teufel geschlossen haben und deshalb nicht zur Ruhe kommen soll.

Ebenfalls eine US-amerikanische Tradition sind große Wettbewerbe im Kürbiswiegen. Von Jahr zu Jahr bringen die Züchter schwerere Exemplare zu den Wettkämpfen. Der Rekord des Jahres 2007 liegt bei 767 kg. Der bislang größte deutsche Kürbis wurde 2008 gezüchtet und wog 604 kg. Samen von solchen Monsterexemplaren werden teuer gehandelt.

In Ludwigsburg finden alljährlich im Herbst eine große Veranstaltung zum Thema Kürbis sowie die deutschen und die europäischen Meisterschaften im Kürbiswiegen statt. Bei einer der Ausstellungen waren mehr als 500.000 Kürbisse in 400 Sorten zu bewundern.

Anbau im Garten

Kürbis ist kälteempfindlich und kann deshalb erst nach den letzten Nachtfrösten ausgepflanzt oder ausgesät werden. Pflanzen, die zwei bis drei Wochen zuvor im Haus vorgezogen und dann abgehärtet ausgepflanzt werden, haben einen Wachstumsvorsprung.

Sie werden aber auch gegenüber den direkt ausgesäten Pflanzen von Schnecken bevorzugt.

Kürbisse benötigen einen sonnigen Platz, viel Raum, gut gedüngten erwärmten Boden und reichliche Wassergaben. Dann entwickeln sie sich in einem atemberaubenden Tempo. Pflanzabstand sollte mindestens ein Meter sein. Große Pflanzen können bald mehrere Quadratmeter bedecken. Man kann die neuen Triebe im Kreis lenken und so den Raumbedarf etwas begrenzen. Manche Sorten schlagen auch aus den langen Trieben wieder Wurzeln. Nach einigen Wochen entwickeln sich erste gelbe Blüten. Meist handelt es sich dabei um männliche Blüten, die man daran erkennt, dass sie auf einem langen dünnen Stiel sitzen. Weibliche Blüten haben im unteren Bereich hingegen schon die Form der späteren Frucht. Um die Entwicklung von Früchten zu befördern, kann man bei der Bestäubung von Hand nachhelfen.

Je nach Sorte dauert die Entwicklung der Frucht von der Bestäubung bis zur Ernte zwischen 50 bis 150 Tage. Im kühleren Klima sollte man auf spätreifende Sorten verzichten. Windschutz oder das Unterlegen einer schwarzen (Mulch-)Folie können die Reifung beschleunigen und ungünstige Bedingungen ein Stück weit ausgleichen. Die Reifezeit kann durch Vlies oder Folie ein

Ab Mitte April kann man Kürbis in Töpfen vorziehen und nach den Eisheiligen auspflanzen.

wenig verlängert werden. Um das Faulen von den Früchten zu vermeiden, kann man ein Stück Styropor oder einen Pflasterstein unterschieben, sodass die Früchte nicht direkt am Boden aufliegen. Frost vertragen Kürbisse gar nicht.

Sorten

Es sind etwa 800 verschiedene Kürbissorten bekannt. Man unterscheidet im Alltag gemeinhin Kürbisse nach ihrer Nutzung, sprich Zierkürbis, Speisekürbis und Gemüsekürbis (→ Zucchini). Diese Einteilung ist zwar gängig, entspricht aber nicht den botanischen Arten. Im Gemüsegarten finden sich häufig folgende Speisekürbisse:

- 'Hokkaido' (*Cucurbita maxima*) – ein aus Japan kommender Kürbis. Er wiegt vollreif zwischen 1 bis 2 kg und ist meist leuchtend orange, es gibt aber auch grüne Hokkaidosorten. Diese Sorten sind wegen ihres aromatischen Geschmacks und des hohen Carotingehalts sehr beliebt. Ein Vorteil ist auch, dass 'Hokkaido' mitsamt seiner Schale verwendet werden kann. Reifezeit 80 bis 100 Tage, 3 bis 6 Monate lagerfähig.
- 'Butternut' (*Cucurbita moschata*) – wird zwischen 1 bis 2 kg schwer, seine Form ist birnenartig. Die Früchte haben sehr aromatisches Fleisch und bieten im Verhältnis zu ihrer Größe viel Fruchtfleisch, da sie nur wenig Samenraum

bilden. Reifezeit ab 100 Tage. Unter guten Bedingungen lassen sie sich mehrere Monate lang lagern. Wenig Platzbedarf und viel Ertrag kennzeichnen die Sorte 'Bush Butternut'.

- 'Gelber Zentner' (*Cucurbita maxima*) – ist eine in Deutschland weitverbreitete Sorte, die zwischen 10 bis 20 kg schwer wird. Das gelbliche Fruchtfleisch ist weniger aromatisch als das von 'Hokkaido' oder 'Butternut', eignet sich aber gut für süßsauer eingelegten Kürbis. Die Früchte sind hellorange mit rauer Schale. Reifezeit etwa 100 Tage, lagerfähig bis zu 4 Monate.
- 'Muscade de Provence' (*Cucurbita moschata*). Sehr aromatische Sorte aus Südfrankreich, die im deutschen Klima nur schwer ausreift. Die Früchte können aber spät geerntet werden und auf dem Lager nachreifen, wobei die ursprünglich dunkelgrüne Färbung ins Orange übergeht. Gewicht 10 bis 20 kg, flache Form mit groben Rippen. Reifezeit 150 Tage, lagerfähig bis zu 8 Monaten. Eine sehr dekorative Sorte.
- 'Heart of Gold' F_1 (*Cucurbita pepo*) – ein ebenfalls dekorative r, selten mehr als 1 kg wiegender Kürbis. Deshalb gut geeignet für kleine Haushalte. Er gehört zur Gruppe der Eichelkürbisse (englisch »Acorn-Squash«), ist eichelförmig, leicht gerippt und weiß-grün gestreift. Beim Nachreifen verfärbt er sich ins Orange. Gelbliches süßes Fruchtfleisch, das ein wenig nach Haselnüssen schmeckt. Kurze Reifezeit von 80 bis 100 Tagen, 3 bis 6 Monate lagerfähig.
- 'Blue Hubbard' (*Cucurbita maxima*) ist ein graublauer Kürbis mit warziger Schale, der in den USA sehr beliebt ist. Er bringt es auf ein Gewicht von bis zu 10 kg und hat eine bauchige, an den Enden spitz zulaufende Form. Das Fruchtfleisch ist dunkelgelb, sehr fest und süß. Reifezeit liegt bei 100 Tagen, lagerfähig ist der

'Blue Hubbard' länger als 1 Jahr. Es gibt auch eine Mini-Züchtung dieser beliebten Sorte. Interessantes Aussehen.

■ 'Feigenblattkürbis' *(Cucurbita ficifolia)* – diese Sorte hat Blätter, die der Feige ähneln. Sie wächst sehr stark und rankt auch gut in die Höhe, sodass sie an massiven Rankgestellen gezogen werden kann. Sehr robust. Die ovalen Früchte sind grün-weiß gesprenkelt und wiegen zwischen 2 bis 4 kg. Jung geerntet, kann der Kürbis wie Zucchini verwendet werden. Das ausgereifte Fruchtfleisch ist weißlich, sehr süß und faserig. Man benutzt es zur Herstellung der Engelshaarmarmelade. Die Reifezeit beträgt 120 Tage, die ausgereiften Früchte sind 2 Jahre lagerfähig!

■ 'Jack O'Lantern' *(Cucurbita pepo)* ist eine beliebte Pumpkin-Sorte. Die orangefarbenen Früchte wiegen zwischen 4 bis 8 kg und eignen sich hervorragend für Halloween-Schnitzereien. Das Fruchtfleisch ist orange und für Suppen geeignet. Reifezeit 110 Tage, 3 bis 6 Monate lagerfähig.

■ 'Ölkürbis' *(Cucurbita pepo)*. Dieser Kürbis wird wegen der Samen angebaut, die keine Schalen haben und ohne weitere Behandlung verzehrt werden können. Geröstet sind sie eine beliebte Knabberei. Der Ölkürbis dient auch zur Speiseölegewinnung. Das Fruchtfleisch ist von geringer Qualität. Die Früchte reifen in etwa 110 Tagen und werden 3 bis 5 kg schwer. Der Kürbis lässt sich etwa 3 Monate lang lagern.

■ Patisson-Sorten wie 'Patisson blanc' *(Cucurbita pepo)* nehmen eine Zwischenposition ein, da sie ausgereift wie Kürbis verwendet werden können, jung aber wie Zucchini. Wie diese ranken sie meist nicht. Sie werden im Abschnitt über Zucchini behandelt.

Schädlinge und Krankheiten

Die größten Feinde junger Kürbispflanzen sind die Schnecken. Dagegen helfen wirkungsvoll Schneckenzäune und Schneckenkragen oder das konsequente Streuen von Schneckenkorn in den ersten zwei, drei Wochen nach der Pflanzung. Bei trockenem Wetter ist das Problem zum Glück deutlich geringer.

Sorten mit 1 bis 2 kg schweren Früchten wie 'Butternut' oder die nur ca. 200 g wiegenden 'Little Gemini' sind ideal für kleine Haushalte.

Im späteren Verlauf des Gartenjahres leiden Kürbispflanzen häufig unter Pilzerkrankungen. Beim Echten Mehltau bilden sich weißgraue Flecken auf der Oberseite der Blätter, im weiteren Krankheitsverlauf fließen sie zusammen, die Blätter werden braun und sterben ab. Die Krankheit tritt insbesondere bei sehr trockener Luft auf, durch regelmäßiges Besprühen der Pflanzen kann der Befall reduziert werden.

Falscher Mehltau geht mit weißgelben Flecken auf der Blattober- und einem weißgrauen Belag auf der Blattunterseite einher. Diese Erkrankung entsteht bei feuchtem Wetter. Erkranken kann der Kürbis auch am Mosaikvirus, der mosaikartige gelbe Flecken auf den Blättern hervorbringt und die Pflanze schließlich zum Absterben bringt. Meist braucht man nichts mehr dagegen zu unternehmen, da die Vegetationsperiode sowieso zu Ende geht. Ansonsten sollte man

rechtzeitig die Pflanzen stärken und dadurch vorbeugen. Dazu gehört der Verzicht auf übertriebene mineralische Stickstoffdüngung, besser ist Brennnesseljauche. Auszüge und Jauche von Ackerschachtelhalm stärken die Blätter. Gesteinsmehl streuen. Neem wirkt vorbeugend gegen Pilzbefall. Man sollte eine dreijährige Anbaupause für Kürbis, Zucchini und Gurken auf dem Beet einhalten, da die Pilzsporen im Boden überwintern können.

Ernten und Lagern

Geerntet wird, wenn der Stiel verholzt ist. Man kann dies überprüfen, indem man ihn mit einem normalen Messer durchzuschneiden versucht – natürlich nur ein Stückchen. Erst wenn er so hart ist, dass man lieber zur Säge greifen möchte, ist die Verholzung weit genug ausgeprägt. Klopft man auf die Früchte, so tönt es hohl.

Reif geerntete Kürbisse sollte man nach Möglichkeit noch zwei, drei Tage in der Sonne draußen liegen lassen. Dann in einem trockenen, nicht zu kalten Raum (ideal sind 12 bis 18 °C) lagern. Unter guten Bedingungen ist Kürbis ein unkompliziertes Lagergemüse, das zudem noch dekorativ z. B. im Treppenhaus drapiert werden kann. Der Kürbis kann aber auch in kleine Stücke geschnitten eingefroren werden. Mit einem Gurkenaufguss kann man Kürbis pikant süßsauer einkochen. Für die Herstellung von Marmelade sind vor allem die Sorten mit faserigem Fruchtfleisch (z. B. Feigenblattkürbis) geeignet. Geben Sie etwas Zitronensaft und -schale dazu, da die Marmelade ohne Säure eher fad schmeckt.

Kürbis in der Küche

Kürbis wurde in Deutschland lange Zeit nur süßsauer eingekocht. In den letzten Jahren

Patissons können jung wie Zucchini und ausgereift wie Kürbis verwendet werden. Dekorativ sind sie auf jeden Fall.

erobern immer mehr Zubereitungsweisen die Küchen. Einfach und sehr beliebt sind Kürbissuppen: Bräunen Sie in etwas Fett eine oder mehrere Zwiebeln, geben Sie $2/_3$ gewürfelten Kürbis und $1/_3$ Kartoffeln dazu und bedecken Sie alles mit Gemüsebrühe. Sind die Gemüsestückchen weich gekocht, pürieren Sie das Gemüse und fügen Sahne oder Frischkäse hinzu. Abgeschmeckt wird nach Belieben mit Muskat – oder auch mit Ingwer und Chili oder mediterranen Kräutern.

Kleine Kürbisse kann man im Ganzen im Ofen backen und auslöffeln. Geriebener Kürbis kann als Rohkost verzehrt werden, aber auch zu Rührkuchen (besonders passend bei Nusskuchen) gegeben werden, dadurch wird dieser sehr saftig. Zusammen mit Zwiebeln angebraten und gedünstet, ergibt Kürbis ein schnell zubereitetes Gemüse, das etwas süßlich schmeckt. Sie können Kürbis in Scheiben geschnitten und dünn mit Öl bepinselt auch auf dem Blech im Ofen backen, dazu passt Kräuterquark. In der feinen Küche ist das aus den Kernen kaltgepresste Kürbiskernöl sehr beliebt.

Gesunder Kürbis

Kürbis enthält Vitamine und Mineralstoffe in ausgewogener Zusammensetzung. Erwähnenswert ist der hohe Gehalt an Provitamin A (Carotin), das gut für Haut und Augen ist und krebsvorbeugend wirken soll. Kürbis gilt als verdauungsfördernd und soll das Immunsystem stärken. Kürbiskerne sind eine beliebte Knabberei, die sich wohltuend bei Blasenschwäche und Prostataleiden auswirkt.

Für kalorienreduzierte Diäten ist Kürbis gut geeignet, er hat nur etwa 20 kcal je 100 g. Es lassen sich auch ohne die Zugabe von Fett cremige Suppen aus Kürbisfleisch bereiten, die sättigend und wärmend sind.

Auch essbare Kürbissorten wie die 'Mandarins' zieren einen herbstlichen Erntekorb.

MAIS *Zea mays*

Mais gehört in die Familie der Gräser – wie unsere Brotgetreide, aber auch Reis und Hirse. Während Letztere zur weiteren Verarbeitung getrocknet werden, kann Mais auch frisch als Gemüse verzehrt werden. Im Handel ist er heute vor allem als Dosenware verbreitet.

Kulturgeschichte

Der Mais ist eine der ältesten Kulturpflanzen und stammt als einzige Getreideart aus Amerika. Die ursprüngliche Grassorte, aus der der Mais hervorgegangen ist, konnte noch nicht gefunden werden. Es steht aber fest, dass Mais bereits mehrere tausend Jahre vor Christus in Süd- und Mittelamerika eine bedeutende Rolle für die tägliche Ernährung gespielt hat. Unentbehrlich war das nahrhafte Getreide in den frühen Hochkulturen der Inkas und Azteken. Der Mais wurde typischerweise in Form von Maisbrei (davon stammt die Polenta ab) oder von Fladenbrot (Tortilla) verzehrt.

Mit der »Entdeckung« Amerikas durch Kolumbus gelangte Maissaat nach Spanien, in Andalusien wurde er binnen kürzester Zeit feldmäßig angebaut. Es dauerte nur wenige Jahrzehnte, bis sich der Maisanbau in ganz Südeuropa und bis in die Türkei verbreitet hatte. Der Mais wurde als Getreide, nicht als Gemüse verwendet. Nach Deutschland kam der Mais erst im 16. und 17. Jahrhundert und wurde dort in den wärmeren Gebieten angebaut. Erst im 18. Jahrhundert begann man damit, Sorten zu züchten, die auch mit kälterem Klima zurechtkamen. Eine bedeutende Rolle spielte der Mais auf deutschen Äckern jedoch nicht.

Mit den Care-Paketen nach dem Zweiten Weltkrieg gelangten größere Mengen Mais ins hungernde Westdeutschland, wohl aufgrund eines Missverständnisses bei der Übersetzung dessen, was die Menschen dringend brauchten, nämlich »Korn« – »corn« ist der englische Begriff für Mais. Die Menschen beäugten den Mais, den sie bis dahin nur als Hühnerfutter kannten, sehr misstrauisch, und erst der Hunger schuf die Bereitschaft, verschiedene Zubereitungsweisen auch für den menschlichen Verzehr auszuprobieren.

In den 1970er-Jahren erfolgte mit neuen, kälteresistenten Maissorten der Durchbruch für den umfassenden Anbau von Mais auch in Deutschland – allerdings meist für Futterzwecke. Dennoch ist Mais heute aus der Ernährung der Deutschen kaum wegzudenken. Ob in Form von Maiskeimöl, Maisstärke oder aber als Cornflakes oder Popcorn, Mais kommt regelmäßig auch auf deutsche Teller. Als Gemüse wird Mais trotz der jahrtausendealten Anbautraditionen erst seit Kurzem verzehrt. Vor etwa 200 Jahren wurde mit der Züchtung von Maissorten begonnen, die auch frisch gut schmecken.

International spielt Mais in der Landwirtschaft eine wichtige Rolle. Nicht zuletzt deshalb gehört Mais zu den ersten Nahrungspflanzen, bei denen Gentechnik im großen Umfang zum Einsatz kommt. Die transgenen Pflanzen sollen unattraktiv für die Hauptschädlinge Maiswurzelbohrer und Maiszünsler sein. Hauptanbaugebiet für gentechnisch veränderten Mais sind die USA. Der Anbau wird kontrovers diskutiert. Seine Folgen sind unaufhaltsam: Da Mais ein extremer Fremdbefruchter ist und die Pollen mehrere hundert Meter weit vom Wind getragen werden können, kreuzen sich die Erbinformationen genveränderter Pflanzen leicht in die von konventionellen Pflanzen ein. Da die Anbauer dies nicht verhindern können, erlaubt der Gesetzgeber ihnen, ihre Ernte auch dann als »gentechnikfrei« zu vermarkten, wenn bis zu 1% gentechnisch veränderte Pflanzen eingekreuzt sind. Damit ist die Verbreitung von transgenem Mais unaufhaltsam.

Anbau im Garten

Mais verträgt keinen Frost, sodass man erst nach den Eisheiligen direkt ins Freiland sät. Am besten steht Mais nicht in Reihen, sondern blockweise, denn so hat er mehr Schutz vor dem Wind und die Befruchtungsrate ist höher. Das ist wichtig, denn beim Mais hängt bereits der Ertrag im ersten Jahr davon ab, wie gut befruchtet wurde.

Man sät die Pflanzen in einem Abstand von 20 bis 30 cm in der Reihe und sortenabhängig 50 bis 60 cm zwischen den Reihen. Der Boden sollte gut gedüngt sein, Mais verträgt auch frischen Mist oder Kompost. Er benötigt eine vollsonnige Lage und in der ersten Zeit regelmäßige Wässerung. Sind die Pflanzen kniehoch, so kann man sie zur besseren Standfestigkeit ein wenig anhäufeln. Während der Wachstumszeit öfter ein wenig nachdüngen (z. B. mit Brennnesseljauche) und hacken, das erhöht den Ertrag.

Auf einen Blick

- Aussaat 5 / Ernte 8–10
- Sonniger Standort
- Hoher Platzbedarf
- Hoher Nährstoffbedarf
- Frisch am besten

Aus dem roten Erdbeermais kann man rosafarbenes Popcorn herstellen.

Körner eignen sich nicht für den Frischverzehr, getrocknet aber lässt sich ein wohlschmeckendes, leicht rosafarbenes Popcorn aus ihnen herstellen.

Schädlinge und Krankheiten

Im Haus- und Kleingarten spielen Krankheiten bei Mais kaum eine Rolle, in großen Monokulturen hingegen bedrohen sie ganze Ernten. Zu den wichtigsten Schädlingen gehören der Maiszünsler und der Maiswurzelbohrer. Im Erwerbsanbau werden sie mit Antagonisten (z. B. Mikroorganismen) und Pflanzenschutzmitteln bekämpft, die für den Kleingarten nicht zugelassen sind oder deren Einsatz zu aufwendig wäre. Vorbeugend gegen Schädlinge sowie Pilzerkrankungen sollte man den Mais nur alle vier Jahre auf demselben Beet anbauen.

Ernten und Lagern

Der Mais ist je nach Sorte ab Mitte August erntereif. Als Gemüse verwendet man milchreifen Mais. Man erkennt diesen Zustand daran, dass der aus den Kolbenblättern herausragende »Bart« beginnt braun zu werden. Entblättert man vorsichtig ein Stück vom Kolben und drückt die Körner mit dem Fingernagel ein, so zeigt milchiger Saft an, dass der Mais erntereif ist. Mais, der erst im trockenen Zustand verwendet werden soll – z. B. für Popcorn oder Polenta –, muss so lange an der Pflanze bleiben, bis die Körner hart geworden sind. Das kann bis Oktober dauern.

Milchreif geernteter Mais hält sich – in den eigenen Blättern eingepackt – im Kühlschrank ein bis zwei Wochen. Allerdings verliert er während der Lagerung rapide an Süße, da der enthaltene Zucker in Stärke umgebaut wird. Getrocknete Maiskolben kann man über mehrere Jahre an einem dunklen, kühlen und trockenen Ort lagern.

Sorten

Die meisten in der industriellen Landwirtschaft angebauten Sorten sind Hybriden, d. h. F_1-Sorten, die man nicht samenfest vermehren kann.

Es gibt unterschiedliche Sorten für verschiedene Verwendungszwecke. Im Wesentlichen unterscheidet man **Gemüsemais**, Mais zur Ölgewinnung sowie verschiedene Sorten, bei denen das getrocknete Korn für die menschliche Ernährung weiterverarbeitet oder als Tierfutter verwendet wird. Für den Haus- und Kleingarten sind vor allem folgende Maissorten interessant:

- ‘Golden Bantam’, eine **Zuckermais**-Sorte mit süßen goldgelben Körnern, die als Gemüse verzehrt wird.
- Zuckermais ’Black Aztek’ – diese Sorte hat dunkle, fast schwarze Körner, die milchreif als Gemüse gegessen werden.
- ‘Rainbow Inka’, auch ein Gemüsemais, wächst etwas stärker als die vorangehenden Sorten und verzweigt sich auch. Die Körner sind mehrfarbig und können milchreif verzehrt werden. ‘Rainbow Inka’ eignet sich wegen der bunten Körner sehr gut zu Zierzwecken.
- ‘Erdbeermais’, klein bleibende Sorte, die zarte Kolben mit rubinroten Körnern ausbildet. Ausgesprochen dekorativ! Die

Mais in der Küche

Kochen Sie frisch geerntete Maiskolben im Ganzen in Salzwasser und bestreichen Sie sie einfach mit Butter – lecker! Man beißt dann direkt vom Kolben ab, was Kinder lieben. Erwachsene schätzen diese Verzehrvariante weniger, weil öfter einmal Fasern zwischen den Zähnen hängen bleiben, und streifen die Maiskörner mit dem Messer vom Kolben. Ein dünn mit Öl bestrichener Maiskolben kann auf dem Grill geröstet werden. Maiskolben, die noch von ihren schützenden Blättern umhüllt sind, können Sie auch direkt auf der Glut garen. Die handelsüblichen Maiskörner aus der Dose können sich mit dem Geschmack von frisch zubereitetem Mais nicht im Entferntesten messen.

Aus getrockneten Maiskörnern können Sie Popcorn herstellen. Dazu bedecken Sie den Boden eines Topfes mit einem geschmacksneutralen Öl, das hoch erhitzt wird. In das heiße Öl geben Sie nun Maiskörner, bis der Topfboden locker bedeckt ist. Deckel drauf und warten, bis das charakteristische Knallen zu hören ist. Nun braucht man etwas Fingerspitzengefühl, damit einem der Mais nicht anbrennt. Beim Elektroherd schalten Sie die Platte aus, beim Gasherd wählen Sie die niedrigste Flamme. Sobald die Intensität des Knallens geringer wird, nehmen Sie den Topf von der Kochstelle und lassen die Restwärme ihre Wirkung tun. Sobald es nur noch vereinzelt poppt, wird der Topf geschüttelt und der Deckel hochgenommen. Je nach Geschmack Puderzucker oder Salz darangeben, noch einmal Deckel drauf und schütteln, dann ganz schnell in eine Schüssel umfüllen.

Aus gemahlenem getrocknetem Mais kann man leckere Tortillas backen oder aber eine Polenta herstellen.

Gesunder Mais

Gemüsemais enthält mehr Eiweiß als die meisten anderen Gemüsearten. Mineralstoffe sind in ausgewogenem Maße vorhanden, bei den Vitaminen sind besonders der hohe Gehalt an Niacin und Vitamin B_6 nennenswert.

Gerichte aus Maismehl wie Polenta oder Tortilla, aber auch spezielles Gebäck aus Maismehl kann auch von Menschen verzehrt werden, die eine Glutenunverträglichkeit (meist Zöliakie) haben.

Die enthaltenen Eiweiße ergänzen sich besonders im Zusammenspiel mit den Eiweißen aus Hülsenfrüchten zu einer vollwertigen vegetarischen Ernährung.

Zuckermais schmeckt desto süßer, je frischer er ist.

MANGOLD *Beta vulgaris* subsp. *cicla*

Der Mangold ist ein Gänsefußgewächs und ist eng verwandt mit Roter Bete, Zuckerrübe und Runkelrübe. Anders als bei den Verwandten werden beim Mangold Blätter und Blattstiele gegessen, denn die kräftige Wurzel ist zäh und holzig. Der Mangold ist zweijährig und wird in Mitteleuropa von Mitte Mai bis in den späten Herbst hinein geerntet. Er wird hierzulande auf Wochenmärkten und im gut sortierten Lebensmittelhandel angeboten.

Kulturgeschichte

Es gilt als nachgewiesen, dass Mangold, Bete oder aber eine Zwischenform bereits um Christi Geburt am Mittelmeer bekannt gewesen ist. Im deutschsprachigen Raum wurde Mangold seit dem 16. Jahrhundert in Kräuterbüchern abgebildet. In den folgenden Jahrhunderten ist Mangold ein beliebtes Gemüse gewesen. Insbesondere in der warmen Jahreszeit galt er als eine gute Alternative zum Spinat, der im Sommer nicht gedeiht. Mit der Einführung des ganzjährig verfügbaren Tiefkühlspinats ist das Interesse am Mangold stark zurückgegangen, zwischenzeitlich war er nur noch im Naturkosthandel oder gut bestückten Wochenmärkten zu bekommen. In den letzten Jahren aber steigt die Nachfrage nach Mangold wieder an.

Anbau im Garten

Mangold lässt sich problemlos kultivieren. Er kann ab April direkt auf dem Beet ausgesät werden. Dazu werden die Samenknäuel 3 cm tief in Reihen mit 40 cm Abstand ausgesät. Aus jedem Knäuel entwickeln sich mehrere Pflanzen. Lassen Sie nach dem

Aufgehen nur die kräftigsten stehen und verziehen Sie auf mindestens 15 bis 20 cm. Ein engerer Abstand ist günstig, wenn man hauptsächlich Blätter ernten möchte, wenn Sie gerne gut entwickelte Rippen haben möchten, wählen Sie einen weiten Abstand.

Der Nährstoffbedarf von Mangold ist mittelstark bis stark. Mit einer Kompostgabe zu Beginn der Kultur und z. B. etwas Brennnesseljauche nach mehrmaliger Ernte kommen die Pflanzen gut zurecht. Zu viel Stickstoff sollte vermieden werden, da die Pflanzen sonst Nitrat in größeren Mengen anreichern. Die Pflanzen lieben chloridhaltigen Boden, sodass man einmalig etwa 1 bis 2 Teelöffel Kochsalz je Quadratmeter Boden ausstreuen kann.

Einige Mangoldsorten können mit einer Abdeckung aus Reisig, Stroh oder Vlies auch überwintert werden und liefern dann ab April noch einmal für wenige Wochen frisches Gemüse, bis sie in Blüte gehen. Dabei erweist sich Schnittmangold als toleranter gegenüber der winterlichen Kälte, als es der Stielmangold ist.

Der Ertrag von Mangold ist in der Regel sehr gut, die Pflanzen sind robust und wenig krankheitsanfällig. Insofern ist der Mangold ein ideales Anfängergemüse, allerdings mögen die wenigsten, die ihn mal gezogen haben, noch auf ihn verzichten. Da im Sommer kein Spinat wächst, ist Mangold eine prima Alternative.

Mangold kann in größeren Töpfen auch auf Balkon oder Terrasse gezogen werden und ist im Staudenbeet sehr dekorativ.

Auf einen Blick

- Aussaat 4–5 / Ernte 6–11
- Sonniger bis halbschattiger Standort
- Mittlerer Nährstoffbedarf
- Verträgt auch kühle Sommer
- Einfach anzubauen
- Geeignet für Kübel

Schädlinge und Krankheiten

Blattfleckenkrankheit, eine Pilzerkrankung, tritt beim Mangold häufiger auf. Sie zeigt sich durch trockene, braune Flecken mit rotem Rand auf den Blättern, die später verwelken. Jungpflanzen können daran eingehen, ältere Pflanzen treiben ausreichend nach. Eine Bekämpfung ist nicht verhältnismäßig, denn meist kann die Pflanze trotzdem beerntet werden. Für den Menschen ist die Krankheit nicht schädlich und meist findet man ausreichend frisch nachgetriebene gesunde Blätter. Man sollte aber darauf verzichten, erkrankte Pflanzen zu überwintern. Befallene Blätter nicht auf den Kompost geben und erst nach fünf Jahren wieder Mangold auf demselben Beet anbauen. Das gilt auch für Rote Bete, die an derselben Krankheit leiden kann.

Bisweilen leidet Mangold auch an Falschem Mehltau, ebenfalls eine Pilzerkrankung. Sie äußert sich durch helle Flecken auf der Blattoberseite. Auf der Unterseite sind die Flecken dunkel. Kälte und hohe Luftfeuchtigkeit begünstigen die Erkrankung. Auch hier sollte man auf das Überwintern verzichten und die befallenen Pflanzen vernichten. Eine weite Fruchtfolge hilft, die Infektion zu vermeiden.

Sorten

Es wird zwischen Stiel- und Blattmangold unterschieden. Der Erstgenannte entwickelt

Eine bunte Mischung verschiedener Mangoldsorten macht sich auch im Ziergarten gut.

angeboten. Die bunten Pflanzen sehen wunderschön aus und machen sich auch bestens im Ziergarten. Allerdings überstehen sie den Winter meist nicht.

Ernten und Lagern

Nach etwa acht Wochen kann erstmals geerntet werden. Dazu werden einige äußere Blätter abgedreht – wenn dies bei manchen Sorten nicht einfach geht, kann auch geschnitten werden. Das Herz muss unbedingt stehen bleiben, sodass immer wieder neue Blätter nachtreiben können. Mangold wird sehr schnell schlapp, wenn er erst einmal geerntet ist. Man kann diesen Prozess verlangsamen, indem man die Stiele in eine Vase stellt. Klein geschnitten und kurz blanchiert, können Sie ihn auch gut einfrieren.

Mangold in der Küche

Mangold sollte zur Zubereitung frisch sein. Wenn die Blätter bereits welk sind, hat er an Geschmack schon deutlich verloren. Sie können die Stiele ohne Blätter in Salzwasser dünsten und wie Spargel mit Butter oder Béchamelsoße servieren. Für einen Mangoldspinat entfernen Sie die Stiele und garen die klein geschnittenen Blätter in etwas Öl bei geschlossenem Deckel. Der Spinat wird deftiger, wenn Sie ein paar Zwiebelwürfel glasig braten und mitdünsten.

Sehr wohlschmeckend ist auch ein Gemüse, das aus beidem – Stielen und Blättern – zubereitet wird. Da die Stiele länger brauchen, bis sie gar sind, sollten sie zusammen mit Zwiebeln klein geschnitten und angedünstet werden, die Blätter fügt man später dazu. Zum Mangoldgemüse schmecken sehr gut Tomaten, Paprika aber auch Champignons.

In Kroatien wird sehr gerne Mangoldgemüse mit viel Knoblauch und zerdrückten Kartof-

breite Stiele, die in Salzwasser gekocht und dann wie Spargel zubereitet werden. Beim Blattmangold werden vorzugsweise die Blätter als Spinat verzehrt, die Stiele sind weniger massig und können mit verarbeitet werden. Es gibt nur wenige Mangoldsorten im Handel.

- ʼErbetteʼ oder ʼErbettaʼ, wird auch »Ewiger Spinat« genannt. Sehr robuster, schossfester und kältetoleranter Typ, bei dem hauptsächlich die Blätter Verwendung in der Küche finden.
- ʼLukullusʼ ist eine verbreitete Sorte. Bei enger Pflanzung werden vorzugsweise die Blätter verwendet, pflanzt man mit weitem Abstand, entwickeln sich kräftige Stiele. ʼLukullusʼ ist abgedeckt gut winterhart.
- ʼVulkanʼ ist eine dekorative rotstielige Sorte. Die rötliche Farbe bleibt auch nach dem Garen erhalten.
- ʼGlatter Silberʼ oder ʼWeißer Silberʼ ist ein ausgesprochener Stielmangold, der dunkelgrüne Blätter trägt und sehr üppige Stiele hervorbringt.
- ʼBright Lightsʼ – unter diesem Namen wird eine Mischung von roten, gelben, weißen und grünen Blattmangold-Variationen

feln zusammengerührt. Dafür dünstet man die klein geschnittenen Stiele in Olivenöl, legt eine Schicht dünn geschnittener Kartoffeln darauf und schmort dies zusammen eine Viertelstunde. Nun kommen klein gehackte Knoblauchzehen und die geschnittenen Mangoldblätter dazu und das Ganze wird weiter gegart, bis die Kartoffeln weich sind. Aufpassen, dass es nicht ansetzt, notfalls etwas Wasser angießen. Schmeckt sehr gut zu Grillfleisch.

Große Mangoldblätter können auch zum Wickeln von kleinen Rouladen verwendet werden. Blanchiert lässt sich Mangold übrigens gut einfrieren.

Gesunder Mangold

Ob der Mangold wirklich Magenbeschwerden und Nervosität lindert, wie man ihm nachsagt, sei dahingestellt. Was die Inhaltsstoffe anbelangt, ähnelt der Mangold sehr dem Spinat, nur liegt er bei allen Inhaltsstoffen etwas niedriger. Er enthält reichlich Provitamin A, Vitamin B_2 und Vitamin C sowie wichtige Mineralstoffe wie Kalzium, Magnesium, Eisen und Phosphor. Die Aminosäure Betain ist verantwortlich für die Fettverdauung und regt Leber und Galle an. Sie wirkt antibakteriell und stärkt zusammen mit Vitaminen und Mineralstoffen die Abwehrkräfte des Körpers. Die lebenswichtige

Folsäure ist maßgeblich an der Blutbildung beteiligt. Mangold gilt in der Volksmedizin als Helfer bei Bronchitis und Lungenentzündung.

Da sowohl Spinat als auch Mangold Oxalsäure enthalten, die das Kalzium bindet, wird empfohlen, möglichst noch am gleichen Tag kalziumhaltige Nahrungsmittel z. B. in Form von Milchprodukten zu sich zu nehmen. Die negativen Auswirkungen relativ hoher Nitratwerte können durch Zugabe von Vitamin C (z. B. Zitronensaft) abgemildert werden. Gemüsearten aus dem Freilandanbau enthalten aber normalerweise niedrigere Nitratwerte als Gewächshausware.

Mangold frisch aus dem Garten ist ein leckeres Sommergemüse.

MELDE *Atriplex hortensis*

Die Melde gehört in die Familie der Gänsefußgewächse so wie auch Spinat, Mangold und Guter Heinrich. Man bereitet frische Blätter als Spinat zu. Im Handel ist Melde nicht erhältlich, und auch in Gärten wird die Melde immer seltener, obwohl sie hübsch anzusehen und unkompliziert ist.

Kulturgeschichte

Die Melde stammt ursprünglich aus dem mittleren bis westlichen Asien und gelangte von dort zu den Ackerbauern der Antike. Archäologischen Funden zufolge haben die Römer sie mit nach Mitteleuropa gebracht. Nächste Belege stammen aus dem Mittelalter, unter anderem von Hildegard von Bingen. Die unkomplizierten Pflanzen trugen vor allem im späten Frühling und im Frühsommer zur Versorgung mit Vitaminen bei. Allerdings wurde die Melde vor etwa zweihundert Jahren vom Spinat weitestgehend verdrängt und wird kaum noch angebaut. Saatgut war einige Zeit nur noch im Tausch mit Liebhabern oder bei Initiativen zur Bewahrung historischer Gemüsesorten erhältlich. Im Jahr 2000 wurde die Melde vom Naturschutzbund Deutschland e. V. (NABU) zur Nutzpflanze des Jahres gewählt. Mittlerweile führen gut sortierte Saatgutversender auch wieder Gartenmelde in ihrem Repertoire.

Anbau im Garten

Melde, auch Gartenmelde genannt, ist eine anspruchslose Pflanze, die mit vielen Gegebenheiten und jedem Boden zurechtkommt. Man sät ab März oder April. Entweder lässt man die Pflanzen eng mit einem Abstand von 10 cm zwischen den Pflanzen und 20 cm zwischen den Reihen und rodet sie alsbald zur Ernte, oder man lässt die Jungpflanzen mit einem Abstand von 40 bis 50 cm zueinander stehen – dann können sie bis zu 2 m hoch werden. Im letzteren Fall werden regelmäßig neue Triebe geschnitten. Lässt man die Melde hoch wachsen, sollte man darauf achten, dass sie keine sonnenhungrigen Kulturen beschattet. Regelmäßige leichte Düngung und Wassergaben erhöhen den Ertrag beträchtlich. Hacken Sie öfter einmal, damit Sauerstoff an die Wurzeln kommt.

Da die Melde rasch wächst und auch schon bei kühler Witterung keimt, eignet sie sich gut als Vorkultur auf einem Beet, das später von Bohnen, Kürbis oder Zucchini eingenommen wird. Am besten wiederholt man die Aussaat mehrfach hintereinander, wo gerade Platz ist, sodass man immer frische zarte Blätter zur Verfügung hat.

Sorten

Es gibt grüne, gelbe, rote und violette Melde. Insbesondere die **rote Melde** ist auch im Blumenbeet sehr dekorativ. Unabhängig von der Farbe, sind alle gleichermaßen robust.

Schädlinge und Krankheiten

Gartenmelde ist an sich unempfindlich, wird aber in sehr feuchten Jahren bisweilen vom Falschen Mehltau, einer Pilzerkrankung, befallen. In diesem Fall sind die Pflanzen zu roden, da die kranken Blätter sehr unappetitlich sind. Man sollte auch Melde nicht mehrere Jahre hinweg auf demselben Beet anbauen und auch nicht auf Flächen, die vorher mit Roter Bete oder Mangold besetzt waren.

Auf einen Blick

- Aussaat 3–7 / Ernte 5–10
- Sonniger bis halbschattiger Standort
- Mittlerer Nährstoffbedarf
- Kurze Standdauer
- Geeignet für Kübel
- Einfach anzubauen

Ernten und Lagern

Kleine eng gesäte Jungpflanzen können als Ganzes geerntet und als Salatzugabe verzehrt oder zu Spinat verarbeitet werden. Sind die Pflanzen bereits größer, so werden die Stängel zäh und man nimmt nur die Blätter. Nachdem die Melde begonnen hat zu blühen, schmeckt sie unangenehm und taugt nicht mehr in der Küche. Nach der Ernte muss die Melde rasch verarbeitet werden. Als Spinat zubereitet, kann man sie gut einfrieren.

Melde in der Küche

Zusammen mit gehackten Zwiebeln in etwas Öl gedünstet, ergibt die Gartenmelde einen wohlschmeckenden Spinat. Junge Melde enthält weniger Oxalsäure als Echter Spinat und wird deshalb von Kindern meist bevorzugt. Sehr jung geerntete Blätter können auch als Salat verwendet werden, hierbei macht sich die rote Melde besonders dekorativ. Mit etwas Fetakäse macht sich der Spinat aus Melde gut als Füllung in Teigtaschen. Mancherorts wird die Melde zusammen mit Sauerampfer zubereitet.

Gesunde Melde

Melde wird in der Volksmedizin für breiige Umschläge gegen Entzündungen und Quetschungen verwendet. Als eines der ersten frischen Gemüse im Frühjahr ist Melde ein wertvoller Vitamin- und Vitalstofflieferant.

MÖHRE, KAROTTE *Daucus carota*

Die Möhre gehört zur Familie der Doldenblütler. Sie ist zweijährig, wird im Garten aber nur einjährig kultiviert. Erste junge Möhren können im Freiland Ende Mai geerntet werden. Wintermöhren kommen im Herbst ins Lager und halten sich bis zum nächsten Frühjahr, sodass die Wurzeln das ganze Jahr über frisch zur Verfügung stehen.

Kulturgeschichte

Die Kulturmöhre in ihrer heutigen Form stammt von der Wilden Möhre ab, die in Europa, Nordafrika und dem westlichen Asien heimisch ist. Sie ist an verschiedenen Orten in Kultur genommen worden. In Zentralasien sind gelbe und violette Formen angebaut worden, im östlichen Mittelmeerraum wurde eine gelbe oder weiße Art kultiviert. Die uns heute bekannte orangefarbene dicke Wurzel ist erst seit dem 17. Jahrhundert bekannt und wurde zuerst in den Niederlanden gezogen, von wo sich das Gemüse auf der ganzen Welt verbreitet hat. Andere Wurzelgemüse wie die Pastinake und die Zuckerwurzel wurden durch die Möhren vom Speiseplan der Mitteleuropäer verdrängt. Die Möhre wird in Deutschland je nach Region auch Karotte, Gelbe Rübe, Wurzel oder Rüebli genannt. In Europa sind Polen, Deutschland und Spanien die Hauptanbauländer.

Anbau im Garten

Möhren werden unterteilt in frühe Sorten und Lagersorten. Die ersten Möhren können im kalten Frühbeet oder unter Vlies ab Ende Februar ausgesät werden, sofern der Boden offen ist. Die Ernte beginnt dann im späten Mai. Spätere Aussaaten entwickeln sich schneller. Während Frühsorten mit einer Entwicklungszeit von etwa drei bis vier Monaten durchgehend zwischen Ende Februar bis Mitte Juli ausgesät werden können, ist es sinnvoll, Lagermöhren im April oder Mai zu säen, damit sie bis zum Herbst ihre volle Größe erreichen.

Karotten benötigen einen gut gelockerten Boden. Wer große, lange Sorten auf schwerem Lehm ernten will, muss zwei Spaten tief umgraben oder Dämme anlegen. Dammkultur bringt große Wurzeln, erfordert aber häufiges Gießen und Anhäufeln, damit die Wurzelhälse nicht grün werden.

Möhren sind Mittelzehrer. Sie vertragen aber weder frischen Mist noch frischen Kompost, sondern schätzen abgelagerte Düngung. In Mischkultur profitieren sie besonders von Allium-Gewächsen, also Zwiebeln oder Lauch.

Bereits ab 3 °C beginnen Möhren zu keimen, entwickeln sich aber sehr langsam. Es kann gut drei Wochen dauern, bis man die jungen Pflänzchen überhaupt sehen kann. Deshalb ist es sinnvoll, die Saatreihe entweder mit etwas Sand oder durch das Beimischen einer Markiersaat (z. B. Radieschen) zu kennzeichnen, um das Jäten zu erleichtern.

Der Pflanzabstand beträgt 25 cm zwischen den Reihen und 2 bis 5 cm zwischen den einzelnen Wurzeln. Bei Dammkultur können die Pflanzen in den Reihen dichter gesät werden, da es den Wurzeln leichter fällt, die Erde beim Wachsen zu verdrängen. Möhren müssen direkt ausgesät werden, durch Verpflanzen werden sie beinig. Dünnen Sie zu eng gesäte Wurzeln aus. Diese Arbeit sollte man an einem windigen Tag oder gegen Abend verrichten, da sonst die Möhrenfliege von dem Geruch der verletzten Pflänzchen angelockt wird. Schließen Sie Hohlräume in der Erde und bedecken Sie die stehen gebliebenen Wurzelhälse.

Möhren sollten frühestens alle drei Jahre an demselben Platz angebaut werden. Das gilt auch für verwandte Arten wie Knollenfenchel, Pastinaken, Dill, Kerbel, Petersilie und Sellerie.

Späte Möhren können unter Schutz (Reisig, Vlies) auch bei leichten Minustemperaturen auf dem Beet stehen bleiben und nach Bedarf geerntet werden. Einige Sorten überstehen auch längere Frostperioden.

Sorten

Möhren sind orange – zumindest im Supermarkt. Es gibt jedoch eine große Farben- und Formenvielfalt, die sich in regionalen Züchtungen erhalten hat. Größere Saatguthersteller haben bereits wieder bunte Sorten in ihr Programm aufgenommen.

- 'Purple Haze' und 'Purple Dragon' sind violette Sorten mit orangefarbenem Herz, die besonders viele Antioxidanzien und Vitamine enthalten sollen.
- Ebenfalls violett, aber innen weiß ist die 'Syrische Violette', die schmal und lang wächst.
- 'Mellow Yellow' heißt eine sehr fruchtige gelbe Möhre.

Auf einen Blick

- Aussaat 2–6 / Ernte 6–12
- Sonniger Standort
- Mittlerer Nährstoffbedarf
- Verträgt kühles Klima

- 'Lobbericher' wird oft als Futtermöhre angeboten, sie eignet sich aber auch gut für den menschlichen Verzehr. Die Wurzel ist gelb, groß und fest. Sie ist gut winterhart.
- 'Nutri Red' ist tieforange und enthält besonders viel Lycopin, ein Stoff, der krebsvorbeugend wirken soll.
- 'Küttiger Rüebli' heißt eine weiße, spitz zulaufende Sorte, die recht robust und sehr aromatisch ist.

Am verbreitetsten sind aber immer noch orangefarbene Sorten.
- 'Flyaway' ist eine neue Züchtung, die nicht von der Möhrenfliege aufgesucht wird.
- 'Pariser Markt' hat eine kugelige Form und ist sehr früh, der Ertrag ist eher gering.
- 'Gonsenheimer Treib' gehört genau wie 'Erstling', 'Rotin' und 'Amsterdamer Treib' zu den sehr frühen Sorten für die erste Möhrenernte.

- 'Nantaise' und 'Juwarot' gehören zu den bewährtesten Sommersorten.
- 'Rote Riesen' und 'Lange rote Stumpfe ohne Herz' und 'Rothild' sind Lagersorten, sie vertragen leichte Minusgrade besser als die Sommersorten.

Schädlinge und Krankheiten

Eigentlich wäre es leicht, Möhren zu ziehen – gäbe es nicht die Möhrenfliege, die viele Gemüsegärtner verzweifeln lässt. Sie legt ihre Eier in Bodenritzen nahe der Pflanze ab. Die wenige Tage später schlüpfenden Larven beginnen von unten nach oben die Wurzeln zu fressen, dabei entstehen Fraßgänge, die Möhre kann faulen.

Die Möhrenfliege tritt in mehreren Generationen auf. Die ersten Fliegen kommen Anfang/Mitte Mai auf, die Larven werden im Juni aktiv. Die zweite Generation Fliegen tritt etwa im Juli auf, bald darauf entwickeln sich

neue Larven. In wärmerem Klima kommt es im September zur Entwicklung einer dritten Generation.

Der Befall kann verringert werden durch Mischkultur mit Lauch, Zwiebeln oder Sommerblumen wie z. B. der Calendula oder Tagetes. Da die Fliege Windstille bevorzugt, sollte man seine Saatreihen nur bei Regen oder Wind ausdünnen, damit die Fliege nicht von dem Geruch der gezupften Würzelchen angelockt wird. Möhren sollten nicht zu eng gepflanzt werden und dem Wind ausgesetzt sein.

Den besten Schutz gegen die Möhrenfliege bieten Gemüseschutznetze und Vliese, unter denen die Wurzeln unerreichbar für die Schädlinge sind. Allerdings muss sorgfältig darauf geachtet werden, dass das Netz überall abschließt. Da die Larven und Puppen der Möhrenfliege im Boden überwintern können, ist ein Fruchtwechsel sehr

Für die Ernte im Frühsommer sind Sorten wie 'Amsterdamer Treib' oder 'Nantaise' gut geeignet.

sinnvoll. Bauen Sie Möhren frühestens nach drei Jahren wieder auf demselben Beet an. In manchen Gärten siedeln so viele Wühlmäuse, dass diese im Herbst oder Winter ganze Möhrenbeete vernichten. Der Kampf gegen die Nager scheint oft nur von vorübergehendem Erfolg. Ist es gelungen, sie durch Fallen, Gas oder Gift zu dezimieren, wandern bald darauf neue Wühlmausfamilien wieder ein. Oft hilft es nur, Wurzelgemüse rechtzeitig zu ernten und anderweitig zu lagern.

Ernten und Lagern

Solange kein Frost droht, werden Möhren am besten bedarfsweise aus der Erde gezogen. Bei schwerem Boden kann man mit einer Grabegabel die Erde vorher lockern. Befreien Sie die Wurzeln von Erdresten und entfernen Sie das Grün, damit die Möhren nicht so schnell schlapp werden. So halten sie sich je nach Sorte mehrere Tage bis Wochen im Kühlschrank.

Lagermöhren werden so spät wie möglich im Jahr geerntet, das Laub wird abgedreht, dann schlägt man sie in Sand ein und lagert sie im kühlen Keller oder in einer Erdmiete. Inspizieren Sie die Wurzeln vorher gründlich auf Fäulekrankheiten. Verletzte Möhren oder solche mit merkwürdigen Stellen sollten Sie zum sofortigen Verzehr oder zum Einfrieren aussondern. Küchenfertig zubereitet, lassen sich Möhren gut einfrieren, allerdings verändert sich ihre Konsistenz dabei ein wenig.

Möhre in der Küche

Möhren sind das ganze Jahr über auch aus regionalem Anbau verfügbar. Im Winter kommen Lagermöhren in den Handel, ab dem späten Frühjahr bringen die meist als Bundmöhren verkauften zarten, jungen Frühjahrsmöhren Vitamine in knackiger Form. Möhren werden häufig gekocht in Gemüsesuppen oder gedünstet als Bestandteil von Mischgemüse verzehrt. Das kräftig süße Aroma bleibt besser erhalten, wenn die Möhren in ein wenig Pflanzenöl und ohne die Zugabe von Wasser gedünstet werden – man muss aber aufpassen, dass sie dabei nicht ansetzen. Als Grundzutat von Rohkostsalaten sind die Wurzeln bei Kindern sehr beliebt, vor allem gemischt mit geriebenem Apfel.

Das junge Kraut von Möhren kann fein geschnitten zu Salaten gegeben werden und würzt Gemüsesuppen. Oder probieren Sie gedünstete Möhren auch mal ein bisschen anders: mit Zitronensaft, Ingwer und ein wenig Honig mariniert.

Gesunde Möhre

Möhren enthalten etwa 90 % Wasser. Sie können bis zu 10 % Fruchtzucker enthalten, ein Grund, weshalb sie bei Kindern recht beliebt sind. Sie sind vitaminreich, der bedeutendste Inhaltsstoff ist das Beta-Carotin (Provitamin A). Je dunkler die Möhre gefärbt ist, umso mehr davon ist in der Wurzel enthalten. Vom Körper wird das Carotin am besten zusammen mit ein wenig Fett aufgenommen, da es nicht wasser-, sondern fettlöslich ist. Das Carotin ist wichtig für eine gesunde Haut, gute Augen und stärkt die Abwehrkraft gegen Infektionskrankheiten. Außerdem soll es Krebserkrankungen vorbeugen.

Gegart sind Möhren sehr bekömmlich. Sie können helfen, den Magen-Darm-Trakt nach Durchfallerkrankungen wieder zu stabilisieren. Roh verzehrt, sind sie ein wirksames Mittel gegen Würmer – je nach Befallsstärke allein oder ergänzend zu einer medikamentösen Behandlung.

Möhrenrohkost mit Apfel und Zitronensaft ist vor allem im Winter eine gesunde Ergänzung zur Brotzeit.

Neben orangefarbenen Sorten gibt es auch weiße wie die 'Küttiger Rüebli'.

NEUSEELÄNDER SPINAT *Tetragonia tetragoniodes*

Das aus Neuseeland stammende Blattgemüse gehört in die Familie der Eiskrautgewächse. Die Blätter werden im Sommer geerntet, wenn der Echte Spinat nicht gedeiht, und wie Spinat zubereitet. Der Neuseeländer Spinat ist in Deutschland nicht im Lebensmittelhandel zu finden.

Kulturgeschichte

Die Pflanze ist in Neuseeland, Tasmanien und Australien beheimatet. Von dort brachte sie der britische Naturforscher und Botaniker Joseph Banks 1770 von einer Entdeckungsreise mit Kapitän James Cook mit in seine Heimat. In den kommenden Jahrzehnten verbreitete sich der Neuseeländische Spinat allmählich in Europa. Als ein Spinatersatz für den Sommer erfreut er sich vor allem bei Haus- und Kleingärtnern einiger Beliebtheit. Für den Handel ist er weniger geeignet, da die Blätter sehr schnell nach der Ernte schlapp und unansehnlich werden. Mit der Einführung des Tiefkühlspinats, der rund ums Jahr verfügbar ist, hat der Anbau des Neuseeländer Spinats deutlich abgenommen.

Anbau im Garten

Neuseeländer Spinat ist unkompliziert und einfach zu kultivieren, sobald er das Jungpflanzenstadium überschritten hat. In warmen Gegenden sät man am besten Mitte bis Ende April direkt mit einem Abstand von 30 cm zwischen den Pflanzen. Später benötigt eine Pflanze einen Standraum von einem Quadratmeter, entsprechend erntet man die dazwischen stehenden Exemplare komplett. Aber bis es so weit ist, dauert es eine ganze Weile –

und es wäre schade, den Platz zu verschenken. In kühlerem Klima sollte man den Neuseeländer Spinat Anfang April vorziehen und nach den letzten Frösten ins Beet setzen.

Die großen Samenkörner benötigen viel Zeit bis zur Keimung, bitte nicht ungeduldig werden, es kann bis zu drei Wochen dauern. Vorkultivierte Pflanzen sollten Sie im Topf einige Tage vor dem Auspflanzen an den endgültigen Ort stellen, um sie an die Umstellung zu gewöhnen. Beim Umpflanzen den ganzen Wurzelballen erhalten. Der Neuseeländer Spinat reagiert eher zimperlich auf Veränderungen, die man ihm so erleichtern kann.

Zunächst entwickeln sich die Pflanzen zögerlich. Sie können die Zwischenräume auf dem Beet deshalb gut für schnelle Kulturen wie Radieschen oder Pflücksalat nutzen. Ein paar sommerlich warme Tage geben dem Neuseeländer dann einen Schub und auf einmal beginnt er mächtig zu wachsen. Vier bis fünf Pflanzen reichen, um eine vierköpfige Familie alle ein bis zwei Wochen mit Spinat zu versorgen.

Er benötigt keine besondere Pflege, man sollte nur das Beet frei von Unkraut halten und bei Trockenheit regelmäßig wässern. Der Nährstoffbedarf ist hoch, wenn Sie häufiger ernten. Eine ordentliche Kompostgabe oder etwas Brennnesseljauche fördern das Wachstum.

Sorten

Es sind keine verschiedenen Sorten von Neuseeländer Spinat bekannt.

Auf einen Blick

- Aussaat 4–5 / Ernte 6–10
- Sonniger Standort
- Hoher Platzbedarf
- Mittlerer Nährstoffbedarf
- Lange Standzeit
- Wärmeliebend
- Frisch am besten

Schädlinge und Krankheiten

Der Neuseeländer Spinat hat hierzulande noch kaum Feinde. Dennoch sollte man denselben Anbauplatz nur alle drei Jahre nutzen.

Ernten und Lagern

Ernten Sie den Neuseeländer Spinat, indem Sie die jungen Triebspitzen mit einigen Blättern daran abschneiden. Dadurch verzweigt sich die Pflanze immer mehr. Die Ernte beginnt meist Ende Juni und dauert bis in den Herbst hinein. Längere Erntepausen führen dazu, dass die Triebe zäh werden. Aufbewahren lassen sich die frisch gepflückten Blätter nicht lange. Sie werden nach der Ernte schnell schlapp und sollten rasch verbraucht werden. Notfalls in einem feuchten Tuch eingeschlagen im Gemüsefach des Kühlschrankes aufbewahren.

Neuseeländer Spinat in der Küche

Man verwendet die Blätter und frischen Triebe wie normalen Spinat. Ein paar fein gewürfelte Zwiebeln in Öl anbraten und dann zusammen mit dem Spinat schmoren lassen – das ergibt eine leckere Gemüsebeilage. Der Neuseeländer Spinat eignet sich auch zur Herstellung von Spinat-Pizza oder zur Füllung von Teigtaschen. Man kann die Blätter auch roh als Salatbeigabe verzehren. Sie schmecken sehr erfrischend, da sie viel Wasser enthalten. Anders als Gur-

kenscheiben verlieren sie keine Feuchtigkeit, wenn man sie aufs belegte Brot oder in ein Sandwich steckt.

Gesunder Neuseeländer Spinat

Neuseeländer Spinat enthält (ähnlich wie der Echte Spinat) Provitamin A, Vitamin B_2

und Vitamin C sowie wichtige Mineralstoffe wie Kalzium, Magnesium, Eisen und Phosphor. Er enthält allerdings weniger Oxalsäure als der Echte Spinat und wird daher von manchen Kindern lieber gegessen. Außerdem ist er damit auch verträglicher für Menschen, die zur Bildung von Nierensteinen neigen.

Die fleischigen Blätter des Neuseeländer Spinats sehen so aus, als wären sie mit einer dünnen Salzschicht überzogen.

PAK CHOI *Brassica rapa* subsp. *chinensis*

Auf einen Blick

- Aussaat 3 oder 7–8 / Ernte 5–6 und 9–10
- Sonniger bis halbschattiger Standort
- Mittlerer Nährstoffbedarf
- Verträgt kühles Klima
- Gute Zwischen- und Nachkultur
- Frisch am besten
- Einfach anzubauen

Seit wenigen Jahren ist der aus Ostasien stammende Pak Choi auch in Deutschland bekannt. Er gehört in die große Familie der Kreuzblütler und ähnelt in vielerlei Hinsicht dem Chinakohl. Im spezialisierten Handel ist er im Herbst und Winter erhältlich. In Asia-Restaurants gehört er zum Standardgemüse.

Kulturgeschichte

In Asien und insbesondere in China wird Pak Choi schon sehr lange angebaut. Er ist eine traditionelle Zutat zu Wokgemüse und wird auch mariniert und milchsauer vergoren geschätzt. In Mitteleuropa ist Pak Choi erst seit wenigen Jahren bekannt. Größtes Anbaugebiet hier sind die Niederlande.

Anbau im Garten

Pak Choi schätzt einen mittelschweren, nährstoffreichen Boden in windgeschützter Lage. Der Wärmebedarf ist nicht sehr hoch. Er bevorzugt hohe Luftfeuchtigkeit. Der Anbau ist im Halbschatten und in der Sonne möglich.

Pak Choi hat eine sehr kurze Entwicklungszeit von acht bis zehn Wochen. Man kann ihn im zeitigen Frühjahr unter Glas vorziehen und ab April auspflanzen. Wird das Frühjahr sehr warm, neigt er jedoch zum Schießen. Auf sicherer Seite ist man mit dem Anbau im Hochsommer, sprich der Aussaat im Juli oder Anfang August. Als Vorfrucht eignen sich alle Gemüse mit Ausnahme von anderen Kohlsorten oder Rüben. Man kann Pak Choi an Ort und Stelle aussäen – wenn noch kein Platz frei ist, lässt er sich auch in

Töpfen vorziehen. Beim Auspflanzen sollte man dann darauf achten, dass er mit dem gesamten Wurzelballen umgesetzt wird. Ein Reihenabstand von 25 cm und ein Abstand von 15 bis 20 cm in der Reihe sind angemessen.

Das Beet muss regelmäßig gehackt werden, gute Wässerung ist ebenso wie Düngung notwendig, da sich der Kohl rasch entwickelt. An trockenen Tagen besprengen und für Luftfeuchtigkeit sorgen. Die Pflanzen bilden keinen festen Kopf, sondern eine lockere Rosette.

Sorten

Während Pak Choi in seiner ostasiatischen Heimat in vielen Varianten erhältlich ist, gibt es hierzulande kaum Auswahl. Teilweise wird Pak Choi auch Asia-Salatmischungen zugefügt.

Schädlinge und Krankheiten

Durch seine kurze Standzeit auf dem Beet ist Pak Choi nur selten von Krankheiten betroffen. Auch der Kohlweißling meidet ihn eher, wenn andere Kohlsorten als Alternative zur Verfügung stehen. Um der Verbreitung von Kohlhernie im Garten vorzubeugen, sollten Sie dennoch darauf achten, nach der Ernte keine Strünke auf dem Beet oder im Kompost zu belassen.

Erdflöhe sind vor allem in trockenen Sommern ein Problem für den Pak Choi. Die kleinen Käferchen, die man Flöhe nennt, fressen Löcher in die Blätter und können insbesondere Jungpflanzen dadurch erheblich schädigen. Die Larven der Erdflöhe

fressen an den Wurzeln und schwächen die Pflanzen damit. Man kann sie einfach abwehren, indem man den Boden feucht hält – durch Gießen oder Mulchen – und häufiger hackt.

Ernten und Lagern

Geerntet wird nach Bedarf, sobald Ihnen die Größe der Pflanzen zusagt. Nehmen Sie zunächst jede zweite Pflanze aus den Reihen, dann haben die anderen noch mehr Platz, um sich zu entwickeln. Pak Choi verträgt Temperaturen um den Nullpunkt. Wird es vorübergehend ein wenig kälter, so kann man die Pflanzen mit Vlies oder Folie abdecken.

Sie können ihn auch mitsamt Wurzeln herausnehmen und im Keller in feuchtem Sand einschlagen. Auf diese Weise hält er einige Wochen frisch. Fürs Einfrieren ist er nicht gut geeignet, da die Blätter davon matschig werden. In Asien wird Pak Choi gerne mildsauer eingelegt. Ist der Pak Choi unerwartet schnell in Blüte gegangen, so können Sie auch die zarten Blütentriebe für den Verzehr ernten.

Pak Choi in der Küche

Pak Choi schmeckt sowohl roh wie auch kurz gegart. Man isst die hellen Stiele ebenso wie die Blätter. Er schmeckt leicht bitter und etwas erdig, deshalb ergänzt er sich im Salat gut zusammen mit süßen und frischen Zutaten wie Apfelschnitzen und/ oder geriebenen Möhren. Eine Salatsoße mit Sahne oder Crème fraîche passt ebenfalls gut. Nüsse, Sonnenblumen- oder Kürbiskerne geben den letzten Pfiff.

Möchten Sie den Pak Choi lieber garen, so sollte dies nur kurz geschehen, damit er ein wenig Biss behält. In der Pfanne oder im Wok dauert es nur 3 bis 5 Minuten, bis er fertig ist. Er passt gut zu diversen Gemüsemischungen und auch zu Pilzen. Eine weitere Möglichkeit ist es, Pak Choi in Bierteig zu frittieren.

In Asien wird er gerne zusammen mit Thunfisch oder auch mit Putenbrust verzehrt. Etwas Zitronengras und Ingwer dazu sorgen für das typische Thaiküchenaroma.

Gesunder Pak Choi

Pak Choi ist kalorienarm und beinhaltet Mineralstoffe und Vitamine in ausgewogener Zusammensetzung. Die reichlich enthaltenen Senföle gelten als gesundheitsförderlich, vorbeugend gegen Infektionskrankheiten und neueren Studien zufolge auch als krebsvorbeugend.

Pak Choi ist ein unkompliziertes Gemüse, nur nagen Erdflöhe manchmal Löcher in die Blätter.

PAPRIKA *Capsicum annuum*

Paprika gehören in die Familie der Nachtschattengewächse und stammen aus dem tropischen Mittelamerika. Hauptanbauländer in Europa sind heute Spanien und die Niederlande. Dort werden die Früchte unter Glas gezogen. Im Handel sind sie ganzjährig erhältlich.

Kulturgeschichte

Von seinen Amerikafahrten brachte Kolumbus Saat von Paprika und → Chili mit nach Hause. Über Spanien verbreitete sich der Anbau auch in den anderen Mittelmeerländern und von dort weiter auf dem Balkan. In Mittel- und Nordeuropa jedoch waren Paprika bis nach dem Zweiten Weltkrieg als Gartenfrucht eine seltene Ausnahme. Aus Ungarn, Rumänien und Bessarabien vertriebene »Volksdeutsche« brachten Paprikarezepte aus ihrer Heimat mit und begannen, die wärmeliebenden Früchte auch hierzulande anzubauen. Erst in den 1960er-Jahren kamen Paprika in Deutschland im größeren Umfang in den Handel.

Heute werden vor allem Blockpaprika aus niederländischer und spanischer Produktion angeboten, erst seit Kurzem bedienen auch Marokko und Israel den Markt. Blockpaprika wird vornehmlich im Gewächshaus oder unter Folie angebaut. Aus der Türkei, Rumänien und Ungarn kann man hierzulande vor allem Spitzpaprika kaufen, der auch im Freiland gut gedeiht.

Anbau im Garten

Paprikagewächse benötigen dieselben Kulturbedingungen wie → Chili.

Sie sollten jedoch mit einem etwas weiteren Abstand gepflanzt werden, je nach Sorte zwischen 40 x 50 cm bzw. bei sehr groß wachsenden Sorten 50 x 60 cm. In windigen Lagen müssen die Pflanzen an einen Stock gebunden werden.

Paprika verträgt sich nicht gut in Mischkultur oder Fruchtfolge mit anderen Nachtschattengewächsen (Tomaten, Auberginen, Kartoffeln). Der Standort sollte jährlich gewechselt werden. Eine Unterpflanzung mit Kräutern, z. B. Basilikum, beugt dem Austrocknen der Erde vor.

Sorten

Die Sortenvielfalt bei Paprika ist groß. Über die Jahrzehnte wurde er ans regionale Klima angepasst. So gibt es Sorten, die sich auch gut für kühlere Regionen eignen, häufig stammen diese aus Ungarn oder Russland und sind eher dünnwandig. Dickwandige **Blockpaprika** werden in Deutschland nur unter guten Bedingungen im Weinbauklima oder aber im Gewächshaus reif.

- 'Ference Tender' haben gute Freilandeignung und bringen hohen Ertrag. Die Früchte werden erst gelb und später rot. Mittel- bis dickwandig, Früchte von bis zu 100 g.
- 'Roter Augsburger', eine kleinfruchtige Paprika, die mit kühlerem Klima zurechtkommt. Dünnwandige, kleine Früchte unter 50 g. Unkompliziert im Anbau.
- 'Feher' ist ein ungarischer Paprika, die recht früh reift und von daher auch in Norddeutschland noch zum Ertrag kommt. Keilförmig, eher dünnwandig.
- 'Yolo Wonder' ist ein sehr früher Blockpaprika, mit dem man auch im Freiland

Auf einen Blick

- Aussaat 1–3 / Pflanzung 5 / Ernte 7–11
- Voll sonniger Standort
- Hoher Nährstoffbedarf
- Lange Standzeit
- Sehr wärmebedürftig und lichthungrig
- Einfacher Saatguterhalt
- Besonders große Sortenvielfalt

Erfolg haben kann. Die Früchte sind zunächst grün und werden dann rot.
- 'Frühzauber' heißt eine alte Sorte mit länglich-herzförmigen Früchten, die auch im Freiland sicher ausreifen.
- 'Sweet Chocolate' ist ebenfalls eine alte Sorte mit länglichen, eckigen Früchten, die auch fürs Freiland geeignet ist. Die Früchte sind zunächst dunkelgrün, werden dann im Verlauf der Reife schokoladenbraun und schließlich rot. Sie schmecken bereits süß und aromatisch, bevor die Vollreife erreicht ist.
- 'California Wonder' ist ein verbreiteter Blockpaprika zur Kultur im Gewächshaus oder in sehr günstigen Lagen.
- 'Tschechischer Ziegenhorn' bildet länglich-spitze Früchte, die leicht scharf sind. Sie reifen auch bei kühlerem Klima.

Schädlinge und Krankheiten

Paprika haben dieselben Feinde wie → Chili.

Ernten und Lagern

Die meisten Paprikafrüchte sind zunächst grün, bevor sie gelb oder rot abreifen. Prinzipiell können grüne Früchte bereits verwendet werden, ausgereifte Paprika sind aber aromatischer und süßer. Wenn früh geerntet wird, regt dies die Pflanzen zur Produktion weiterer Früchte an. Je nach Sorte können die ersten Früchte im Juli abgenommen werden. Die Ernte erstreckt sich bis in den Herbst.

Im Kühlschrank halten Paprikafrüchte einige Tage frisch. Man kann sie aber auch gut einfrieren, dazu werden sie nicht blanchiert, sondern nur in küchenfertige Stücke geschnitten. Milchsauer eingelegten Paprika kennt man vor allem in Osteuropa, diese Konservierungsmethode ist vitaminschonend. Durch die Milchsäurebakterien wird der Paprika bekömmlicher und sehr gesund für den Darm (wie Sauerkraut). Eine weitere

Möglichkeit ist es, Paprika zu einem fertigen Gericht zu verarbeiten und dann einzufrieren. Zusammen mit Tomaten, Gewürzen und Salz kann man Paprika auch zu einer wohlschmeckenden Nudelsoße einkochen, zum Konservieren diese einfach heiß in ein steriles Schraubglas einfüllen.

Paprika in der Küche

Reife Paprika schmecken fruchtig-süß und werden roh besonders gerne von Kindern gegessen. Sie passen in kleine Stücke ge-

schnitten gut in Mischsalate, aber auch in Nudel- oder Kartoffelsalat. Gegart werden Paprika zur Erhaltung des Aromas nicht in Wasser, sondern in etwas Pflanzenöl. Dazu passen klein gehackte Zwiebeln, Tomaten oder Zucchini. Paprika sind leichter verdaulich, wenn man sie häutet. Dazu muss man sie rundum in heißem Fett anbraten, die Haut wird dunkel und blasig, dann kann man sie leicht abziehen.

Mit Hackfleisch gefüllte Paprika sind ein beliebtes Gericht, zu dem Reis und Bulgur

Junge Paprikapflänzchen brauchen sehr viel Licht – hier stehen sie unter einem Dachflächenfenster.

passen. Paprika lassen sich gut grillen und sind so eine leckere, kalorienarme Beilage an Grillabenden. Auch zum Marinieren eignen sich Paprika, dafür werden sie erst in wenig Olivenöl al dente gedünstet und ziehen dann bis zum nächsten Tag in einer Marinade aus Essig, Öl, Knoblauch, Kräutern und Salz.

Gesunder Paprika

Paprika enthalten sehr viel Vitamin C, Provitamin A (Carotin), Mineralstoffe und das krebsvorbeugende Lycopin. Dies gilt besonders für die ausgereiften roten, gelben oder orangefarbenen Früchte. Grüne Paprika sind für weniger Geld im Handel zu finden, ganz einfach weil sie weniger lange im Gewächshaus stehen. Sie enthalten jedoch auch weniger Vitalstoffe und sind generell schwerer verdaulich.

Warentests haben wiederholt ergeben, dass konventionell angebaute Gemüsepaprika vor allem aus Spanien, aber auch aus anderen Mittelmeerländern über die Grenzwerte hinaus mit Pestiziden belastet sind. Kinder sollten solche Ware nicht essen. Eine Alternative sind Paprika aus ökologischem Anbau oder auch aus konventionellem Anbau in den Niederlanden, bei denen sich sehr viel seltener Belastungen nachweisen lassen.

Manche Menschen reagieren auf den Genuss von Paprika mit Magenbeschwerden. Hier hilft es, die Früchte von ihrer Haut zu befreien, dann werden sie meist vertragen. Rohe Paprika gelten übrigens als besser verträglich gegenüber den gegarten Früchten.

In kühleren Gegenden werden nicht immer alle Früchte rot. Aber auch grüne Früchte schmecken aromatisch, sobald sie beginnen sich umzufärben.

PASTINAKE *Pastinaca sativa*

Auf einen Blick

- Aussaat 3–5 / Ernte 10–3
- Warmer, sonniger Standort
- Mittlerer Nährstoffbedarf
- Lange Standdauer
- Verträgt kühles Klima
- Unkompliziert und gesund

Die Pastinake gehört wie die Möhre und die Petersilie in die Familie der Doldenblütler. Sie ist in Europa heimisch und hatte früher eine große Bedeutung für die Ernährung. Die süßlichen aromatischen Wurzeln werden im Herbst und Winter geerntet und kommen aus heimischem Anbau auf den Markt.

Kulturgeschichte

Die Herkunft der Pastinake lässt sich nicht eindeutig herleiten. Auf älteren bildlichen Darstellungen kann sie leicht mit der Möhre verwechselt werden. Vermutlich ist sie als Wildpflanze in Mitteleuropa bereits in der Jungsteinzeit verzehrt und möglicherweise auch angebaut worden. Für die Römerzeit gibt es einige Hinweise auf den Anbau von Pastinaken auch nördlich der Alpen. Eindeutige Nachweise lassen sich aber erst für das Spätmittelalter in Frankreich und seit dem 16. Jahrhundert auch für den deutschsprachigen Raum finden. In den nachfolgenden zwei Jahrhunderten galt die auch Hammelmöhre genannte Pastinake als wichtiges Grundnahrungsmittel, da sie aufgrund ihres hohen Stärke- und Zuckergehaltes sehr nahrhaft ist und keiner besonderen Lager- oder Konservierungsbedingungen bedarf. Die Verbreitung der Kartoffel hat die Pastinake dann rasch vom Speiseplan der Mitteleuropäer verdrängt. Besonders gute Kulturbedingungen findet sie im gemäßigten atlantischen Klima, weshalb sie sich in den Niederlanden, Frankreich und England noch etwas besser halten konnte. In Deutschland hingegen war die Pastinake im 20. Jahrhundert annähernd unbekannt geworden – nur in Ostpreußen und Schlesien gehörte sie noch auf den Speiseplan. In den 1990er-Jahren erfuhr sie durch den ökologischen Landbau eine Renaissance. Bis heute gehört sie noch nicht zum Standardrepertoire der Discounter, ist aber auf Wochenmärkten und in Naturkostläden wieder erhältlich. Das Angebot an Saatgut für den Hausgärtner ist immer noch beschränkt, aber immer mehr Anbieter nehmen das historische Wurzelgemüse wieder in ihr Programm auf, sodass die Pastinake in absehbarer Zeit auch wieder in hiesigen Haus- und Kleingärten verbreitet sein wird.

Anbau im Garten

Pastinaken benötigen gut gelockerten Boden, um lange, kräftige Wurzeln zu bilden. Wenn Sie nicht gerade auf Sandboden gärtnern, empfehle ich, das Beet einmal zwei Spaten tief umzugraben. Wurzeln für den Verzehr im Herbst säen Sie im März oder April, für die Überwinterung Anfang Mai. Halten Sie das Beet nun feucht. Nachdem die Pflänzchen etwa drei Wochen nach Aussaat aufgegangen sind, werden sie auf einen Abstand von 10 cm je nach Sorte und gewünschter Wurzelgröße vereinzelt. Zwischen den Reihen sollte der Abstand 30 bis 40 cm betragen. Ebenso wie Möhren keimen sie sehr langsam, eine Markiersaat in Form von Radieschen hilft, die Reihen rechtzeitig auszumachen, sodass man bald auch hacken kann.

Pastinaken sind Mittelzehrer und vertragen keine frische organische Düngung. Idealerweise standen im Vorjahr Starkzehrer auf dem Beet und haben genügend Nährstoffe übrig gelassen. Ansonsten sollten Sie bereits zwei Wochen vor der Aussaat mit Kompost oder abgelagertem Mist gedüngt haben.

Es bietet sich an, Pastinaken in Mischkultur mit Zwiebeln oder Schalotten zu ziehen. Diese räumen das Feld, bevor die Pastinaken richtig viel Grün entwickeln. So kann man den Platz optimal nutzen. Die Pflanzen danken es, wenn der Boden regelmäßig gelockert wird. Ihre Entwicklung beginnt langsam, im Sommer wächst das oberidische Grün dann zu stattlicher Größe und kann durchaus bis an die Hüften reichen. Pastinakensaatgut verliert sehr schnell seine Keimkraft. Länger als ein Jahr sollte man es nicht lagern. Man kann leicht selbst Saatgut gewinnen, indem man mehrere überwinterte Pflanzen in Blüte gehen lässt.

Sorten

Es gibt hierzulande nur wenige Sorten. Etwas größer ist die Auswahl in England, wo Pastinaken beliebt und weitverbreitet sind.
- 'White King' ist eine eher kurze Sorte, die sich deshalb auch für den Anbau in schwereren Böden eignet.
- 'Halblange Weiße' ist eine bewährte Standardsorte mit etwa 20 bis 30 cm langen Wurzeln.
- 'Mitra' ist ebenfalls eine halblange Sorte, die gerne im Erwerbsanbau verwendet wird. Sie bringt feste, gut lagerfähige Wurzeln hervor.
- 'Lange Weiße' werden bis zu 40 cm lang, allerdings müssen die Bodenverhältnisse dann optimal sein.

- 'Aromata' ist im biologischen Landbau entstanden und schmeckt besonders süß und intensiv, die Wurzeln sind schmal und lang.

Krankheiten und Schädlinge

Die Pastinake ist eine robuste Gemüsepflanze, die sich meist gesund entwickelt. Zu den wichtigsten Schädlingen gehört die Möhrenfliege, deren Maden ihre Gänge durch die Wurzeln fressen, wodurch das Gemüse schnell zu faulen beginnen kann und nicht mehr lagerfähig ist. Am besten hilft dagegen, die Pastinaken unter einem Gemüseschutznetz anzubauen. Lässt man die Pflanzen den Winter über auf dem Beet,

so bedienen sich gerne Wühlmäuse an den leckeren Wurzeln.

Ernten und Lagern

Wenn Sie die Wurzeln im Herbst im Boden belassen, wachsen diese an warmen Tagen noch weiter. Ein großer Vorteil ist zudem, dass Sie keinen extra Lagerplatz brauchen. Sie können jederzeit ernten, sofern der Boden nicht gefroren ist. Damit die langen Wurzeln dabei nicht abbrechen, hebt man sie vorsichtig mit der Grabegabel an und zieht sie dann heraus. Die Wurzeln halten bis ins Frühjahr auf dem Beet, wenn man es bei Kahlfrösten mit Vlies o. Ä. abdeckt. Wenn Sie jedoch Wühlmäuse im Garten

haben, sollten Sie die Wurzeln lieber im Herbst in Sicherheit bringen. Sie können Sie ebenso wie anderes Wurzelgemüse in feuchten Sand einschlagen und im Keller lagern. Eine wühlmaussichere Erdmiete ist auch gut geeignet. Küchenfertig geputzt und zerkleinert, lassen sich die Wurzeln problemlos einfrieren.

Pastinake in der Küche

Die Wurzeln lassen sich ähnlich wie → Möhren verwenden, haben aber einen ausgeprägteren Eigengeschmack. Sie sind lecker als Zutat in einer bunten Gemüsesuppe. Eine sehr wohlschmeckende und wärmende Suppe wird aus Kartoffeln und Pastinaken zu

Pastinaken aus dem Wok zusammen mit Lauchzwiebeln, Kapern und Pfeffer – einfach köstlich!

gleichen Teilen hergestellt, es kommt noch etwas Sahne dazu und das Ganze wird püriert. Die fertige Suppe mit frischen Kräutern – falls vorhanden – überstreuen, besonders gut passen Petersilie und Kerbel.

In Scheiben geschnittene Pastinaken können in Pflanzenöl gebraten werden. Kinder mögen meist den süßlichen Geschmack. Einen interessanten Kontrast zu der Süße bilden beigegebene Kapern. Auch Parmesan passt gut. Als Rohkost ist die Pastinake weniger gut als die Möhre geeignet, da sie nicht so knackig ist, sehr große Exemplare sind sogar ein wenig wattig, was aber im gegarten Zustand nicht stört. Die jungen Blätter von Pastinaken können ähnlich wie Petersilie verwendet werden.

Gesunde Pastinake

Pastinaken enthalten weniger Wasser als viele andere Gemüsearten, dafür einen recht hohen Zuckeranteil, was den süßen Geschmack erklärt. An Mineralstoffen steht Kali an erster Stelle. Vitamine sind in mittleren Mengen enthalten, nur das Provitamin A ist in höherer Dosis enthalten. Pastinaken enthalten Inulin, was für Diabetiker sehr verträglich ist. Auch für Gesunde wirkt sich der Verzehr von inulinhaltigen Speisen positiv aus, da das Inulin von Bakterien im Darm abgebaut wird, die wichtig für eine gesunde Darmflora sind. Gegarte Pastinaken sind sehr bekömmlich und eignen sich auch gut als Beikost für Babys.

In der Volksmedizin gelten Pastinaken als potenzfördernd und appetitanregend. Vorsicht: Das Berühren von Blättern der Pastinake kann im Zusammenspiel mit Sonneneinstrahlung bei empfindlichen Personen phototoxische Reaktionen – Ausschläge, die wie Verbrennungen schmerzen – hervorrufen. Ernten Sie deshalb an sonnigen Tagen besser mit Handschuhen.

Noch sind sie klein – Pastinakenpflanzen werden bis zu einem Meter hoch.

PORREE, LAUCH *Allium porrum*

Porree ist ein Mitglied der Zwiebelfamilie. Besonders wohlschmeckend und zart ist der untere weiße Teil der Lauchstange. Vom Hochsommer bis ins Frühjahr hinein ist einheimischer Porree im Handel.

Kulturgeschichte

Der Porree ist ein enger Verwandter des wilden Sommerlauchs, der als Stammform unseres heutigen Lauchs angesehen wird. Bereits im alten Ägypten gibt es Hinweise auf den Anbau und Verzehr von Lauch, jedoch ist nicht eindeutig festzustellen, ob es sich dabei wirklich bereits um eine Nutzpflanze in der Art unseres heutigen Porrees gehandelt hat oder um andere, ähnliche Alliumsorten. Für das antike Griechenland und Italien gilt die Nutzung von Porree als Gemüse neben verschiedenen anderen Alliumsorten wie Zwiebeln und Knoblauch als nachgewiesen.

In Deutschland wurde Porree bereits im Mittelalter – auch bei Hildegard von Bingen – erwähnt, vermutlich handelte es sich dabei aber um Pflanzen mit röhrigen Blättern und keinen Entsprechungen unseres heutigen Lauchs. Als gesichert kann der Anbau in der heutigen Kulturform seit dem Ende des 16. Jahrhunderts gelten, allerdings hatte der Porree damals noch eine Verdickung im unteren Teil des Stängels. Spätestens seit der Mitte des letzten Jahrtausends gehört der Porree in Mitteleuropa zu den gebräuchlichen und verbreiteten Gemüsearten. Porree galt wie die anderen Zwiebelgewächse als sehr gesundheitsförderlich und stand insbesondere in der kalten Jahreszeit neben Kohl und Rüben häufig auf dem Speiseplan.

Anbau im Garten

Porree schätzt tiefgründigen, leichten, aber nährstoffreichen Boden. Besonders hoch ist der Stickstoffbedarf. Porree ist Starkzehrer. Er gilt als ideale Vorfrucht, da er eine sehr gute Bodengare hinterlässt.

Porree muss für den Sommeranbau bereits im März an einem warmen Platz vorgezogen werden. Zur Anzucht sollten die Samen mindestens 16 °C haben. Wenn die Pflänzchen streichholzhoch sind, kann man damit beginnen, sie abzuhärten. Ausgepflanzt wird der Porree ab April mit einem Abstand von 10 cm in der Reihe und etwa 30 cm zwischen den Reihen. Dabei werden die Wurzeln auf 2 bis 3 cm eingekürzt und auch die Blätter etwas zurückgeschnitten. Schützen Sie die Pflanzen vor Frost, z. B. mit einem Vlies, sonst besteht die Gefahr, dass sie schossen.

Bei der Pflanzung von Porree gibt es mehrere Methoden, um einen möglichst großen Anteil an weiß gebleichten Schäften zu erreichen: Man pflanzt in kleine Furchen und häufelt im Laufe der Entwicklung die Stangen immer wieder an. Oder man buddelt in die Erde etwa 10 cm tiefe Pflanzlöcher, in die man die Jungpflanzen hineinstellt. Dann diese aber nicht gleich mit Erde zuschütten, sondern nur angießen – das reicht aus, um die Wurzeln einzuschlämmen. Mit der Zeit schließen sich die Löcher von selbst und die Stangen sind tief im Boden, wo sie schließlich bleich werden.

Für den Herbst- und Winteranbau beginnt man im April oder Mai mit der Anzucht. Ausgepflanzt wird spätestens im Juli. Auf

Wochenmärkten oder in Gärtnereien sind Jungpflanzen erhältlich. Wintersorten sind frostfest, bei sehr starken Barfrösten sollte man allerdings die Pflanzen mit Vlies oder Reisig abdecken. An frostfreien Tagen und zu Frühjahrsbeginn wächst der Porree noch weiter. Mit den länger werdenden Tagen geht er dann in Blüte und ist nicht mehr für den Verzehr geeignet.

Der Porree gedeiht gut in Mischkultur mit Möhren, Gurken oder auch Salat. Die Nähe anderer Zwiebelgewächse mag er nicht. Regelmäßiges Hacken und Gießen wirken sich positiv auf das Gedeihen des Porrees aus. Vier Wochen nach dem Auspflanzen und dann noch einmal acht Wochen später sollte der Porree eine Kopfdüngung mit Stickstoff erhalten. Dazu eignet sich als organischer Dünger besonders Brennnesseljauche. Im Herbst und Winter nicht weiter düngen!

Sorten

Sommersorten sind zarter und von einem helleren Grün als die frostharten, meist blaugrünen Winterlauchsorten.

- 'Bavaria', eine frühe und schnell wachsende Sorte für den Anbau in Sommer und Herbst, nur bedingt frostverträglich. Lange Schäfte, für eine Sommersorte recht dunkle Farbe.
- 'Herbstriesen', eine mittellange, gedrungene Sorte für den späten Sommer bis Herbst. Bedingt frosthart.

Auf einen Blick

- Aussaat 3–5 / Ernte 8–3
- Sonniger Standort
- Schätzt kühlere Lagen
- Hoher Nährstoffbedarf
- Lange Standzeit

- 'Carentan', eine alte, bewährte Sorte für den Anbau im Herbst und Winter. Kräftige, mittellange Schäfte.
- 'Blaugrüner Winter Alaska' ist eine Wintersorte mit sehr dunkler Färbung und dicken langen Schäften. Wächst auch noch an frostfreien Tagen im Winter.

Schädlinge und Krankheiten

Die braunen Lauchmotten legen im April oder Mai und in zweiter Generation zwischen Juli und September ihre Eier an die Blätter des Porrees. Die Raupen fressen dann schabenderweise erst Gänge in die Blätter, dann auch in die Schäfte hinein. Man kann die Fraßgänge gut erkennen. Darin breiten sich Bakterien aus, die Blätter bzw. Schäfte beginnen zu faulen. Das kann binnen weniger Tage zum Absterben ganzer Pflanzungen führen.

Vorbeugend hilft die Mischkultur mit Tomaten oder mit einjährigen Blumen wie z. B. Calendula. Windoffene Beete auswählen. Mischkultur mit Möhren wird häufig als wirksam beschrieben, taugt in der Praxis aber nicht. Am zuverlässigsten wirken Kulturschutznetze.

Die der Stubenfliege ähnliche Zwiebelfliege legt ihre Eier im Frühjahr und in zweiter Generation im Frühsommer in der unmittelbaren Nähe der Wurzeln der Pflanzen ab. Die Maden fressen sich in die Schäfte ein und können die Pflanzen nachhaltig schädigen, wenn sie bis ins Herz vordringen. Dann wird das Laub gelb und die Pflanze stirbt ab. Auch hier soll die Mischkultur mit den schon genannten Pflanzen helfen, am effektivsten ist wiederum das Gemüseschutznetz.

Die Lauchminierfliege ist hierzulande erst seit einigen Jahren bekannt und richtet erhebliche Schaden an. Die Fliegen selbst saugen den Saft aus den Blättern. Sie legen

aber auch ihre Eier an die Lauchblätter und die bald schlüpfenden Larven fressen sich in länglichen Gängen durch den Porree. Die beschädigten Stellen können von Bakterien befallen werden und faulen recht rasch. Manchmal bleiben die Gänge im Inneren unbemerkt und man findet die Schäden sowie die 8 mm langen Larven erst beim Putzen des Lauchs. Da die Lauchminierfliege sehr klein ist, kann sie auch durch die Maschen herkömmlicher Kulturschutznetze hindurchschlüpfen. Im Handel gibt es spezielle engmaschigere Netze, die auch gegen Erdflöhe helfen. Der Maschenabstand sollte unter 0,5 mm liegen.

Der Porreerost geht mit rötlichgelben Pusteln an den äußeren Blättern einher. Ursache sind meist zu hohe Luftfeuchtigkeit und Überdüngung mit Stickstoff. Man kann den Lauch noch essen, wenn man die befallenen Blätter entfernt. Die Krankheit wächst sich im Herbst aus, wenn die Temperaturen sinken.

Bei allen Erkrankungen sollen infizierte Pflanzenteile nicht auf den Kompost gelangen. Eine mindestens dreijährige Anbaupause mit Zwiebelgewächsen auf den betroffenen Beeten sollte eingehalten werden.

Ernten und Lagern

Frostharte Porreesorten kann man den ganzen Winter über auf dem Beet stehen lassen, bei heftigen Kahlfrösten ist eine Abdeckung aus Reisig oder Vlies vorteilhaft. So erübrigt sich das Einlagern und man kann an frostfreien Tagen frisches Gemüse aus dem Garten holen. Ernten Sie Ihren Porree, indem Sie mit der Grabegabel unter die Pflanze gehen und sie leicht anheben. Dann kann man sie gut herausziehen. Wenn Sie zwischen dem Lockern und der endgültigen Ernte ein paar Stunden Zeit verstreichen lassen, verringert sich der Nitratgehalt

des Gemüses. Im Winter kann man Porree jederzeit ernten, sofern der Boden offen ist. Man soll ihn aber nicht anfassen, während er durchgefroren ist, sonst erleidet er beim Auftauen Schaden.

Wenn Ihr Porree nicht tief steht und Sie mit dem Beet nichts weiter vorhaben, können Sie die Schäfte auch einfach auf Bodenhöhe abschneiden. Es treiben im Frühjahr dann noch einige kleine Stangen nach – und Sie haben frisches Gemüse.

Geht der Porree im zweiten Standjahr schneller als erwartet in die Blüte und konnte zuvor nicht mehr geerntet werden, kann man entweder die wunderhübschen Blüten einfach genießen, oder aber diese rechtzeitig abschneiden, dann bilden die Pflanzen am Boden kleine Brutzwiebelchen. Wenn Sie den Porree auf einmal ernten möchten, können Sie ihn auch gut in küchenfertige Stücke geschnitten einfrieren.

Porree in der Küche

Durch das Bleichen der Porreestangen mittels Anhäufeln gelangt immer mal wieder auch Erde zwischen die Blätter. Man kann diese am besten entfernen, indem man den untersten, sauber gebliebenen Teil der Stange abschneidet (später lassen sich Ringe daraus schneiden) und den oberen Teil längst aufschneidet. Dann kann man die langen Blattstücke unter fließendem Wasser von Erde säubern. Danach kann man die Blätter auf die gewünschte Größe zuschneiden.

Porree ist eine beliebte Zutat zur Gemüsesuppe und zu verschiedenen bunt gemischten Gemüsegerichten. Der hell gebleichte Teil der Stangen lässt sich auch zu einem wohlschmeckenden Sahnegemüse verarbeiten. Die grünen, gröberen Teile der

Blätter eignen sich dafür weniger gut. Fein geschnittener und vorgedünsteter Porree macht sich auch gut als Belag auf einer Pizza oder mit Ei und Käse vermengt auf einem Mürbeteig – dann wird eine herzhafte Gemüsequiche daraus.

Ein schnelles herzhaftes Gericht, das gut zu Nudeln oder Reis passt, ist eine Lauchpfanne. Man nimmt zu gleichen Teilen klein geschnittenen Lauch und gemischtes Hackfleisch und schmort beides zusammen in der Pfanne etwa 15 Minuten, zum Schluss noch mit Pfeffer und Salz abschmecken.

Gesunder Porree

Lauch gehört zu den wenigen Gemüsesorten, die es auch im Winter feldfrisch aus dem Garten oder im Lebensmittelhandel gibt. Er enthält Vitamine und Mineralstoffe in einem ausgewogenen Verhältnis, die reichlich enthaltenden Ballaststoffe halten den Darm in Schwung.

Zu den gesundheitlich besonders wertvollen Bestandteilen gehört die Schwefelverbindung Allicin, die für den typisch zwiebeligen Geruch des Lauchs verantwortlich ist. Allicin wirkt antibakteriell und soll sich auch günstig auf die Blutgefäße auswirken, da eine cholesterinsenkende Wirkung festgestellt werden konnte. Neuere Untersuchungen gehen der Frage nach, ob Allicin auch krebsvorbeugende Wirkungen hat, für die es einige Anhaltspunkte gibt. Auch bei Rheuma soll Porree helfen.

Übrigens: alle gesundheitsförderlichen Inhaltsstoffe wirken stärker, wenn der Porree roh verzehrt wird. Allerdings vertragen dies viele Menschen nicht gut und müssen davon aufstoßen.

Porree kann man gut vorziehen und dann gleich im richtigen Abstand auspflanzen.

RADIESCHEN *Raphanus sativus*

Radieschen gehören wie der Rettich zur Familie der Kreuzblütler, sind also weitläufig auch mit den Kohlgewächsen verwandt. Aus heimischem Anbau sind Radieschen vor allem im Frühjahr beliebt und überall im Handel erhältlich.

Kulturgeschichte

Das Radieschen stammt nicht vom → Rettich ab, der schon seit mehreren tausend Jahren von den Menschen kultiviert wird, sondern ist lediglich eng mit ihm verwandt. Der Name geht auf das lateinische »radix« zurück, was »Wurzel« bedeutet. Vermutlich kommt das Radieschen ursprünglich aus Italien, wo eine Wildpflanze namens »Landra«, die gerne als Salat oder Blattgemüse verzehrt wurde, in Kultur genommen wurde. Erste Nennungen des Radieschens stammen in Mitteleuropa aus dem 16. Jahrhundert. Erst in den letzten zweihundert Jahren hat sich der Anbau des Radieschens in ganz Mittel- und Nordeuropa verbreitet, seither werden verschiedene Sorten kultiviert. Ursprüngliche graue oder gelbbraune Sorten haben sich gegenüber den heute beliebten leuchtend roten Radieschen nicht dauerhaft behaupten können.

Anbau im Garten

Radieschen haben nur eine sehr kurze Kulturzeit und können gut als Lückenfüller gesät werden. Sie bevorzugen einen mittleren Boden, sonnige Lage und vertragen keine frische organische Düngung. Da sie zur Anreicherung von Nitrat neigen, sollte man auf mineralischen Dünger verzichten. Im Frühjahr kann ausgesät werden, sobald der Boden sich bearbeiten lässt. Unter Glas

oder Vlies verfrüht sich die Ernte. Radieschensamen werden nicht tiefer als 1 cm und mit einem Abstand von etwa 4 bis 5 cm innerhalb der Reihe und 15 cm zwischen den Reihen gelegt.

Das ganze Frühjahr und den Sommer über können Radieschen gesät werden, wenn man an die Jahreszeit angepasste Sorten verwendet. Im Hochsommer ist es ihnen an einem sonnigen Platz allerdings oft zu heiß, sie gedeihen besser im lichten Schatten. Letzter Aussaattermin ist im gemäßigten Klima der September. Die Pflanzen sind nicht frosthart. Radieschen eignen sich sehr gut als Markiersaat für langsam keimende Gemüsesorten wie Möhre oder Pastinake.

Halten Sie die Erde gleichmäßig feucht, sonst neigen die Pflanzen zum Schossen oder platzen eher. Radieschen werden bei zu wenig Wasser unangenehm scharf oder manchmal auch pelzig.

Wenn Radieschenpflanzen zum Blühen kommen, sind die Wurzeln nicht mehr genießbar. Wohl aber kann man abwarten, bis sich nach der Blüte die Samenschoten bilden, die als pikante Salatdreingabe essbar sind. Es gibt sogar eine extra für den Verzehr dieser Schoten gezüchtete Art, die als »Rattenschwanz-« oder »Schlangenrettich« bezeichnet wird.

Sorten

Es gibt Radieschen in verschiedenen Formen und Farbstellungen. Für den Anbau im Garten oder im Treibhaus ist die Unterscheidung nach Frühjahrs- oder Sommersorten bedeutsam.

Auf einen Blick

- Aussaat 2–8 / Ernte 4–11
- Sonniger Standort bevorzugt
- Mittlerer Nährstoffbedarf
- Verträgt kühles Klima
- Guter Lückenfüller
- Geeignet für Balkonkasten

- 'Saxa' und 'Saxa Treib' sind die frühesten Sorten für den Anbau unter Glas, Folie und auch für den Start im Freiland. Für den Anbau im Sommer nicht geeignet.
- 'Eiszapfen' sehen aus wie Minirettiche, sind aber Radieschen. Sie haben eine längliche und spitz zulaufende, rein weiße Form. Geignet für den frühen Anbau auch unter Glas oder Vlies.
- 'Halbrot-halbweiß', eine rote Sorte mit weißer Spitze für den Anbau im Frühjahr und Herbst.
- 'Rudi' ist eine platzfeste Sorte, die nicht pelzig wird, geeignet für die gesamte Anbauzeit.
- 'Raxe' hat einen milden Geschmack, ist platzfest und eignet sich für die ganze Freilandsaison.
- 'French Breakfast' ist eine längliche zweifarbige (rot-weiß) Sorte, die nicht pelzig wird. Kräftiger Geschmack.
- 'Riesenbutter' ist eine bewährte Sorte für den Sommeranbau, die große milde Knollen hervorbringt.
- 'Zlata' überraschen mit ihrer zitronengelben Farbe. Sie können die ganze Saison über gesät werden.

Schädlinge und Krankheiten

Als Mitglied der Kreuzblütlerfamilie leiden Radieschen unter denselben Schädlingen und Krankheiten wie → Rettich und auch → Kopfkohl.

Ernten und Lagern

Im Sommer vergehen nur acht Wochen zwischen Aussaat und Ernte, im Frühjahr und Herbst dauert es etwas länger. Ernten Sie Ihre Radieschen, sobald die ersten in der Reihe kirschgroß sind, denn sie wachsen sehr schnell – Sie kommen mit dem Essen sonst kaum nach. Radieschen eignen sich nur für den Frischverzehr. Im Kühlschrank halten sie einige Tage, wenn man sie in ein feuchtes Tuch wickelt. Drehen Sie das Blattwerk ab, da es sonst Wasser aus den Früchten zieht. Schrumpelig gewordene Radieschen werden wieder knackig, wenn sie einen halben Tag in einer Schüssel mit Wasser liegen. Sommerrettiche müssen ebenso wie Radieschen frisch verbraucht werden, stehen sie zu lange auf dem Beet, werden sie bitter und pelzig.

Radieschen in der Küche

Radieschen werden nur als Rohkost verzehrt. Sie passen gut zu kalten Platten, Wurst und Käse. Wenn man Radieschen in Mischsalate gibt, kann die rote Schale abfärben, deshalb erst zum Schluss hineinschnippeln! Die zarten Blätter von jungen Radieschenpflanzen können einem Mischsalat beigegeben werden und schmecken würzig. Man kann sie auch an Gemüsesuppen geben. Radieschensprossen lassen sich im Winter leicht in einem Keimgerät ziehen. Sie passen zu Rohkostsalaten, Rührei oder einfach aufs Brot gestreut.

Gesundes Radieschen

Radieschen haben denselben gesundheitlichen Wert wie → Rettich.

Radieschen wachsen schnell und können bereits im Spätfrühjahr zum ersten Mal geerntet werden.

RETTICH   *Raphanus sativus*

Rettiche gehören wie ihre kleinen Brüder, die Radieschen, zur Familie der Kreuzblütler, sind also weitläufig auch mit den Kohlgewächsen verwandt. Verzehrt wird nicht die Wurzel, sondern eine oberirdische Sprossknolle. Rettich aus heimischem Anbau gibt es vom späten Frühjahr bis in den Herbst.

Kulturgeschichte

Der Anbau von Rettich war bereits in der Antike bekannt. Ob bereits in vorgeschichtlicher Zeit Rettich gezogen wurde, konnte bisher nicht festgestellt werden. Immer wieder liest man, dass die alten Ägypter sich beim Bau der Pyramiden mit Rettich und Zwiebeln gestärkt haben sollen. Was den Rettich angeht, ist dies nicht eindeutig belegt. Schriftliche Zeugnisse für den Verzehr von Rettich in Ägypten liegen erst ab der Zeit um Christi Geburt vor. Für Deutschland wird über den Anbau von Rettich in mittelalterlichen Klostergärten ab dem 9. Jahrhundert berichtet.

In Ostasien wird sehr viel mehr Rettich konsumiert als hierzulande. Dort hat der Verzehr eine lange Tradition. Besonders beliebt sind die langen weißen Daikonrettiche, die auch gegart und wie Sauerkraut fermentiert zubereitet werden.

Anbau im Garten

Rettich kann im Frühjahr ausgesät werden, sobald der Boden sich bearbeiten lässt. Unter Glas oder Vlies verfrüht sich die Ernte. Der Abstand sollte je nach erwarteter Endgröße (siehe Samentütchen) zwischen 20 und 50 cm zwischen den Pflanzen betragen. Halten Sie die Erde gleichmäßig feucht,

sonst neigen die Pflanzen zum Schossen oder platzen eher. Der Nährstoffbedarf ist mittelhoch. Auf frische organische Düngung reagieren sie mit erhöhtem Schädlings- und Krankheitsbefall. Bei übermäßiger Stickstoffdüngung kommt es zu starker Anreicherung von Nitrat. Lockern Sie den Boden zwischen den Reihen, die Pflanzen schätzen das.

Rettich wird im Frühjahr für den Frischverzehr und im Sommer für die Lagerung angebaut. Achten Sie auf besonders gut für die Jahreszeit geeignete Sorten. Ab Ende Juni kann der Rettich für die Herbsternte ausgesät werden. Die Rettiche sollten so lange wie möglich auf dem Beet stehen bleiben, um gut auszureifen. Allerdings vertragen sie keine Minusgrade. Man kann die Zeit auf dem Beet ein wenig verlängern, indem man sie mit Vlies oder Reisig abdeckt, um sie vor den ersten Frösten zu schützen.

Sorten

Man unterscheidet zwischen Sommerrettich für den Sofortverzehr und Winterrettich, der eingelagert werden kann.

Sommersorten

- 'Hilds roter Neckarruhm' ist ein eher kleiner Rettich mit der Form einer spitzen Möhre und leuchtend roter Haut. Die Wurzeln werden nicht pelzig, der Geschmack ist mild. Aussaat zwischen Februar (unter Glas) bis Mai.
- 'Neckarruhm' ist ein weißer, früher Rettich, der unter guten Bedingungen 15 bis 20 cm lang wird. Aussaat unter Vlies ab Februar, im Freiland ab März.
- Sehr früh ist die Sorte 'Ostergruß rosa'. Die Wurzeln sind rosarot und halblang.

Auf einen Blick

- Aussaat 2-8 / Ernte 4-11
- Sonniger Standort
- Mittlerer Nährstoffbedarf
- Verträgt auch kühles Klima

Zum Anbau unter Glas geeignet ab Februar, Freilandaussaat erfolgt von März bis April.

- 'Neptun' F_1 ist eine Hybridsorte aus mitteleuropäischen Rettichen und japanischem Riesenrettich. Die Form ist spitzkegelig, der Geschmack mild. Die Pflanzen sind schossfest und tolerant gegenüber der Rettichschwärze. Die großen Wurzeln wachsen ebenmäßig. Aussaat zwischen Mitte April bis Mitte Juli.

Wintersorten

- 'Hilds Blauer' ist gut für den Herbstanbau geeignet. Ungewöhnlich und attraktiv ist die blauviolette Färbung des spitzkegeligen Rettichs. Der Geschmack ist mild bis würzig. Im Herbst geernteter Rettich kann im feuchten Sand eingeschlagen über Winter gelagert werden. Aussaat von Mai bis August.
- 'Münchner Bier' kennt in Bayern jeder. Es ist ein reinweißer, mittelgroßer Rettich der unten spitz zuläuft. Er wird für den Herbst angebaut und hält sich eingeschlagen in Sand gut über den Winter. Ausgesät wird zwischen Juni bis August.
- 'Runder schwarzer Winterrettich' ist eine scharfe, festfleischige und sehr lange haltbare Sorte für die Lagerung. Die Knollen entwickeln die Größe eines kleinen Apfels. Die Außenhaut ist schwarz und rau. Aussaat zwischen Juni und August. Diese Sorte enthält besonders viele Senfölglykoside und ist von daher sehr wertvoll für die Gesundheit.

Weißer Rettich 'Münchner Bier' eignet sich auch zur Lagerung im Winter.

- Sehr ungewohnt sieht 'Red Meat' aus, denn hier ist die Außenhaut schmutzig-weiß, aber innen ist der Rettich hochrot. Anbau ab Juni, da die Sorte schossempfindlich ist. Lässt sich nicht ganz so lange lagern wie die vorgenannten Rettichsorten.
- 'Daikon Rettich' ist in Japan beliebt. Die Wurzeln können bis zu 1 m lang werden und 20 kg wiegen. Hierzulande ist Saatgut bislang nur für Keimsprossen erhältlich. Man kann dies aber auch aussäen. Der Boden muss sehr tiefgründig gelockert sein, damit die Rettiche groß werden können. Diese Sorte benötigt mehrfache Düngergaben. Sie ist lagerfähig, hält aber nicht ganz so lange wie z. B. 'Runder schwarzer Winterrettich'.

Schädlinge und Krankheiten

Als Mitglied der Kreuzblütlerfamilie leiden Rettiche unter denselben Schädlingen und Krankheiten wie → Kopfkohl. Zu den wichtigsten Schädlingen gehören:

Erdflöhe – diese treten besonders bei trockenem Boden auf. Sie fressen Löcher in die Blätter und beeinträchtigen damit das Wachstum der Pflanze. Im Frühjahr schädigen sie bisweilen auch die Saat und die Keimblätter. Es hilft, den Boden feucht zu halten und zu mulchen. Durch Mischkultur werden die Erdflöhe abgelenkt.

Die Kleine Kohlfliege tritt in drei Generationen von Mai bis September auf. Die

Maden fressen kleine braune Fraßgänge in die Rettiche. Pflanzen, die bis Mitte Mai geerntet werden, bleiben davon verschont. Vorbeugend hilft ein Gemüseschutznetz.

Der Kohlweißling, ein Schmetterling, der gerne seine Eier an Kohlpflanzen ablegt, verschont auch Rettich und Radieschen nicht. Vorbeugend können die Pflanzen unter einem Gemüse- oder Vogelschutznetz gezogen werden.

Rettichschwärze ist eine Pilzerkrankung, die durch die Wurzeln eindringt. Die Knollen verfärben sich grau bis schwarz. Befallene Pflanzen vernichten, auf dem Beet mindestens drei Jahre keine Radieschen oder Rettiche mehr anbauen.

Ernten und Lagern

Sommerrettiche können Sie jederzeit ernten, wenn Ihnen die Größe zusagt. Beginnen Sie lieber zu früh als zu spät, denn wenn sie zu lange auf dem Beet stehen, werden sie bitter und pelzig.

Winterrettich hingegen bleibt auf dem Beet lange frisch, muss aber vor dem ersten Frost geerntet werden. In feuchtem Sand eingeschlagen, hält er sich im kühlen Keller bis zum Frühjahr. Sie können ihn auch gut in einer Erdmiete lagern.

In den asiatischen Ländern wird Rettich gerne milchsauer eingelegt, sodass er ähnlich wie Sauerkraut für einige Wochen haltbar ist. Einkochen oder Einfrieren ist unüblich, da hierzulande Rettich in der Regel roh verzehrt wird und durch diese Konservierungsmethoden das Rettichfleisch weich wird.

Rettich in der Küche

Rettich wird in Europa meist roh verzehrt, z. B. als Brotbelag in dünne Scheiben geschnitten. Beliebt sind auch Rohkostsalate mit Apfel, Rettich und z. B. Karotte. Bereiten Sie Salate mit Rettich frisch zu, denn wenn sie länger stehen, können sie bitter werden. In den asiatischen Ländern wird Rettich auch gegart. Beim Dünsten oder Kochen verliert er die typische Schärfe und bekommt stattdessen einen leicht bitteren Geschmack. Manche Rettichsorten schmecken, wenn man sie zusammen mit Zwiebeln in Öl anbräunt, ein wenig wie Pilze.

Gesunder Rettich

Rettich enthält größere Mengen Senfölglykoside, die für den scharfen Geschmack sorgen. Sie wirken immunstimulierend und antibakteriell. Man vermutet, dass sie auch krebsvorbeugende Wirkung haben. Der Genuss von Rettich soll die Funktion von Leber und Galle anregen. Wer auf eine ausgewogene Säure-Basen-Balance in der Ernährung achtet, schätzt den Rettich als besonders stark basenbildendes Gemüse. Die wichtigsten Vitamine und Mineralstoffe sind im Rettich in ausgewogenen Mengen enthalten. Die genannten Stoffe kommen im schwarzen Rettich am intensivsten vor. So kann Rettich als ein rundum gesundes Gemüse gelten. Bei einigen Menschen jedoch ruft er übermäßiges Aufstoßen und Blähungen hervor.

Rettichsaft wird in der Volksmedizin als Heilmittel bei Husten und Halsschmerzen verwendet. Es gibt verschiedene Zubereitungsweisen. Verbreitet ist die Methode, einen schwarzen Winterrettich auszuhöhlen und das Innere mit Kandiszucker zu füllen. Der Zucker entzieht der Wurzel die Wirkstoffe, vor allem das Senfölglykosid. Der süße Rettichsirup wird löffelweise mehrfach am Tag eingenommen und soll dem Hals Linderung bringen. Rettich wirkt durch seinen hohen Gehalt an Kalium harntreibend und entwässernd. Das gilt besonders für den schwarzen Rettich.

Rettich 'Hilds Blauer' wird je nach Boden eher pink – und sorgt für Farbe auf dem Erntetisch.

RHABARBER *Rheum rhabarberum*

Auf einen Blick

- Pflanzung 9–11 / Ernte 3–6
- Sonniger bis halbschattiger Standort
- Hoher Platzbedarf
- Hoher Nährstoffbedarf
- Mehrjährige Standzeit
- Einfach anzubauen

Der Rhabarber ist eine mehrjährige Staude aus der Familie der Knöterichgewächse und damit verwandt mit Mangold, Roter Bete, Spinat und Sauerampfer. Verzehrt werden die Stiele. Im Frühjahr sind Rhabarberstangen aus heimischem Anbau im Handel erhältlich.

Kulturgeschichte

Die Heimat des Rhabarbers liegt in Mittelasien. In China wird eine Unterart – der Medizinalrhabarber *Rheum palmatum* – seit Jahrtausenden zu Heilzwecken verwendet. Der Gemeine Rhabarber ist über Russland nach Mitteleuropa gelangt. Dort konnte er sich vor allem in England einbürgern. In Deutschland wird Rhabarber erst seit der Mitte des 19. Jahrhunderts kultiviert. Nachdem er hierzulande erst einmal bekannt geworden war, erfreute er sich großer Beliebtheit als ein früher Vitaminspender. In vielen Hausgärten hat er einen dauerhaften Platz am Rande des Gemüsebeetes gefunden.

Nicht ganz einig sind sich die Geister darüber, ob er nun dem Obst oder dem Gemüse zuzurechnen sei. In den USA gilt er als Obst, in Deutschland als Gemüse, weil ja nicht die Frucht, sondern die Blattstiele verzehrt werden.

Anbau im Garten

Der Rhabarber ist ein unkompliziertes Gewächs, das nur wenig Zuwendung benötigt. Pflanzen Sie im Spätsommer oder Herbst an einen eher feuchten und halbschattigen Platz. Rhabarber kann auch unter hohen Obstbäumen stehen, wenn er regelmäßig gewässert wird. Pralle Sonne und Trockenheit mag er nicht.

Vor dem Pflanzen muss der Boden gut gelockert und Kompost oder andere Düngung eingearbeitet werden. Man pflanzt Teilstücke einer älteren Staude, die mindestens eine Knospe haben sollten. Wenn Sie niemanden finden, der Ihnen ein Stück abgibt, erhalten Sie Rhabarberpflanzen im Gartenhandel. Halten Sie die Pflanzstelle von ungewolltem Bewuchs frei, bis der Rhabarber im kommenden Jahr selbst dafür sorgt und Konkurrenten verdrängt.

Im Winter zieht der Rhabarber vollkommen ein, im zeitigen Frühjahr beginnt der Neuaustrieb. Im ersten Jahr nach der Pflanzung sollte sich die Pflege darauf beschränken, Unkraut fernzuhalten und zu wässern. Ernten sollten Sie noch nicht. Rhabarber kann etwa zehn Jahre am Platz bleiben.

Sorten

- 'Holsteiner Blut' ist eine mittelfrühe, gut winterharte Sorte mit rotgrünen Stängeln. Gesund und ertragreich.
- 'The Sutton' ist früher als 'Holsteiner Blut', die Stängel sind außen rötlich und innen eher grün, eine ertragreiche Sorte.
- 'Frambozen Rood', auch Himbeerrhabarber genannt, hat etwas dünnere rötliche Stiele und duftet nach Beerenobst.

Schädlinge und Krankheiten

Rhabarber ist robust und bleibt meist gesund. Sollte er einmal Falschen Mehltau bekommen, so sollte man die Düngung reduzieren und darauf hoffen, dass er im Folgejahr wieder gesund ist. Pflanzen, die an der Rhabarbermosaikkrankheit leiden, zeigen mosaikartige Flecken auf den Blättern. In diesem Fall muss die ganze Staude ausgegraben und vernichtet werden. Für Neupflanzungen eine andere Stelle nutzen.

Ernten und Lagern

Sie können die Rhabarberernte verfrühen, indem Sie die Pflanzen unter einem Eimer antreiben. Natürlicherweise beginnt die Ernte im April und geht bis zum Johannistag, also bis zur letzten Juniwoche. Danach wird der Oxalsäuregehalt in den Stielen zu hoch und die Pflanze braucht eine Regenerationsphase.

Ernten Sie den Rhabarber möglichst nach Bedarf, indem Sie die Stiele unten aus der Pflanze herausdrehen. Im Kühlschrank halten sie sich einige Tage. Küchenfertig gesaubert und geschnitten, kann man Rhabarber auch gut einfrieren. Zu Konfitüre verarbeitet und auch als Saft hält er sich zwei Jahre. Rhabarberkompott kann ebenfalls im Glas eingekocht werden, allerdings zerfallen die Stücke durch das lange Erhitzen.

Rhabarber in der Küche

Weit bekannt ist die Verarbeitung der in Stücke geschnittenen Rhabarberstangen mit etwas Wasser und einer Portion Zucker zu dem ersten frischen Kompott im Jahr.

Ein wenig abgeriebene Zitrone hebt zusätzlich den Geschmack. Der Klassiker dazu ist Vanillesoße. Rhabarber lässt sich auch gut auf Blechkuchen legen, ein paar Streusel darüber gleichen den sauren Geschmack aus.

Ein spritziges Getränk können Sie herstellen, indem Sie fein geschnittenen Rhabarber mit Zucker überstreuen. Der Zucker zieht den Saft aus dem Rhabarber. Schütten Sie nach ein paar Stunden die Mischung auf ein Sieb. Der gewonnene »Sirup« hält sich im Kühlschrank ein paar Tage und schmeckt fein mit Sprudelwasser aufgegossen.

Probieren Sie einmal ein herzhaftes Chutney aus Rhabarber. Dazu kochen Sie fein gewürfelte Stückchen zusammen mit Apfel, Rosinen, einer grünen Paprika, Ingwer, Chili(pulver), Curry und einer Prise Kardamon. Zucker und Salz nach Geschmack zugeben. Das schmeckt gut zu gebratenem Fleisch oder auch Käse. Kochen Sie Rhabarber nicht in Aluminiumgefäßen, da die Säure das Material angreift und schädliche Stoffe herauslösen kann.

Gesunder Rhabarber

Als eines der ersten frischen Gartenerzeugnisse wirkt Rhabarber belebend und entschlackend. Der Eisengehalt ist hoch. Verzichten Sie nach Ende Juni auf den weiteren Verzehr, da der Gehalt an Oxalsäure mit der Zeit immer mehr ansteigt. Oxalsäure ist in hohen Dosen gesundheitsschädlich. Menschen, die an Gicht, Rheuma, Arthritis oder Nierenerkrankungen leiden, sollten grundsätzlich zurückhaltend beim Verzehr von oxalsäurehaltigen Lebensmitteln wie Spinat, Mangold oder Rhabarber sein.

Im Frühjahr schmeckt Rhabarber am besten.

ROSENKOHL *Brassica oleracea* var. *gemmifera*

Der Rosenkohl gehört in die große Kreuz-blütlerfamilie. Man verzehrt die Achsel-knospen, welche die Form eines kleinen Kopfkohls haben. Haupterntezeit für das vitaminreiche Wintergemüse ist vom Spätherbst bis Januar. Zu dieser Zeit ist auch Ware aus heimischem Anbau im Handel.

Kulturgeschichte

Wie der → Kopfkohl stammt auch der Rosen-kohl vom Wildkohl ab. Um 1800 soll er in Belgien in der Gegend um Brüssel erstmals kultiviert worden sein – daher auch der Name Brüsseler Kohl. Heute gehören die Niederlande und Großbritannien zu den Hauptanbaugebieten. In Deutschland wird er vor allem in Norddeutschland und im Rheinland angebaut.

Anbau im Garten

Rosenkohl ist eine zweijährige Pflanze, die einjährig kultiviert wird. Man sät im März oder April und setzt die Jungpflanzen bis Anfang Juni an ihren endgültigen Platz mit einem Abstand von 60 cm zwischen den Reihen und innerhalb der Reihe. Jungpflan-zen sind auf Wochenmärkten oder beim Gärtner erhältlich. Der Rosenkohl gedeiht auf fast jedem Boden, bevorzugt aber etwas schwerere Böden. Er gehört zu den Stark-zehrern. Vor der Pflanzung soll eine erste Düngung gegeben werden, der Kohl schätzt auch untergegrabenen Stallmist oder Kom-post. Er kann gut in zweiter Tracht nach dem ersten Frühgemüse wie Spinat, Radieschen oder Salat gepflanzt werden. Da es eine Weile dauert, bis die Pflanzen ihre volle Größe erreicht haben, kann man die Beet-

ränder auch noch für die Aussaat von Pflück-salat nutzen.

Während der Standzeit muss regelmäßig gehackt werden, dabei kann man die Pflanzen leicht anhäufeln. Bis zur Ernte sollte noch zweimal – zuletzt Mitte August – gedüngt werden. Geben Sie aber nicht zu viel Stickstoff, sonst werden die Röschen zu locker. Achten Sie im Herbst auf gleich-mäßige Feuchtigkeit im Boden, denn dann ist die wichtigste Entwicklungszeit der Röschen. Deshalb bricht man auch Mitte September den Haupttrieb aus, sodass die Energie der Pflanze in das Wachstum der Rosen geht.

Sorten

- 'Hilds Ideal' ist eine bewährte winterharte Sorte.
- 'Roodnerf' hat einen leicht rötlich ge-färbten Stiel, aber hellgrüne Blätter, ist ertragreich und winterhart.
- 'Falstaff' hat violette Blätter und Sprossen, die Farbe der kleinen zarten Röschen bleibt auch beim Kochen erhalten.

Schädlinge und Krankheiten

Rosenkohl leidet unter denselben Problemen wie viele andere Kohlsorten (→ Kopfkohl).

Ernten und Lagern

Rosenkohl ist ein Wintergemüse und schmeckt nach dem ersten leichten Frost am besten, denn dadurch wandelt sich ein Teil der im Gemüse enthaltenen Stärke in Zucker um. Man erntet so viele Röschen, wie man gerade braucht, und kann den

Rest auf dem Beet stehen lassen. Der Rosenkohl ist winterhart, allerdings verträgt er einen häufigen Wechsel zwischen tieferen Minus- und Plusgraden nicht so gut, die Röschen neigen dann zum Faulen. In dem Fall sollte man den Bestand kom-plett ernten und einfrieren.

Zum Einfrieren putzt man die Röschen und entfernt lose oder vergilbte Blätter. Ob man den Kohl blanchiert, bevor man ihn in den Tiefgefrierer gibt, ist Ansichtssache – beides ist möglich. Auch fertig zubereitet können Sie den Rosenkohl einfrieren und portions-weise auftauen.

Für andere Konservierungsarten wie Ein-kochen oder Trocknen ist er nicht gut geeig-net. Erntet man die ganze Pflanze, so bleibt sie kopfüber in einem kalten Raum aufge-hängt gut zwei, drei Wochen frisch. Die einzelnen Röschen halten im Gemüsefach des Kühlschranks einige Tage.

Rosenkohl in der Küche

Wählen Sie feste und weitgehend geschlos-sene Köpfchen aus und befreien Sie sie von allen gelblichen und unansehnlichen Blättern. Dann wird der Rosenkohl in Salz-wasser gekocht, dem Sie zur Verringerung der typischen Geruchsbildung ein paar Schlucke Milch beigeben können. Der Rohverzehr von Rosenkohl ist nicht üblich, da er Blähungen hervorruft.

Rosenkohl schmeckt einfach mit Butter und Salz als Beilagengemüse. Es passt aber auch gut, gebräunte Zwiebeln und ein wenig Speck oder Schinken dazuzugeben. Wenn Sie mutigere Kombinationen mögen, probieren Sie einmal, den vorgekochten Rosenkohl mit Apfelwürfeln und ein paar Sonnenblumenkernen in Olivenöl einige Minuten zu schmoren. Zum Rosenkohl passen auch Maronen (Esskastanien) sowie Karotten. Eine Gemüsetarte aus vorgekochtem Rosenkohl mit Ei, saurer Sahne und etwas geriebenem Käse schmeckt herzhaft pikant.

Gesunder Rosenkohl

Der Rosenkohl gehört zu den Gemüsesorten mit dem höchsten Vitamin-C-Gehalt. Das macht ihn gerade im Winter sehr wertvoll. Außerdem enthält er viele Ballaststoffe und bringt damit die Verdauung in Schwung. Empfindliche Personen sollten nicht zu viel davon essen, da er Blähungen hervorrufen kann.

Wie alle Kohlsorten enthält er Mineralstoffe und Vitamine in ausgewogenem Verhältnis sowie die für den typischen Kohlgeruch verantwortlichen Senfölglykoside, die Infektionen und Entzündungen vorbeugen. Man sagt den sekundären Pflanzenstoffen außerdem eine vorbeugende Wirkung gegen Krebserkrankungen nach.

Zudem soll er wegen seines Vitamin-B-Gehaltes ausgleichend auf das Nervensystem wirken. Rosenkohl wird gut von Menschen mit übersäuertem Magen vertragen und soll außerdem den Cholesterinspiegel positiv beeinflussen.

Wenn Rosenkohl kein Gemüse wäre, müsste man ihn seiner Schönheit wegen im Ziergarten pflanzen.

ROTE BETE *Beta vulgaris* subsp. *vulgaris*

Die Rote Bete, regional auch Rande genannt, ist eine zweijährige Pflanze aus der Familie der Gänsefußgewächse und wird einjährig angebaut. Man isst – anders als beim eng verwandten Mangold – die Wurzel. In mitteleuropäischem Klima können die ersten jungen Beten im Hochsommer geerntet werden. Rote Beten aus heimischem Anbau sind von Herbst bis Frühjahr im Handel.

Kulturgeschichte

Die Rote Bete ist eine enge Verwandte der Runkel- und der Zuckerrübe sowie des Mangolds, von dem allerdings die Blätter verzehrt werden. Für das antike Griechenland gilt, dass dort bereits weiße und rote Rüben bekannt waren. Wann genau Beten im deutschsprachigen Raum in Kultur genommen worden sind, lässt sich nicht sagen. Bereits aus der Zeit der römischen Herrschaft im Rheinland stammen archäologische Funde von Samenknäueln, die sowohl Mangold wie Roter Bete zugeordnet werden könnten. In mittelalterlichen Schriften wird wiederholt der Anbau von »Beta« erwähnt, wobei damit wiederum Mangold oder Rote Beten gemeint sein können. Erst für das 16. Jahrhundert wird die Kultur von Roten Beten auch durch Abbildungen eindeutig belegt. Die zarten Rüben, wie wir sie heute kennen, wurden erst im 19. Jahrhundert gezüchtet. Nach dem Zweiten Weltkrieg ging der Anbau stark zurück und ist erst durch den ökologischen Anbau in den letzten beiden Jahrzehnten deutlich wiederbelebt worden.

Anbau im Garten

Die Rote Bete hat keine besonderen Ansprüche, kommt auch im Halbschatten zurecht und benötigt nur mäßige Düngung. Bei zu starken Stickstoffgaben reichert die Pflanze viel Nitrat an, was aus gesundheitlichen Gründen vermieden werden sollte. Beten mögen es ebenso wie Mangold, wenn man etwa ein Teelöffel Salz je Quadratmeter Anbaufläche ausstreut.

Die Pflanzen neigen zum Schossen, wenn sie in der Jugend Frost bekommen haben, deshalb sollte man sie erst ab Mitte/Ende April aussäen und – falls doch noch Frost kommt – mit Vlies oder Stroh schützen. Da es sich bei der Bete um ein hervorragendes Lagergemüse handelt, empfiehlt sich der Hauptanbau ab Juni, dann kann im Oktober oder November geerntet werden.

Die Rote Bete wird mit einem Abstand von 10 cm in der Reihe und etwa 25 cm Reihenabstand ausgesät. Man legt jeweils ein Samenknäuel, aus dem sich mehrere Pflanzen entwickeln. Lassen Sie nur die kräftigste Pflanze stehen! Sie können auch – z. B. weil Sie den Platz auf dem Beet im Juni noch anderweitig benötigen – die Roten Beten andernorts oder auf Aussaatplatten vorziehen und erst Ende Juli/Anfang August an den endgültigen Platz setzen. Ausreichende und gleichmäßige Wasserversorgung unterstützt die gesunde Entwicklung.

In Mischkultur gedeiht die Rote Bete gut zusammen mit Bohnen, Kohl, Rettich oder Salat. Spinat oder Mangold sind unverträgliche Nachbarn.

Sorten

Rote Bete ist den meisten Menschen bekannt als eine runde tiefrote Wurzel mit erdigem Geschmack. Es gibt jedoch einige Varietäten. Neben den runden und plattrunden Wurzeln gibt es auch Beten mit zylinderförmigen oder spitzen Wurzeln, die etwas dichter ausgesät werden können. Ein ganz anderes Erscheinungsbild haben die gelben und weißen Beten, die auch etwas süßlicher und milder schmecken.

- 'Formanova' und 'Forono' haben eine zylindrische Form und sind recht ertragreich.
- 'Rote Kugel' ist eine aromatische, unkomplizierte und runde Sorte.
- Die 'Ägyptische Plattrunde' hat eine flachere Form, sie ist eine raschwüchsige alte Sorte mit feinem Geschmack und schmückt das Beet mit ihren tiefroten Blättern.
- 'Tonda di Chioggia' ist eine rot-weiß geringelte Sorte und ist gut für Rohkost geeignet, da sie besonders zart und süß ist. Wenn man sie kocht, verlaufen die dekorativen roten und weißen Kreise ineinander.
- 'Albina Veredura' heißt eine weiße Bete, die süß schmeckt und sich gut für die Zubereitung von Rohkostsalaten eignet. Da sie zum Schossen neigt, erst im Juni säen.
- 'Burpee's Golden' ist außen orange und innen gelb. Süß und aromatisch.

Schädlinge und Krankheiten

Rote Bete ist robust. In Gebieten, in denen intensiv Zuckerrüben auf den Feldern angebaut werden, gibt es allerdings eine Reihe

Auf einen Blick

- Aussaat 3–6 / Ernte 7–11
- Sonniger bis halbschattiger Standort
- Mittlerer Nährstoffbedarf
- Einfach anzubauen

Rote Bete ist robust und kommt mit jedem Boden zurecht.

von Erkrankungen, die auch die Beten befallen können. Im Hausgarten tritt am ehesten die Blattfleckenkrankheit auf, eine Pilzerkrankung, die auch Mangold und Spinat infiziert. Sie zeigt sich durch trockene, braune Flecken mit rotem Rand auf den Blättern, die später verwelken. Jungpflanzen können daran eingehen, ältere Pflanzen treiben ausreichend nach. Eine Bekämpfung ist nicht verhältnismäßig, denn meistens wachsen die Pflanzen im Sommer dem Erreger davon. Haben Sie den Befall festgestellt, sollten Sie kranke Pflanzenteile nur dann auf den Kompost geben, wenn Heißrotte gewährleistet ist. Auf dem Beet fünf Jahre lang keine Gänsefußgewächse anbauen. Vorbeugend reicht eine Anbaupause von drei Jahren.

Ernten und Lagern

Rote Bete hält sich am besten auf dem Beet. Solange keine oder nur sehr leichte Fröste (bis –3 °C) zu erwarten sind, sollte man sie draußen lassen. Wenn Frostwetter droht, werden die Rüben vorsichtig gezogen, sie sollten nicht verletzt sein, damit keine Keime in die Wurzel eindringen können. Die Blätter werden abgedreht. So kann man die Wurzeln einige Zeit im Kühlschrank, noch besser aber in feuchten Sand eingeschlagen im Keller lagern. Nicht waschen! Bei guten Bedingungen halten sie bis ins Frühjahr. Wer keinen kühlen Keller hat, kann Rote Bete auch milchsauer vergären oder aber in Scheiben geschnitten einkochen.

Rote Bete in der Küche

Hierzulande ist Rote Bete vor allem als Salat aus dem eingekochten Gemüse bekannt. Doch bietet die Küche weitaus mehr Möglichkeiten. Sehr beliebt in Osteuropa ist der Borschtsch, eine Suppe, bei der Rote Bete einen Hauptbestandteil bildet. Zusammen mit Kartoffeln, Hackbällchen oder einer deftigen Wurst lässt sich ein schmackhafter Eintopf aus der Roten Bete zubereiten. Man kann auch einige Stücke bei einer Kürbissuppe mitkochen, die anschließend püriert wird. Das gibt eine intensiv rotorange Farbe. In feine Streifen geschnitten und mit einer gehackten Zwiebel in etwas Pflanzenöl gedünstet, schließlich mit Nelken und Zimt abgeschmeckt, kann Rote Bete ähnlich wie Rotkohl verwendet werden.

Außerdem schmeckt ein Rohkostsalat aus geriebener Roter Bete zusammen mit geriebenen Äpfeln. Da die Bete sehr intensiv färbt (sie wird von der Lebensmittelindustrie gerne als Farbstoff verwendet), bietet sich hier die Verwendung von gelben und weißen Sorten an. Rote Bete ist es übrigens auch, die den in Norddeutschland beliebten Heringssalat rosa färbt.

Eine sehr schmackhafte Kombination ist ein Salat mit grob geriebenen weißen Beten und fein geschnittener Endivie, da sich die Süße der Wurzel hervorragend mit dem leicht bitteren Geschmack der Salatblätter ergänzt.

Man sollte darauf achten, Gerichte mit Roter Bete nicht lange warm zu halten. Beten reichern Nitrat an, aus dem sich bei mittleren Temperaturen das zellschädigende Nitrit bilden kann. Besser ist es, Reste rasch im Wasserbad herunterzukühlen und erst dann wieder zu erwärmen, wenn sie gegessen werden sollen.

Gesunde Rote Bete

Rote Bete enthalten Vitamine und Mineralstoffe in ausgewogenen Anteilen. Der Farbstoff in den Beten ist das Anthocyan, das neueren Studien zufolge gut für die Blutgefäße sein soll und der »Verkalkung« vorbeugt. Wenn man zur Bildung von Nierensteinen neigt, sollte man Rote Bete nur in Maßen genießen, da die in den Rüben enthaltene Oxalsäure die Bildung von Steinen befördert. Oxalsäure behindert zudem die Aufnahme von Eisen, deshalb sollten Menschen, die Eisenpräparate einnehmen müssen, dies im zeitlichen Abstand zum Verzehr der Beten tun.

Milchsauer vergorener Rote-Bete-Saft (im Naturkosthandel und im Reformhaus erhältlich) wird als mehrwöchige Kur bei Appetitmangel, Infektneigung und Blutarmut empfohlen. Man sagt den Roten Beten nach, dass sie sowohl blutbildend als auch blutreinigend wirken.

Weiße, gelbe und rote Bete bringen mit ihren bunten Stielen und Blättern Farbe ins Beet und in die Küche.

RUCOLA, RAUKE Salatrauke *(Eruca sativa)* und Wilde Rauke *(Diplotaxis tenuifolia)*

Vom scharf-würzigen Geschmack und den Verwendungsmöglichkeiten ähneln sich die Wilde Rauke und die Salatrauke sehr, es sind aber botanisch zwei verschiedene Arten aus der großen Familie der Kreuzblütler. Von Frühjahr bis Herbst sind Rucolablätter im Handel erhältlich.

Kulturgeschichte

Die Wildform des Rucola stammt aus Südasien und Südeuropa. Im Mittelmeerraum wird er sowohl als Wildpflanze wie in kultivierter Form schon seit Jahrtausenden verzehrt. Die alten Römer sagten ihm nach, wie ein Aphrodisiakum zu wirken, allgemein galt er als appetitanregend und kräftigend.

In Deutschland wurde der Rucola erstmals gegen Ende des 18. Jahrhunderts erwähnt. Er hat in der Küche aber wegen seines scharfen und leicht bitteren Geschmacks nie eine besondere Rolle gespielt. Erst seit den letzten Jahren, in denen die Mittelmeerküche hierzulande immer populärer wurde, nehmen der Anbau und Verzehr von Rucola rasant zu.

Anbau im Garten

Beide Rucola-Arten sind leicht zu kultivieren. Die Salatrauke ist einjahrig, die Wilde Rauke ist eine mehrjährige Pflanze. Rucola kommt mit fast jedem Boden, mit Sonne sowie mit Halbschatten zurecht. Salatrauke wird ab Ende März in Reihen im Freiland ausgesät, der Boden sollte sich auf mindestens 10 °C erwärmt haben. Der Abstand zwischen den Reihen beträgt 10 bis 15 cm. Die Pflanzen entwickeln sich schnell und bei warmer Witterung kann man schon nach vier bis sechs Wochen ernten. Entsprechend macht es Sinn, Rucola in mehreren Sätzen auszusäen, sodass man immer frische Blätter zur Verfügung hat. Im Sommer geht Rucola sehr schnell in Blüte, machen Sie eine Anbaupause bis zum Herbst.

Die Wilde Rauke bildet eine größere Rosette als die Salatrauke und passt sich auch gut ins Staudenbeet ein. Natürlich kann sie auch in Reihe gezogen werden, der Pflanzabstand sollte dann 15 bis 20 cm in der Reihe und zwischen den Reihen betragen.

Beide Formen eignen sich auch zur Kultur in Balkonkästen oder Kübeln. Im Winter lässt sich Rucola wie Kresse auf feuchtem Küchenpapier oder in speziellen Keimgeräten unkompliziert als Sprossenkultur ziehen.

Sorten

Die Unterschiede zwischen den Sorten der **Salatrauke** sind sehr gering. Die Wilde Rauke ist mehrjährig und samt sich noch im ersten Jahr selbst aus.
- 'Ruca', schnellwachsende Salatrauke, auch für Kübelkultur gut geeignet.
- 'Runway', robuste Salatrauke, wächst schnell, aromatisch.

Wilde Rauke ist mehrjährig und schärfer im Geschmack.

Schädlinge und Krankheiten

Rucola ist sehr robust und wenig anfällig. Bei sehr trockener Witterung kann es Probleme mit Erdflöhen geben, regelmäßiges Gießen hilft am besten dagegen.

Auf einen Blick

- Aussaat 3–5 und 8 / Ernte 5–7 und 9–11
- Sonniger bis halbschattiger Standort
- Findet imm er ein Plätzchen
- Einfach anzubauen
- Geeignet für Balkonkasten

Ernten und Lagern

Rucola sollte geerntet werden, bevor er blüht, denn sonst wird er noch schärfer. Wenn man die Salatrauke so schneidet, dass das Herz nicht zerstört wird, treibt sie noch einmal nach. Bei der Wilden Rauke entfernt man immer nur einige Blätter je Pflanze und lässt die übrigen stehen.

In feuchtes Küchenkrepp eingeschlagen, hält sich Rucola im Kühlschrank zwei bis drei Tage. Am besten aber schmeckt er frisch. Konservieren lässt er sich nicht, die einzige Variante, die einige Anhänger findet, ist die Herstellung von Pesto.

Rucola in der Küche

Rucola schmeckt sehr intensiv und wird deshalb meist als Beigabe zu Salaten oder Kräuterquark, aber nicht pur verzehrt. Ein Butterbrot mit ein paar Rucolablättern darauf, geschnittener Rucola zu Pasta, Rucola über gebutterte Salzkartoffeln gestreut oder ins Rührei gemischt sind sehr schlichte, aber ebenso wohlschmeckende Gerichte.

In Italien wird Rucola auch kurz gegart verwendet. Das passt gut zu Grillfleisch und mediterranen Gemüsegerichten. Ein paar frische Rucolablätter auf der Pizza sorgen für einen pikanten Geschmack.

Aus Rucola kann man auch Pesto machen, das herb-bitter schmeckt. Dazu püriert man die Blätter in der Küchenmaschine zusammen mit etwa derselben Menge Olivenöl, fügt geröstete Pinienkerne (oder Mandelkerne) und geriebenen Parmesan hinzu. Pfeffern und salzen nach Geschmack. In kleine Gläschen abfüllen und mit einer dünnen Ölschicht bedecken – so hält das Pesto im Kühlschrank ein paar Wochen.

Gesunder Rucola

Rucola enthält Senfölglykoside, die gut für die Immunabwehr sind. Zudem sind Vitamine und Mineralstoffe in ausgewogener Menge enthalten. Ein Nachteil ist der sehr hohe Nitratgehalt. Der Verzehr von Rucola in üblichen Mengen gilt aber als unbedenklich, man sollte jedoch nicht täglich größere Mengen essen. Rucola aus dem eigenen Garten oder vom Balkon, der nur sparsam gedüngt und nachmittags geerntet wurde, enthält weniger Nitrat als Treibhausware.

In der Volksmedizin ist Rucola als 'Senfrauke' bekannt. Sie gilt als anregend für den Stoffwechsel und als blutreinigend. Man sagt ihr nach, sie solle das Immunsystem stärken und bei Beschwerden im Hals- und Rachenraum helfen. Aufgrund des hohen Gehaltes an Senfölen, die antibakteriell wirken, sowie an Vitamin C und A, ist dies auch wissenschaftlich nachvollziehbar.

Wilde Rauke sät sich gerne selbst aus und verbreitet sich an geeigneten Standorten schnell.

SALAT *Lactuca sativa*

Auf einen Blick

- Aussaat 2–9 / Pflanzung 3–8 / Ernte 5–12
- Sonniger bis halbschattiger Standort
- Geringer Nährstoffbedarf
- Kurze Standdauer
- Große Sortenvielfalt
- Einfach anzubauen
- Geeignet für Balkonkasten

Unter Salat werden Pflanzen aus der Familie der Korbblütler zusammengefasst, deren Blätter man in der Regel ungegart – als »Blattsalat« zubereitet – verzehrt. Die Haupterntesaison im Garten ist zwischen April und Oktober (teilweise auch November), im Handel ist Salat ganzjährig erhältlich. Im Winter kommt er aus dem Gewächshaus oder aus südlichen Ländern zu uns.

Kulturgeschichte

Der heutige Salat ist eine Zuchtform des Zaunlattichs, der in Süd- und dem gemäßigten Mitteleuropa, aber auch in Westasien und Teilen Sibiriens heimisch ist. Der lateinische Name »lactusa« geht vermutlich auf den milchigen Pflanzensaft zurück, »lactis« heißt Milch. Salat war bereits bei den alten Ägyptern, im antiken Griechenland und im Römischen Reich bekannt, allerdings handelte es sich dabei nicht um Kopfsalate, sondern lockerere Formen sowie feste strunkige Arten, die zum Verzehr kurz gegart wurden.

Hierzulande wird Salat seit dem Mittelalter erwähnt. Er wurde vor allem in Klostergärten angebaut. Dem Verzehr von Salat schrieb man zu, dass er Unkeuschheit und körperliche Gelüste mindern würde. Tatsächlich hat Salat eine leicht beruhigende Wirkung.

Um 1500 gab es bereits verschiedene Salatsorten, darunter auch Kopfsalat. Jedoch war der Salat früher immer ein wenig bitter, eine Eigenschaft, die man mit der Zeit weggezüchtet hat. In den letzten Jahren und Jahrzehnten ist der Salatkonsum in Deutschland ständig gestiegen. Verzehrte man noch bis in die 1970er-Jahre hinein hauptsächlich

grünen Kopfsalat als Saisonprodukt, so ist nun Salat rund ums Jahr erhältlich. Sehr großer Beliebtheit erfreuen sich Eissalat, der in der kühlen Jahreszeit häufig aus spanischem Treibhausanbau stammt, sowie 'Lollo Rosso' und einfache Kopfsalatsorten. Heimische Gemüsebauer haben sich dem Bedarf angepasst, es wird immer mehr Salat in Deutschland erzeugt. Auch hier liegt die Produktion von Eissalat an erster Stelle. Mittlerweile bietet der Handel bereits vorgewaschenen Blattsalat in Folie abgepackt an.

Anbau im Garten

Kopfsalat ist eine raschwüchsige Kultur, die sich sehr gut als Lückenbüßer auf frei werdenden Beetplätzen bzw. als Vor- und Nachkultur eignet. Der Anbau ist nicht schwer, wenn man robuste Sorten wählt. Noch schneller wachsen Schnitt- und Pflücksalate, sie eignen sich besonders, noch vor einer späten Hauptkultur wie Bohnen, Kürbis oder Paprika beziehungsweise nach einer Frühkultur ausgesät zu werden. Auch als Zwischenkultur – bis die Hauptkultur den ganzen ihr zugestandenen Platz einnimmt – machen sich die schnellen Salate sehr gut. Sie sind bedürfnislos und können sogar im Balkonkasten gezogen werden.

Wer bereits Ende April eigenen Salat ernten möchte, muss unter Glas oder Folie Jungpflanzen vorziehen oder diese beim Gärtner kaufen. Ab Mitte März können die jungen Pflanzen im Schutz eines Folientunnels oder unter Vlies ausgepflanzt werden. Bei sonnigem Wetter das Lüften nicht vergessen! Leichte Minustemperaturen überstehen Salatpflanzen problemlos, bei länger anhaltendem oder stärkerem Frost sollte man sie

doppelt abdecken. Ab April kann der Salat auch ungeschützt ins Freiland gesetzt werden, sofern der Boden sich schon etwas erwärmt hat. Zwischen den Pflanzen sollte man einen Abstand von 25 cm einhalten, dasselbe gilt für die Reihenabstände. Salat darf man nicht zu tief pflanzen, da er sonst dazu neigt zu faulen. Am besten wählt man denselben Abstand zwischen Blättern und Erde, wie er bereits im Anzuchttopf bestanden hat.

Die Aussaat kann im Freiland ab März erfolgen, abhängig von der Sorte. Bei Kopfsalat macht es Sinn, die Pflanzen im Anzuchtbeet oder in Töpfen vorzuziehen, da man sonst sehr viel zu verziehen hat.

Pflück- und Schnittsalat sät man direkt in Reihen. Ein zu dichter Stand bringt keinen höheren Ertrag, da sich die Pflänzchen gegenseitig im Wachstum behindern. In der Reihe sollte zwei oder drei Finger breit Platz zwischen den Pflanzen sein, zwischen den Reihen 20 cm. Beachten Sie die Hinweise auf dem Samentütchen. Je nach Temperatur braucht der Salat sechs bis zehn Wochen, um sich zu entwickeln.

Vor allem im Sommer drohen Salatpflanzen rasch zu schießen, sodass man regelmäßig einen Satz nachsäen sollte, um nicht plötzlich ganz ohne Salat dazustehen. Ein halbschattiger Standplatz kann helfen. Wenn Sie die ganze Saison über frischen Salat im Garten haben möchten, sollten Sie regelmäßig alle zwei bis vier Wochen nachsäen und dabei die Sorte an die Jahreszeit anpassen. Im Sommer läuft Salat bisweilen kümmerlich auf, da er bei Hitze nicht keimen mag. Ein Trick ist es, die Saatkörner zwischen feuchtem Küchenkrepp im Kühlschrank ein oder zwei Tage ankeimen zu lassen und dann abends in die Saatreihen zu legen. Achten Sie in den Folgetagen auf ausreichende Feuchtigkeit im Boden.

Sie können die Erntezeit im Herbst beträchtlich verlängern, wenn Sie den Salat unter einen Folien- oder Vliestunnel stellen oder im Gewächshaus aussäen. Allerdings erhöht sich auch der Nitratgehalt, je weniger Licht die Pflanzen bekommen. Aus diesem Grund sollten Sie Herbstaussaaten nicht düngen.

Zu jeder Jahreszeit gilt: Während der weiteren Entwicklung der Pflanzen sollte man öfter einmal hacken, um die Konkurrenz durch Unkräuter zu unterbinden. Gießen Sie den Salat in längeren Trockenzeiten, damit er nicht zu rasch zu schießen beginnt. Der Nährstoffbedarf ist gering. Wenn noch Düngung von vorangegangenen Kulturen besteht, kann auf weitere Düngergaben verzichtet werden, ansonsten reicht ein wenig Kompost. Stark stickstoffhaltiger Dünger erhöht den Nitratgehalt des Salates und macht die Pflanzen anfälliger für den Befall durch Blattläuse und Schnecken.

Sorten

Man unterscheidet gemeinhin Pflück-, Kopf- und Krachsalat. Es gibt etliche Überschneidungen, zum Beispiel kann man 'Lollo Rosso' und Eichblattsorten als Pflücksalat verwenden oder die Kopfbildung abwarten. Verschiedene Romanasalate entwickeln nur lockere Köpfe und werden teilweise zusammengebunden, damit sich im Inneren zarte Blätter bilden (daher werden sie auch »Bindesalat« genannt). Und schließlich gibt es Besonderheiten wie den Spargelsalat, wo weniger der Verzehr der Blätter als der Genuss der verdickten Stängel das Ziel ist.

Pflücksalat (auch **Schnittsalat**) erfreut sich in den letzten Jahren zunehmender Beliebtheit. Es kommen immer mehr Sorten auf den Markt, die sich aber häufig ähneln.

- 'Lollo Rosso' und 'Lollo Bionda' sind bewährte und beliebte Sorten, die sowohl als Pflücksalat wie auch als ganzer Kopf geerntet werden können. Man kann sogar erst einige Blätter abnehmen und dann die Kopfbildung abwarten, so hat man lange Nutzen von der Pflanze. Diese Sorten brauchen einen großen Pflanzabstand und wachsen kräftig.
- 'Australischer Gelber' ist ein früher und zartblättriger Schnittsalat.
- 'Grüner Eichblatt' ist recht früh und robust, bildet später auch Köpfe.
- 'Roter Eichblattsalat' kann als Pflücksalat oder Kopfsalat gezogen werden, wird von Schnecken weniger gemocht als die grünen Sorten.
- 'Baby Leaf Mix' oder 'Salad Bowl' – unter dieser Bezeichnung bieten einige Anbieter Saatbänder an, auf denen mehrere Sorten angelegt sind, sodass man bei der Ernte gleich einen bunten Salatteller hat.

Romanasalat 'Forellenschluss' zeigt bereits als Jungpflanze kleine rötliche Einsprengsel.

Kopfsalat gibt es in großer Sortenvielfalt, teilweise regional angepasst. Man unterscheidet Sorten für die verschiedenen Jahreszeiten sowie nach Farbe, Blatt, Größe, Geschmack etc.

- 'Maiwunder', 'Winter-Butterkopf' und 'Roter Parella' sind Sorten, die im September ausgesät und unter dem Schutz von einem Vlies oder im Frühbeetkasten – in mildem Klima auch ganz schutzlos – überwintert werden können. Im Spätherbst oder auch im zeitigen Frühjahr werden die Pflanzen auf ihr endgültiges Beet umgesetzt. Mit zunehmender Wärme entwickeln sie sich rasch, sodass schon Ende April ganze Köpfe geerntet werden können, in kälteren Frühjahren kann es bis Mitte Mai dauern.
- 'Maikönig' ist eine bewährte Sorte für den frühesten Anbau im Kalten Kasten, unter Vlies oder auch im Freiland. Er entwickelt zarte gelbgrüne Blätter. Im Herbst kann man ihn unter Schutz ebenfalls ziehen.
- 'Hofmanns Aurora' ist eine frühe Sorte, die sowohl unter Schutz wie im Freiland früh im Jahr angebaut werden kann.
- 'Attraktion' ist eine recht hitzebeständige Sorte, die im Gegensatz zu den zuvor genannten Sorten nicht dazu neigt, schnell zu schossen. Er eignet sich zur Aussaat im Spätfrühjahr und kann auch in kühlen Sommern erfolgreich kultiviert werden.
- 'Brauner Trotzkopf' hat hellgrüne sowie rotbraune Blätter und lässt sich auch im Sommer gut anbauen. Das Blatt ist sehr zart. Es gibt mittlerweile auch die Sorte 'Verbesserter Trotzkopf', die noch weniger zum Schossen neigt.
- 'Roxy' ist eine neuere Züchtung mit ähnlichen Eigenschaften wie der 'Braune Trotzkopf', dazu ist er noch unempfindlich gegen Falschen Mehltau.
- 'Merveille des quatre saisons' soll, wie der Name verrät, für den Anbau im Frühjahr, Sommer und Herbst gleichermaßen geeignet sein. Das Blatt ist rötlich.
- 'Dynamite' ist eine Sorte für den Anbau im Sommer und Herbst. Sie wird nicht von der grünen Blattlaus befallen und ist unempfindlich gegen Falschen Mehltau.
- 'Brune Percheronne' ist eine alte Sorte mit grünen Blättern, die einen rötlichen Rand haben. Er ist recht schossfest und kann im Frühjahr und Frühsommer sowie im Herbst angebaut werden.

Bataviasalat zählt zu den Krachsalaten. Die Köpfe sind ebenfalls recht fest, aber nicht ganz so geschlossen wie beim Eissalat. Das Blatt ist etwas weniger knackig. Batavia gibt es mit grünen und rötlichen Blättern. Der Anbau im Freiland ist erfolgreicher als beim Eissalat.

Der Salat zwischen den Bohnenstangen ist bereits abgeerntet, bevor die Bohnen hochgewachsen sind.

- 'Leny' ist eine grünblättrige Bataviasorte mit festem Kopf, die von der grünen Blattlaus nicht aufgesucht wird und unempfindlich gegen Falschen Mehltau ist. Sie ist schossfest und geeignet für den Anbau von Frühjahr bis Herbst.
- Weitere moderne Bataviasorten sind 'Rosinski' und 'Teide', die allesamt als schossfest gelten und auch im Sommer angebaut werden können.

Eissalat ist ebenfalls ein Vertreter des Krachsalats. Er bildet sehr feste, geschlossene Köpfe, die mitunter mehr als 1 kg wiegen. Das Blatt ist knackig. Im Freiland kann der Anbau von Eissalat Probleme bereiten, da er bei hohen Temperaturunterschieden zwischen Tag und Nacht dazu neigt, Kondenswasser zwischen den Blättern zu bilden, was zu Fäulnis führt. Im Glashaus gelingt die Kultur besser. Eissalat wird hauptsächlich vom Frühsommer bis in den frühen Herbst hinein angebaut.

- 'Grazer Krauthäuptel' ist eine bewährte, recht späte Sorte, die sehr große feste Köpfe mit knackigen, teilweise geröteten Blättern entwickelt.
- 'Maravilla' ist sehr unempfindlich gegen Hitze und gut für den Sommeranbau geeignet.
- Moderne Eissalatsorten wie 'Stylist', 'Great Lakes 118' oder 'Modiva' sind weitgehend unempfindlich gegen Pilzerkrankungen und recht schossfest.

Romanasalat (Bindesalat, Römersalat) hat lange, oft gerippte Blätter und bildet keinen runden Kopf, sondern eine elliptische Form. Er ist recht schossfest und von daher gut für den Sommeranbau geeignet. Ältere Sorten schließen den Kopf oben nicht und müssen deshalb zugebunden werden, wenn man zarte Innenblätter ernten möchte. Römersalat hat festere Blätter als die verbreiteten Kopfsalatsorten und schmeckt leicht bitter. Man kann ihn auch kurz gegart verzehren.

- 'Valmaine' hat ein dunkles, festes Blatt und ist für den Ganzjahresanbau geeignet.
- 'Forellenschluss' bildet grüne, rotbraun betupfte Blätter aus. Er ist selbstschließend und sehr dekorativ.
- 'Counter' ist eine Minisorte, die sehr unempfindlich gegen die meisten Salatkrankheiten ist. Er eignet sich auch für den Sommeranbau.

Spargelsalat ist vor allem in Asien verbreitet, wird aber auch hier immer beliebter. Er wächst in die Höhe und bildet keinen Kopf. Verzehrt wird anfangs auch das Blatt, aber das Hauptinteresse gilt dem verdickten Stängel. Dieser wird geschält und als Gemüse gekocht – so wie Spargel.

- 'Kasseler Strünkchen' – diese Sorte kann auch noch wie Romanasalat verzehrt werden, bildet aber schon lange Stängel.
- 'Roter Stern' – eine große, rotblättrige Sorte.
- Die 'Chinesische Keule' kann über 50 cm hoch werden und entwickelt sehr fleischige Strünke.

Schädlinge und Krankheiten

Je kürzer der Salat auf dem Beet steht, desto geringer ist die Gefahr von Krankheiten. Insofern ist Pflücksalat seltener betroffen als andere Sorten.

Zu den tierischen Feinden gehören in trockenen Jahren Läuse. Insbesondere wenn man den Salat im Kübel oder Kasten hält, muss man sehr aufpassen, dass die Erde nicht austrocknet. In feuchten Zeiten gehören Schnecken zu den Feinden des Salats. Rote Sorten sind bei den Schädlingen weniger beliebt. Läuse lassen sich auch abreiben oder teilweise abbrausen. Ein Kulturschutznetz beugt vor, gegen Schnecken gibt ein Schneckenzaun langfristig sicheren Schutz.

Kopfsalat wird in feuchtwarmen Monaten manchmal vom Falschen Mehltau befallen. Vernichten Sie erkrankte Pflanzen. Es gibt unempfindliche Sorten. Außerdem kann man Befall vorbeugen, indem man den Salat an einen luftigen Platz pflanzt – stehende Luft ist ungünstig. Allgemein bevorzugt Salat eher kühlere als heiße Witterung und kann im Hochsommer auch im lichten Schatten gepflanzt werden. Wechseln Sie den Standplatz des Salats regelmäßig.

Ernten und Lagern

Pflücksalat sollte man möglichst früh ernten, auch wenn es noch ein wenig fummelig ist. Denn er wächst schnell und geht auch bald in Blüte, sodass man manchmal nicht mehr viel davon hat, wenn man zu spät mit dem Pflücken beginnt. Salat sollte man nicht am frühen Morgen ernten, da nach der Nacht der Nitratgehalt am höchsten ist. Andererseits können mittags oder nachmittags die Blätter welk von der prallen Sonne sein. Im Idealfall steht der Salat zur Erntezeit im Schatten.

Wenn Sie mehrere Kopfsalate gleichzeitig gepflanzt haben, sollten Sie den ersten bereits ernten, bevor er die optimale Größe erreicht hat. Sonst kann es Ihnen nämlich passieren, dass die letzten Köpfe bereits überständig oder geschossen sind, bevor sie an die Reihe kommen.

Salat jeder Art schmeckt frisch am allerbesten. Wenn Sie ihn dennoch aufbewahren wollen, wickeln Sie ihn in ein feuchtes Geschirrtuch und verstauen ihn im Gemüsefach des Kühlschranks. Sie können den Salat auch mitsamt Wurzeln ernten, die Erde abschütteln und ihn an einem schattigen und kühlen Ort in die Vase stellen – es sollten aber nur die Wurzeln ins Wasser reichen.

Salat in der Küche

Pflück- und Schnittsalat lassen sich wie Kopfsalat zubereiten. Waschen Sie den Salat erst kurz vor der Zubereitung und lassen Sie ihn nicht lange im Wasser liegen, damit er keine wertvollen Inhaltsstoffe verliert. Während zarter Salat nur gerissen wird, zerschneidet man härtere Blätter wie vom Romanasalat mit dem Messer. Wird der Salat schon länger im Voraus angerichtet, sollte man Batavia- oder Eisbergsalat wählen, da bei diesen Sorten die Blätter nicht so schnell schlapp werden wie beim zarten Kopfsalat.

Wenn man verschiedene Sorten anbaut, hat man leicht einen bunten appetitanregenden Salatteller. Vor nicht allzu langer Zeit wurde Kopfsalat – angemacht mit Zitronensaft, Zucker, Salz und etwas Öl – als eher langweilige Beilage gereicht. Mittlerweile werden vor allem die knackigeren Sorten auch als sommerliches Hauptgericht zubereitet, aufgepeppt mit Tomaten, Gurken, Paprika, Fetakäse, gerösteten Brotwürfeln, Oliven, Thunfisch und vielen anderen Zutaten. Aber auch ein schlichter Kopfsalat ergibt, zubereitet mit einer Vinaigrette aus hochwertigen Bestandteilen – z. B. Balsamessig, Olivenöl, Salz und einer Prise Zucker – und frischen Kräutern, eine Gaumenfreude. Experimentierfreudige Köche verwenden einen neutralen Essig und ersetzen den Zucker durch ein Löffelchen Fruchtgelee (z. B. Himbeere, Quitte oder Johannisbeere). Diverse Pflanzenöle machen immer neue Variationen bei der Salatzubereitung möglich. Pflücken Sie im Frühjahr eine Handvoll Kräuter einmal quer durch den Garten und probieren Sie diese in Ihrem Salat!

Kinder essen ihr Pausenbrot oft lieber, wenn ein knackiges Salatblatt dazwischen liegt.

Gesunder Salat

Salat ist kalorienarm, enthält Vitamine und Mineralstoffe in einem ausgewogenen Verhältnis und sorgt durch seine Ballaststoffe für eine geregelte Verdauung. Im Frühjahr ist frisches Grün besonders willkommen und wirkt entschlackend.

Allerdings sollte man sich darüber bewusst sein, dass allzu üppiges Dressing den Salat durchaus zu einer Kalorienbombe machen kann. Frischer Salat ist appetitanregend und erfrischt.

Wird der Salat stark gedüngt und erhält er im Winter wenig Licht, so muss mit einem hohen Nitratgehalt gerechnet werden. Da Nitrat sich zum gesundheitsschädlichen Nitrit umwandeln kann, sollte man Treibhausware nur in Maßen verzehren.

Jung geerntete Salate sind besonders zart.

SCHALOTTE *Allium ascalonicum*

Auf einen Blick

- Aussaat 3–4 / Ernte 7–8
- Sonniger Standort
- Mittlerer Nährstoffbedarf
- Verträgt kühleres Klima
- Einfach anzubauen

Die Schalotte gehört zu den Zwiebelgewächsen. Sie ist milder und aromatischer als die eng verwandte Küchenzwiebel. Schalotten werden im Hochsommer geerntet und halten sich im Lager bis zur nächsten Saison.

Kulturgeschichte

Ursprünglich war die Schalotte in Vorderasien und im Orient zu Hause. Ihren Namen »Askalonzwiebel« hat sie nach der im heutigen Israel liegenden Stadt Askalon, von der aus sie nach Europa verschifft worden ist. In Deutschland ist die Schalotte eher unbedeutend, hingegen ist sie in Frankreich sehr beliebt.

Anbau im Garten

Die Schalotte ist robuster und weniger anfällig für Krankheiten als die Küchenzwiebel. Sie neigt weniger zum Schossen und kommt deshalb kaum je zur Blüte, wird also vegetativ vermehrt. Man steckt im zeitigen Frühjahr mit einem Abstand von 10 bis 15 cm je eine Mutterzwiebel. Zwischen den Reihen sollte man 25 cm Abstand halten. In milden Gegenden kann man die Schalotten auch bereits im Herbst stecken. Die Mutterzwiebel bringt zwischen fünf bis sieben neue Zwiebeln hervor. Bricht man einen Teil von ihnen aus, solange sie noch klein sind, werden die verbliebenen Zwiebeln größer. Die ausgebrochenen Zwiebelchen kann man natürlich in der Küche verwenden.

Die Schalotte liebt leichten, durchlässigen Boden und verträgt Wachstumskonkurrenz durch Wildkräuter nicht gut, sodass Sie regelmäßig hacken und jäten sollten, wenn Sie zu einem guten Ertrag kommen möchte. Der Nährstoffbedarf ist mittel bis gering, eine Düngung mit Kompost im Verlauf der Wachstumszeit genügt.

Schalotten lassen sich gut lagern, sodass Sie einige Zwiebeln im Winter zurückhalten können, um sie in der kommende Saison wieder zu stecken.

Sorten

Das Angebot an Schalotten im Handel ist recht schmal und beschränkt sich meist auf eine oder zwei Sorten.
- 'Golden Gourmet' ist eine gängige, gelbschalige und ertragreiche Sorte.
- 'Longor' kommt aus Frankreich, die Zwiebeln sind lang gezogen und schmal – und damit gut geeignet, um Ringe zu schneiden.
- 'Red Sun' bildet rote Zwiebeln.
- 'Graue Schalotte Griselle' ist eine kleine feste Sorte aus Frankreich. Die Zwiebeln sind violett und schmecken süßlich.

Schädlinge und Krankheiten

Schalotten haben dieselben Feinde wie → Zwiebeln. Das größte Problem ist die Zwiebelfliege, die ihre Eier zwischen Mitte April bis Ende Mai an den jungen Pflanzen ablegt. Nach dem Schlüpfen fressen die Maden Gänge in die Zwiebeln, meist entsteht dadurch Fäulnis, das Laub wird gelb. Mitte Juli frisst sich die zweite Generation in die Zwiebeln hinein. Vorbeugend kann eine Umpflanzung mit Ringelblumen helfen, besser noch ist ein Insektenschutznetz. Die Puppen der Zwiebelfliege überwintern im Boden, weshalb man Zwiebeln nie in aufeinanderfolgenden Jahren auf demselben Beet anbauen soll. Die Anbaupause beträgt mindestens drei Jahre.

Pilzerkrankungen können ebenfalls bei Schalotten auftreten. Man beugt ihnen vor, indem man Staunässe vermeidet und nicht zu dicht steckt, sodass Wind zwischen den Pflanzen hindurchwehen kann.

Ernten und Lagern

Im Frühjahr können Sie einzelne Bulben mitsamt Grün ausbrechen, wo sich mehr als fünf aus einer Mutterzwiebel entwickelt haben. Man verwendet sie wie Lauchzwiebeln. Wenn im Sommer das Laub zu welken beginnt, kann man die Schalotten ernten. Dies ist meist Ende Juli der Fall. Die Zwiebeln sollten nach der Ernte noch einige Zeit regengeschützt – z. B. unter einem Dachüberstand – nachreifen können. Dann werden sie am vollkommen getrockneten Laub zusammengebunden und aufgehängt. Zur weiteren Lagerung über Winter kann das Laub ganz entfernt werden. Man kann es aufbewahren, um davon im nächsten Jahr eine Jauche herzustellen, die gut gegen Pilzerkrankungen an Obst und Gemüse wirkt. Schalotten vertragen leichte Minusgrade besser als einen zu warmen Lagerplatz – Hauptsache, es ist luftig, z. B. in einem Kartoffelsack. So halten sie bis ins nächste Frühjahr hinein.

Schalotten in der Küche

Die Schalotte gilt als fein schmeckende kleine Schwester der Küchenzwiebel. Je nach Sorte ist sie weniger scharf und etwas aromatischer. Sie lässt sich im Ganzen geschmort (z. B. in Rotwein) als Gemüse zubereiten. Rohe, fein geschnittene Schalotten würzen Quark oder Salat, ohne dass sie so stark nachschmecken wie die Zwiebel. Ansonsten ist die Verwendung dieselbe wie bei der → Zwiebel.

Gesunde Schalotte

Die Schalotte enthält ebenso wie die → Zwiebel eine ganze Reihe gesundheitsförderlicher Inhaltsstoffe, u. a. entzündungshemmende Sulfide.

Schalotten steckt man so, dass etwa zwei Drittel der Zwiebel unter der Erdoberfläche sind.

SCHWARZWURZEL *Scorzonera hispanica*

Die Schwarzwurzel bildet bis zu 30 cm lange und bis zu 3 cm dicke dunkelbraune Wurzeln, die geschält verzehrt werden. Sie gehört wie die verwandte Haferwurzel in die Familie der Korbblütler. Die Haupterntezeit liegt in der kalten Jahreszeit, weshalb man auch von »Winterspargel« spricht. Im Handel sind Schwarzwurzeln auf Wochenmärkten und in besser sortierten Lebensmittelgeschäften erhältlich.

Kulturgeschichte

Die wilden Vorfahren unserer Schwarzwurzeln stammen aus Süd- und Südosteuropa. Eine erste Beschreibung taucht um 1550 in einem Kräuterbuch aus Siena auf, dort wird die Wurzeln als »lieblich« und »süß« beschrieben. Der lateinische Name »scorzonera« bedeutet »schwarze Giftschlange« – und so ist es nicht verwunderlich, dass in der Volksmedizin die Schwarzwurzel einst als Heilmittel bei Schlangenbissen verwendet wurde.

Der Anbau von Schwarzwurzeln ist historisch noch nicht sehr lange belegt. Der Verzehr als Gemüse wird erstmals für die 1660er-Jahre in Frankreich und in der Schweiz beschrieben und etwa 100 Jahre später war der »Winterspargel« auch in ganz Deutschland bekannt. Zu einem massenhaften Anbau ist es jedoch nie gekommen, andere Gemüsearten wie die ähnlich milde und sättigende Kartoffel sind leichter anzubauen und zu verarbeiten. So ist die Schwarzwurzel ein Liebhabergemüse geblieben, das erwerbsmäßig vor allem in Frankreich, Holland und den Niederlanden angebaut wird. In Deutschland gibt es nur in Bayern nennenswerten Anbau.

Anbau im Garten

Schwarzwurzeln lieben tiefgründigen, humosen Boden ohne Steine. Sehr schwerer Lehm ist ebenso wie zu leichter Sandboden nicht geeignet. Die Erde sollte vor der Aussaat tief gelockert werden, z. B. indem Sie zwei Spaten tief umgraben. Auch eine Aussaat auf Wällen kommt infrage, dann allerdings muss man regelmäßig wässern.

Gesät wird im April. Bei zeitigerer Aussaat besteht die Gefahr, dass die Jungpflanzen noch zu viel Frost abbekommen und infolgedessen schossen. Sät man zu spät, bleiben die Wurzeln zu dünn. Auch eine Herbstaussaat ist möglich, dann belegen die Pflanzen jedoch 1¼ Jahre das Beet. Man sät die langen, dünnen und bruchempfindlichen Samen in einem Reihenabstand von 20 bis 25 cm und etwa 2 cm tief. Sobald die Pflänzchen nach zwei bis drei Wochen aufgelaufen sind, verzieht man sie innerhalb der Reihe auf einen Abstand von 10 cm.

Halten Sie in den kommenden Monaten die Reihen durch Hacken von konkurrierenden Unkräutern frei und gießen Sie die Pflanzen regelmäßig. Eine leichte Düngung mit Kompost oder organischem Fertigdünger ist willkommen, frischen Stallmist vertragen Schwarzwurzeln nicht. Zu hohe Stickstoffgaben können dazu führen, dass die Wurzeln schwammig werden.

Sorten

Es gibt keine große Auswahl, und die meisten Saatgutanbieter haben auch nur eine Sorte in ihrem Angebot:

Auf einen Blick

- Aussaat 4 / Ernte 10–2
- Sonniger bis halbschattiger Standort
- Mittlerer Nährstoffbedarf
- Lange Standdauer

- 'Hoffmanns Schwarze Pfahl' ist die am meisten verbreitete Schwarzwurzelsorte, unkompliziert und bewährt.
- 'Meres' ist eine neue Züchtung, die unempfindlich gegen Mehltau ist.
- 'Russische Riesen' ist eine altbewährte Sorte mit großen dunklen Wurzeln.
- 'Verbesserte nichtschießende Riesen' ist aus 'Russische Riesen' hervorgegangen, sie ist im Frühjahr weniger empfindlich gegen Frost und kann deshalb schon etwas eher gesät werden.
- 'Schwarzer Peter' ist eine alte Sorte, die sich auch für schwerere Böden eignet.

Schädlinge und Krankheiten

Schwarzwurzeln gehören zu den robusteren Gemüsearten. In trockenen Zeiten kann ein Befall mit Echtem Mehltau auftreten, vorbeugend kann man den Boden feucht halten und Sorten wählen, die gegen Mehltau unempfindlich sind. Wenn man sie im Beet überwintern möchte, können Wühlmäuse den Pflanzenbestand erheblich dezimieren – dagegen hilft nur die allgemeine Wühlmausbekämpfung oder bereits im späten Herbst zu ernten.

Ernten und Lagern

Die Schwarzwurzelernte beginnt im Oktober oder November, wenn die Wurzeln dick genug geworden sind. Solange der Boden offen ist, kann den ganzen Winter über geerntet werden. Auch im Frühjahr, wenn

Wer Schwarzwurzeln mit Einmalhandschuhen putzt, vermeidet, dass der Pflanzensaft an den Händen klebt.

die Pflanzen in Blüte gehen, kann man die Wurzeln noch essen, allerdings lässt die Qualität doch nach.

Da die Wurzeln schnell brechen, muss man bei der Ernte vorsichtig zuwege gehen. Man kann sie nicht einfach herausziehen wie Möhren, sondern muss sie mit dem Spaten seitlich freilegen, um sie aus dem Boden zu holen.

Sind im Garten viele Wühlmäuse unterwegs, ist es oft besser, die Wurzeln im Spätherbst aus dem Boden zu nehmen und an einem sicheren Ort in feuchtem Sand eingeschlagen zu lagern. Dann müssen Sie sehr genau darauf achten, dass Sie die Wurzeln beim Ausgraben nicht verletzen. Wenn Mäuse kein Problem sind, halten die Wurzeln im Beet am besten frisch.

Möchten Sie die Wurzeln im Kühlschrank aufbewahren, wickeln Sie sie in feuchtes Zeitungspapier ein, dann halten sie einige Tage. Bereits fertig zubereitete Schwarzwurzeln lassen sich gut einfrieren. Auch das klassische Einkochen der geschälten Wurzeln in Salzwasser und Aufbewahren im Weckglas ist möglich. Diese Variante ist , aber nicht so schonend wie das Einfrieren.

Schwarzwurzeln in der Küche

Vor der weiteren Zubereitung müssen Schwarzwurzeln geschält werden. Da sie bei Verletzung ihrer Haut einen klebrigen Milchsaft absondern, der Haut und Kleidung verfärben kann, sollte man dabei einige Vorsichtsmaßnahmen ergreifen. Entweder schälen Sie die Wurzeln unter fließendem Wasser oder aber Sie verwenden Einmalhandschuhe. Hat der Milchsaft doch irgendwo seine Spuren hinterlassen, können Sie ihn mit Zitronensaft entfernen. Damit die geschälten Stangen nicht an der Luft bräunen und unansehnlich werden, werden sie in eine Schüssel mit Wasser und einem Schuss Essig gelegt.

Möchten Sie den Austritt des Milchsaftes vermeiden, können Sie die Wurzeln auch ungeschält kochen und nach dem Garen pellen. Dafür braucht man allerdings ein wenig Geduld.

Eine weitverbreitete Zubereitungsweise ist das Dünsten in Salzwasser. Die Wurzeln werden dann ähnlich wie Stangenspargel mit zerlassener Butter serviert und können so ganz ihren dezent nussigen Geschmack auf der Zunge entfalten.

Schwarzwurzeln lassen sich auch gut mit Kapern aufpeppen, man kann sie mit Käse oder in Béchamelsoße überbacken. Sehr lecker ist es, die Wurzeln im Frühjahr mit den ersten frischen Kräutern anzurichten. Ein Rohkostsalat aus geraspelten Schwarzwurzeln mit etwas Sahne, zerkleinerten Äpfeln und gehackten Nüssen schmeckt sanft und etwas süß – Kinder mögen ihn meist gern.

Gesunde Schwarzwurzel

Schwarzwurzeln sind mild und gut verträglich. Sie können bei empfindlichen Menschen allerdings zu Blähungen führen. Die Wurzeln sind ballaststoffhaltig und weisen eine ausgewogene Zusammensetzung von Vitaminen und Mineralstoffen auf. Für Diabetiker sind Schwarzwurzeln gut bekömmlich. Sie enthalten Inulin, das ist eine Stärkeart, die keinen Einfluss auf den Blutzuckerspiegel hat und gut für eine gesunde Darmflora ist.

Die langen dunklen Wurzeln sind ein typisches Wintergemüse.

SELLERIE *Apium graveolens*

Auf einen Blick

- Aussaat 2–5/ Ernte 8–11
- Sonniger Standort
- Hoher Nährstoffbedarf
- Lange Standdauer

Sellerie gehört zur Familie der Doldenblütler. Knollensellerie ist vor allem bekannt als Suppenzutat. Seit einigen Jahren ist bei gut sortierten Anbietern auch Bleich- bzw. Stangensellerie erhältlich, der öfter Bestandteil von mediterranen Rezepten ist. Beste Jahreszeit für Sellerie aus heimischem Anbau ist der Herbst. Im Winter ist Lagerware erhältlich.

Kulturgeschichte

Der wilde Sellerie wächst auf salzhaltigen Böden in Küstennähe. Besonders schätzt er Marschland, das bei Hochwasser überschwemmt wird, dann aber wieder abtrocknet. An der deutschen Nordseeküste war wilder Sellerie noch bis über die Mitte des 20. Jahrhunderts verbreitet, ist dann aber durch zunehmende wasserbautechnische Maßnahmen verdrängt worden und kaum noch zu finden. Wild wachsender Sellerie kommt auch auf salzhaltigen Böden im Binnenland vor und ist in verschiedenen Teilen Europas sowie von Westasien bis Ostindien und in Afrika bekannt.

In Kultur genommen wurde Sellerie zunächst als Blattpflanze. Archäologischen Funden zufolge wurde der Sellerie bereits im Alten Ägypten und in den antiken Kulturen Griechenlands und Italiens als Garten- und Heilpflanze verwendet.

Auch im deutschsprachigen Mitteleuropa wurde Sellerie bereits zu Beginn der Zeitrechnung verwendet, die Quellen lassen aber offen, ob es sich dabei um wilde oder kultivierte Pflanzen gehandelt hat. In der Wikingersiedlung Haithabu hat man Spuren von Sellerieverwendung gefunden, wobei unklar blieb, ob es sich bereits um Pflanzen aus dem Gartenanbau gehandelt hat.

Eine züchterische Bearbeitung des Selleries hin zur Ausbildung der uns bekannten Knollen oder der langen Stiele, die zum Verzehr gebleicht werden, hat erst ab dem 17. Jahrhundert stattgefunden. Während in England und auch in den Mittelmeerländern der Stangen- bzw. Bleichsellerie sehr beliebt ist, wird in Deutschland dem Knollensellerie bislang der Vorzug gegeben.

Anbau im Garten

Es ist nicht schwer, Knollensellerie selbst heranzuziehen, aber es erfordert etwas Geduld, da die Pflanzen vor allem in der Jugend sehr langsam wachsen. Wer Sellerie im Mai nach den Eisheiligen auspflanzen möchte, kann gut und gerne im Februar mit der Anzucht beginnen. Achten Sie darauf, bis zum Auflaufen der Saat eine konstante Temperatur um die 20 °C zu halten, später darf es kühler werden. Temperaturen unter 10 °C können dazu führen, dass der Sellerie später leicht schosst. Einfacher ist es, Jungpflanzen auf dem Markt oder beim Gärtner zu kaufen.

Nach dem letzten Frost können abgehärtete Pflänzchen raus ins Beet. Man wählt bei Knollen- und Bleichsellerie einen Abstand von 40 cm in der Reihe sowie zwischen den Reihen. Achten Sie darauf, dass das Herz der Pflanzen oberhalb des Bodens bleibt, da sonst nur kleine, schlecht geformte Knollen gebildet werden.

Sellerie ist ein Starkzehrer und bevorzugt gut gedüngte humose Böden. Wenn im Herbst Mist untergegraben oder vor der Pflanzung Kompost aufgebracht wurde, ist es ihm gerade recht. Auch während der Kulturzeit sollte Sellerie noch zweimal gedüngt werden, kalibetonter Dünger führt zur Ausbildung besonders schöner heller Knollen. Kali kann über Holzasche oder auch Kalimagnesia gegeben werden. Im Sommer braucht der Sellerie eine regelmäßige Wasserversorgung, in trockenen Perioden muss man ordentlich gießen. Tun Sie dies nicht häufig, aber ausgiebig, denn Sellerie wurzelt sehr tief. Zwischendurch immer wieder vorsichtig um die Pflanzen hacken, das durchlüftet den Boden und reduziert die Verdunstung, die Ausbreitung von Unkraut wird unterdrückt.

Eine sinnvolle Mischkultur können Sie mit Sellerie und Porree anlegen. Beide stehen lange auf dem Beet und haben einen hohen Nährstoffbedarf. Beim Lauch ist es günstig, wenn er im Laufe der Zeit etwas angehäufelt wird, um weiße Schäfte auszubilden – dem Sellerie hingegen tut es gut, wenn die Wurzeln ein wenig von der Erde freigelegt werden.

Sehr unkompliziert und ertragreich ist Schnittsellerie, der auf 10 x 15 cm gesät oder gepflanzt wird und sogar im Balkonkasten kultiviert werden kann. Mit Schnittsellerie hat man jederzeit Suppengrün zur Hand. Schnittsellerie kann auch im Herbst noch einmal ausgesät werden und dann unter Vlies oder im Folientunnel überwintern. So können Sie früh im Jahr ernten.

Bleichsellerie stellt ähnliche Ansprüche wie Knollensellerie. Ältere Sorten muss man allerdings in Gräben pflanzen und allmählich anhäufeln, um die Stangen zu bleichen. Neuere Sorten sind selbstbleichend und damit weitaus unkomplizierter in der Kultur.

Sorten

- ■ 'Ibis' ist eine bewährte Sorte mit großen, hellen Knollen.
- ■ 'Bergers Weiße Kugel' bringt recht große und schwere Knollen.
- ■ 'Mentor' ist eine gut lagerfähige Sorte mit tief sitzenden Wurzeln, sodass die Knollen leicht zu putzen sind.
- ■ 'Tall Utah' ist eine Stangenselleriesorte, die auch ungebleicht verzehrt werden kann.
- ■ Ebenfalls selbstbleichend ist 'Tango', eine hochwachsende Stangensellerie- züchtung.

Schädlinge und Krankheiten

Sellerie ist recht robust. In feuchten Jahren kann er vom Sellerieschorf befallen werden, erkennbar an rostbraunen Krusten, die sich auf der Knolle bilden. Meist ist das Jahr dann schon weiter fortgeschritten – ernten Sie die Knollen, schneiden Sie die Stellen ab und frieren Sie den Rest ein! Keine infizierten Pflanzenteile auf den Kompost geben. Dasselbe gilt auch für die Septoria- Blattfleckenkrankheit, die sich durch braune Flecken auf den Blättern zeigt, die später ganz eintrocknen und die Blätter so locherig machen. Der Pilz überdauert im Boden, pflanzen Sie mindestens vier Jahre keinen Sellerie mehr auf das betroffene Beet. Die Knollen sind weiterhin essbar.

Ernten und Lagern

Knollensellerie kann ab Mitte August ge- erntet werden, wächst aber in den Herbst hinein noch kräftig. Solange nur leichte Fröste zu erwarten sind, kann man ihn auf dem Beet stehen lassen. Heben sie die Knollen zur Ernte mit einer Grabegabel aus. Wenn Sie die Blätter bis auf zwei, drei Herzblättchen entfernen und die feineren Wurzeln abschneiden, können Sie die Knollen in leicht feuchten Sand eingeschla- gen noch eine ganze Zeit lagern.

Für den Einschlag in eine Miete entfernt man alle Blätter und Wurzeln. Die Schnitt- stellen immer mal wieder auf Fäulnis kon- trollieren. Möchte man den Sellerie vor allem als Suppengemüse verwenden, lässt er sich auch in Würfel geschnitten sehr gut einfrieren, es können dann immer die benötigten Mengen aus dem Gefrier- beutel entnommen werden. Im Gemüse- fach des Kühlschrankes hält Sellerie etwa 10 Tage frisch. Auch die Blätter vom Knollensellerie muss man nicht wegwerfen, sondern kann sie zum Würzen von Suppen verwenden.

Schnittsellerie wird laufend nach Bedarf geschnitten. Das Herz muss stehen bleiben, damit sich neue Blätter bilden können. Meist kann man zwei- bis viermal je Pflanze schneiden. Das geschnittene Kraut kann küchenfertig gehackt eingefroren werden.

Sellerie in der Küche

Sellerieknollen zunächst unter dem Wasser- hahn mit einer Bürste von grob anhän- genden Erdresten befreien, soweit dies notig ist. Mit einem guten Messer anschließend schälen. Je nach weiterer Verwendung in Würfel oder Scheiben schneiden. Braucht man z. B. für einen Selleriesalat feine Streifen, so lassen sich diese am besten mit einem Gemüsehobel herstellen. Wenn der Sellerie beim Kochen hell bleiben soll, geben Sie einen Schuss Zitronensaft ans Kochwasser.

Sellerie ist eine klassische Zutat für bunte Gemüsesuppen und wird für eine solche Zubereitung auch als Teilstück zusammen mit Möhre und einem Stück Porree als Suppengrün auf Märkten und im gut sortierten Lebensmittelhandel ange- boten.

Ebenfalls ein Küchenklassiker mit Sellerie ist der Waldorfsalat, der zu gleichen Teilen aus fein geschnittenen Selleriestreifen und Apfelstreifen besteht, dazu werden Walnuss- stücken gegeben, angemacht wird der Salat mit Mayonnaise, Zitrone und etwas Sahne sowie Salz und Pfeffer.

Sellerie schmeckt auch gut als »Schnitzel«. Dafür wird er in Scheiben geschnitten zu- nächst in Salzwasser weich gedünstet und dann paniert und gebraten – Zitronensaft nicht vergessen. Der erdige, würzige Ge- schmack von Sellerie harmoniert mit vielen winterlichen Gerichten.

Bei Bleichsellerie werden die einzelnen Stangen gewaschen. Er muss nicht geschält werden. Man kann die Stangen roh als Knabbergemüse mit Dip essen oder in Salate schneiden.

Gedünstet schmeckt Stangensellerie beson- ders lecker, wenn er anschließend mit Käse gratiniert wird. Er passt aber auch gut als Mischgemüse zu Möhren.

Schnittsellerie wird in der Küche gewaschen, abgetrocknet und fein geschnitten als Gewürz für Suppen und Salate verwendet. Man kann die küchenfertig geschnittenen Blätter auch einfrieren. In Suppen nur kurz mitkochen lassen, damit nicht zu viel Aroma verloren geht.

Ist Ihr Sellerie in Blüte gegangen, trocknen Sie die Samen und mörsern Sie sie fein. Auf 20 bis 50 g Samen geben Sie 1 kg

Speisesalz und lassen Sie die Mischung ein paar Wochen durchziehen – das ergibt ein aromatisches Würzsalz.

Gesunder Sellerie

Sellerie enthält reichlich ätherische Öle, Vitamine und Mineralstoffe und gilt als sehr anregendes, gesundes Gemüse. Er soll entschlackend und blutreinigend sowie harmonisierend auf die Funktion von Leber und Blase wirken. Die Volksmedizin sagt ihm vor allem aphrodisierende Wirkung auf den Mann nach. Bei Frauen soll der Verzehr von Sellerie harmonisierend auf den Menstruationszyklus einwirken, ausbleibende Blutungen anregen und beim Verzehr sehr großer Mengen sogar abtreibende Wirkung zeigen. Bei übermäßigem Milchfluss in der Stillzeit wirkt er mindernd. Sellerie gilt als eine der wenigen Gemüsesorten, die Allergien auslösen können, weshalb er im ersten Lebensjahr nicht an Babys verfüttert werden sollte.

Eine Selleriecremesuppe ist schnell gemacht und wärmt im Winter gut.

SPARGEL *Asparagus officinalis*

Spargel gibt es als Bleich- und als Grünspargel. Manche Spargelsorten bilden auch über der Erde violette Jungtriebe aus. Spargel ist eine ausdauernde Pflanze aus der Familie der Spargelgewächse. Frischer deutscher Spargel ist von Mitte April bis Juni im Handel, die beste Zeit ist im Mai.

Kulturgeschichte

In Mittel- und Südeuropa, Vorderasien und Westsibirien sowie im nördlichen Afrika ist wild wachsender Spargel verbreitet. Der erste Kulturspargel geht auf diese wilden Sorten zurück. Im antiken Griechenland und auch bei den alten Römern war Spargel als Gemüse- und Heilpflanze bereits bekannt. Seit wann er in Deutschland kultiviert wird, ist hingegen nicht eindeutig belegt. Zum Ende des Mittelalters sind aber bereits einige Veröffentlichungen erschienen, in denen er »Spargen« genannt wird.

Spargel gilt aufgrund der aufwendigen Ernte, die hierzulande heute meist von Saisonarbeitern aus Osteuropa übernommen wird, als ein kleiner Luxus in der Küche. Deutschland gehört zu den führenden Nationen im Spargelanbau und steigert die Anbaumenge weiterhin. Stolze 80 % des hier verzehrten Spargels wird auch im Land angebaut, die anderen 20 % stammen aus wärmeren Ländern und werden meist vor dem Einsetzen der hiesigen Saison in den Handel gebracht.

Anbau im Garten

Für den Anbau von Spargel benötigt man viel Geduld, denn es dauert von der Pflanzung an drei Jahre, bis sich ein nennenswerter Ertrag einstellt. Eine weitere Voraussetzung ist sandiger Lehm. Auf schwerem Boden gedeiht Spargel nicht.

Man kann Spargel aussäen, verlängert damit aber die Wartezeit bis zum ersten Ertrag noch weiter. Besser ist es, man besorgt sich vorgezogene Wurzelstücke – am besten über den Versand von einem Fachhändler. Ausgeliefert wird im April, spätere Pflanzungen sind nicht erfolgreich.

Man sollte im vorangegangenen Herbst 5 bis 10 l Mist oder Kompost am vorgesehenen Pflanzplatz einarbeiten. Für die Pflanzung werden dann im Frühjahr Gräben ausgehoben, die 25 cm tief und etwa 50 cm breit sind. Dorthinein werden die Wurzelstöcke so gesetzt, dass die Wurzeln zu allen Seiten hin ausgebreitet sind. Der Abstand zwischen den einzelnen Pflanzen beträgt einen knappen halben Meter. Nun bedeckt man die Wurzelstöcke etwa 5 bis 10 cm hoch mit Erde, der man ein wenig organischen Dünger untergemischt hat.

Im Pflanzjahr müssen Sie nur noch darauf achten, dass die Jungpflanzen nicht austrocknen – also regelmäßig gießen – und aufkommendes Unkraut jäten. Das Spargelkraut, das im ersten Jahr noch recht spärlich erscheint, wird erst kurz vor dem Winter abgeschnitten.

Im zweiten Jahr erhält der Spargel zu Frühjahrsbeginn eine großzügige Kopfdüngung. Geerntet werden soll noch nicht, um den Pflanzen keine Energie zu entziehen. Es darf aber nun mit dem Wachstum der Triebe im Verlaufe des Jahres der Graben zugeschüttet und ein Wall angelegt werden. Im Herbst sollten Sie verwelktes Laub abschneiden und 5 bis 6 l Mist oder Kompost je laufenden Meter aufschütten.

Im dritten Jahr dürfen Sie endlich ernten. Bei guter Pflege – Wässern, Düngen, Jäten – kann Spargel jahrzehntelang Ertrag bringen. Jedoch sollte man bei Neupflanzungen auch einen neuen Standort wählen, da der alte Boden ausgelaugt ist.

Grünspargel mag dieselben Kulturbedingungen wie der Bleichspargel, nur dass keine Wälle angehäuft werden.

Sorten

Alte, traditionelle Sorten werden heute kaum noch angeboten, da sie den Erfordernissen des modernen Erwerbsanbaus nicht mehr entsprechen und krankheitsanfällig sowie weniger ertragreich als neue Sorten sind. Viele Sorten, die heute im Handel zu finden sind, wurden in den Niederlanden gezüchtet.

Deutsche Sorten

- 'Huchels Alpha' ist eine mittelfrühe Sorte, die feste Köpfe bildet und lange Jahre gleichmäßig reiche Erträge bringt.
- 'Ravel' ist eine der frühestens Sorten. Die Ernte beginnt sehr bald, muss aber auch früher abgeschlossen werden, um die Pflanzen nicht zu überfordern – insofern eignet sich die Sorte gut zusammen im Anbau mit einer späten Sorte.

- 'Schwetzinger Meisterschuß' gehört zu den alten Sorten, die nur noch selten angebaut werden. Sie ist mittelfrüh und sehr widerstandsfähig gegen Botrytis, eine Pilzerkrankung.
- 'Mondeo' ist eine rein männliche Hybridsorte mit hohen Erträgen und geringer Krankheitsanfälligkeit.

Niederländische Sorten
- 'Backlim' kann erst recht spät geerntet werden. Die Sorte ist unempfindlich gegen Botrytis.
- 'Horlim' ist eine mittelfrühe, ertragreiche Sorte.
- 'Thielim' ist ebenfalls mittelfrüh, auf leichten Böden auch früh. Die Sorte ist gut geeignet für den Anbau unter Folie und zeichnet sich auch durch geringe Empfindlichkeit gegenüber Botrytis aus.

Für den Grünspargelanbau können grundsätzlich auch Bleichspargelsorten verwendet werden. Jedoch gibt es spezielle Züchtungen, die wenig oder kein Anthocyan enthalten. Dieser Stoff ist dafür verantwortlich, dass der Bleichspargel sich im Licht bläulich färbt. Bei Grünspargel wird der Geschmack derber, wenn Anthocyan enthalten ist.

Grünspargelsorten
- 'Schneewittchen' ist frei von Anthocyan, wenig faserig und von sehr gutem Geschmack.
- 'Viridas' ist eine rein männliche Hybridsorte, frei von Anthocyan, mittelfrüh und ertragreich.
- 'Primaverde' ist ebenfalls eine rein männliche Grünspargelhybride, frei von Anthocyan, sehr früh und sehr ertragreich.

Schädlinge und Krankheiten

Die Spargelfliege legt ihre Eier im April in die Spitzen junger Spargeltriebe. Die Larven fressen sich dann nach innen, was zum Absterben der Triebe und zur Schwächung der Pflanze führen kann. Besonders gefährdet sind die Pflanzen in den ersten beiden Jahren, in denen man nicht erntet, denn mit der Ernte werden die befallenen Triebe ansonsten häufig entfernt, sodass kein weiterer Schaden entsteht. Den Befall erkennt man daran, dass sich die herauswachsenden Triebe krümmen. Vorbeugend kann man die Pflanzung mit einem Gemüseschutznetz abdecken.

»Gemeines Spargelhähnchen« heißt ein kleiner Käfer, der seine Eier ab Mai an den Spargelstangen ablegt. Sowohl der Käfer wie auch seine Larven fressen von den Blättern und Sprossen. Allerdings ist leichter Befall unproblematisch.

Fusarium ist ein Pilz, der Wurzelfäule auslöst. Bei starkem Befall werden die Wurzeln innen hohl, die Pflanzen sterben ab. Da der Erreger mehrere Jahre im Boden überdauern kann, sollte man Neupflanzungen nicht dort anlegen, wo schon einmal Spargel gestanden hat.

Die Pilze *Fusarium redolens* und *Fusarium oxysporum* lösen Wurzelfäule am Spargel aus. Die Wurzeln können vollständig befallen werden und werden hohl – die Außenschichten bleiben meist unbeschädigt. Die Pilze sind wärmeliebend und treten in sandigen Böden häufiger auf als in schweren Böden. Sie können mehrere Jahre im Boden oder in Pflanzenresten überdauern.

Botrytis ist ein Grauschimmel, der auch andere Gemüse- und Obstsorten befallen kann. Feuchtes und kühles Wetter erhöht die Infektionsneigung. Die Erkrankung äußert sich durch einen grauen Sporenrasen auf den befallenen Pflanzenteilen. Stark befallene Triebe sterben ab. Durch die Wahl toleranter Sorten kann man die Gefahr der Erkrankung deutlich senken.

Spargelrost ist ebenfalls eine Pilzerkrankung. Sie äußert sich durch orangegelbe Pusteln, die zunächst auf den unteren Abschnitten der Triebe auftreten und sich später weiter verbreiten können. Im Sommer und Herbst ändern sie das Erscheinungsbild, der Spargel bekommt braune Sporenlager, die verdorrten Blättern ähnlich sehen. Ist dieses Stadium eingetreten, kann der Befall bei trockener Witterung rasant voranschreiten. Deshalb sollte man befallene Triebe entfernen, solange der Schaden noch überschaubar ist. Der Spargelrost überwintert an toten Pflanzenteilen.

Chemische Bekämpfung ist bei den genannten Spargelkrankheiten möglich. Lassen Sie sich dazu im Fachgeschäft beraten.

Ernten und Lagern

Spargel darf erst im dritten Standjahr geerntet werden. Die erste Ernte sollte höchstens sechs Wochen lang andauern. In den darauffolgenden Jahren kann man acht Wochen ernten. Der Johannistag (am 24. Juni) sollte aber der letzte Erntetermin sein, damit sich die Pflanzen regenerieren können.

Man erkennt an den Spargelwällen, wo Triebspitzen durchbrechen werden, legt dort die Spargelstange ein wenig frei und stößt ein flach gehaltenes Messer etwa fünf Zentimeter tief in den Hügel hinein, zieht die gestochene Stange heraus und schließt das Loch. Grünspargel schneidet man bodennah ab, sobald er die gewünschte Länge erreicht hat.

Frischer Spargel hält, in feuchte Geschirrtücher eingeschlagen, einige Tage im Kühlschrank. Aber frisch geerntet schmeckt er am besten. Sie können ihn auch blanchieren und einfrieren oder auch einkochen. Dabei büßt er aber an Qualität ein.

Spargel in der Küche

Bleichspargel muss gründlich geschält werden, Grünspargel kann ungeschält gekocht werden. Geben Sie in das Kochwasser etwas Salz und auch eine Prise Zucker. Im sprudelnden Wasser 2 bis 3 Minuten kochen, dann von der Kochstelle nehmen und 15 Minuten ziehen lassen. Soll der Spargel nicht al dente, sondern weich gekocht werden, müssen diese Zeiten verlängert werden.

Guter Spargel schmeckt einfach nur mit Butter und Salz vortrefflich, dazu passen neue Kartoffeln aus der Pelle. Aber auch die beliebte Zubereitungsweise mit Béchamelsoße und gekochtem Schinken ist immer wieder ein Genuss. Sauce hollandaise passt ebenfalls.

Roher Spargel kann, in dünne Scheiben geschnitten, auch als Hauptzutat oder Ergänzung für einen erfrischenden Salat verwendet werden. Dazu passen Schinken, milder Käse und auch frische Erdbeeren. Man sollte darauf achten, den feinen Geschmack des Spargels nicht mit allzu deftigen Zutaten oder Gewürzen zu überdecken.

Mit Spargel, der zuvor kurz blanchiert werden muss, lassen sich auch wohlschmeckende Gemüsequiches herstellen. Als Grundlage bietet sich ein Mürbeteig an, auf den der Spargel ausgelegt wird. Er wird mit einer Masse aus geschlagenem Ei mit etwas Crème fraîche und ein wenig geriebenem Käse übergossen und dann gebacken. Dazu passt frischer grüner Salat.

Spargelcremesuppe ist ursprünglich ein Gericht, das alle Teile des wertvollen Gemüses nutzen will. Man kocht dazu die Schalen und eventuell holzige Enden des Spargels aus, seiht ab, würzt mit Salz, Muskat und etwas Pfeffer. Schneiden Sie ein paar Spargelstücke, die übrig geblieben sind, in die Brühe, gießen Sie mit Sahne auf und lassen Sie alles noch ein wenig köcheln, bevor Sie die Suppe schließlich mit ein wenig Kartoffelstärke anbinden.

Gesunder Spargel

Spargel gilt als sehr gesundes Gemüse. Er wirkt entwässernd und fördert die Nierentätigkeit. Für Menschen mit Nierensteinen ist Spargel jedoch nur in kleinen Mengen empfehlenswert. Die im Spargel enthaltenen Purine führen bei Menschen, die an Gicht erkrankt sind, zur Verschlimmerung der Beschwerden, weshalb sie nur wenig oder keinen Spargel essen sollten.

Für alle anderen gilt: Spargel ist rundum gesund. Er enthält reichlich Folsäure und Mineralstoffe sowie Saponine, die positiv auf das Herz-Kreislauf-System wirken und krebshemmend sind. Das enthaltene Asparagin wirkt harntreibend und entgiftend. Es ist auch verantwortlich für den ungewohnten Geruch, den der Urin bei manchen Menschen nach dem Spargelverzehr verströmt. Nicht alle verfügen jedoch über ein körpereigenes Enzym, das die im Spargel enthaltene Asparaginsäure in schwefelhaltige Stoffe zersetzt – bei manchen riecht man nichts.

Der Gehalt an positiven Inhaltsstoffen ist im Grünspargel noch höher als im Bleichspargel. In der Volksmedizin spielte Spargel eine bedeutende Rolle, er gilt als blutreinigend, aphrodisierend und potenzsteigernd. Letzteres wird sicher von seinem äußeren Erscheinungsbild hergeleitet.

Aromatischer Grünspargel.

SPEISERÜBE *Brassica rapa subsp. rapa*

Die Speiserübe gehört in die große Familie der Kreuzblütler. Da sie eine recht kurze Entwicklungszeit hat, kann sie als Vorkultur im Frühjahr oder auch als Nachkultur im Herbst gezogen werden. Frische Speiserüben sind meist nur im Frühsommer und Spätherbst im gut sortierten Lebensmittelhandel und auf Wochenmärkten erhältlich.

Kulturgeschichte

Die Speiserübe stammt von der in Europa, Westasien und Nordafrika verbreiteten Wildpflanze Rübsen *(Brassica campestris)* ab. Die Samen dieser Pflanze wurden wegen ihres hohen Ölgehaltes teilweise wild gesammelt und verzehrt, doch gab es andere, ergiebigere Ölpflanzen. Erst aus der Kreuzung von *Brassica campestris* mit *Brassica oleracea* (Kohl) ist um 1700 der uns heute bekannte Raps entstanden, die einzige in Deutschland kultivierte Ölpflanze.

Die ebenfalls aus derselben Kreuzung hervorgegangene Speiserübe wurde hingegen bereits in der Antike angebaut und war im mittelalterlichen Europa, das die Kartoffel noch nicht kannte, unentbehrlich für die Ernährung der Bevölkerung. Unterschieden wird zwischen den zarten, jungen Mairübchen und den lagerfähigen Herbstrüben (Stoppelrüben). Mit dem Siegeszug der Kartoffel allerdings hat die Speiserübe an Bedeutung verloren.

Eine lange regionale Geschichte hat die Speiserübe in den Alpen und besonders in Tirol gehabt. Dort galt sie vor allem auf höher gelegenen Höfen bis weit ins 20. Jahrhundert hinein als Grundnahrungsmittel, das in vielerlei Variationen auf den Tisch kam.

Das **Teltower Rübchen** als eine besonders schmackhafte Variation war über die brandenburgische Hauptanbauregion hinaus bekannt. Es galt als das Lieblingsgemüse von Johann Wolfgang von Goethe, der sich das Gemüse nach Weimar schicken ließ. Denn nur auf den sandigen märkischen Böden gedieh die würzige Rübe. Auch Immanuel Kant soll sie geschätzt haben.

Zu DDR-Zeiten wurde das Teltower Rübchen allerdings nicht mehr industriell angebaut und lediglich vereinzelt in Haus- und Kleingärten erhalten. Mittlerweile hat das Teltower Rübchen jedoch wieder so viele Anhänger gefunden, dass es auch gewerblich angebaut wird und Saatgut im gut sortierten Fachhandel erhältlich ist.

Eine besondere regionale Spezialität aus dem Rheinland ist **Stielmus**. Hierbei wird das Grün von eng gesäten Rüben als frühes Blattgemüse zubereitet.

Anbau im Garten

Speiserüben bevorzugen sandigen Lehm- oder Sandboden, der nicht frisch mit Mist gedüngt sein sollte. Vor der Aussaat kann etwas Kompost in das Beet eingearbeitet werden. Die Frühjahrsaussaat sollte bereits im März erfolgen, dann kann von Ende Mai bis in den Juni hinein geerntet werden. Für die Ernte im Herbst wird Ende Juli bis Anfang August gesät, die Rübchen sind dann ab Mitte Oktober groß genug und können bis zum Frost auf dem Beet bleiben. Der Abstand zwischen den Reihen sollte 30 cm betragen, in den Reihen werden die Rüben je nach gewünschter Größe auf einen Abstand von 10 bis 25 cm verzogen. Achten

Auf einen Blick

- Aussaat 3–4 und 6–8 / Ernte 5–7 und 9–12
- Sonniger bis halbschattiger Standort
- Mittlerer Nährstoffbedarf
- Unkompliziert

Sie darauf, dass das Beet gleichmäßig feucht ist, damit die Rüben nicht platzen. Hacken brauchen Sie nur am Anfang, bis die Blätter der Rüben die Erde vollständig bedecken.

Wer einmal Stielmus probieren möchte, kann die Blätter und Stiele der zu eng gesäten und verzogenen Pflanzen dafür verwenden. Sie können aber auch absichtlich eng aussäen – in der Reihe nicht mehr als 5 cm zwischen den Pflanzen – und dann das Blatt nach einigen Wochen ernten. Wenn Sie die Herzen stehen lassen, ist eine zweite Ernte möglich. Mittlerweile gibt es auch besonders für das Stielmus (auch Rübstiel genannt) gezüchtetes Saatgut.

Sorten

- 'Boule' ist eine hübsche, gelbfleischige Navetrübe aus Frankreich mit festem aromatischem Fleisch.
- 'Holländische weiße Mairübe' ist eine zarte Rübe mit weißem Fleisch, es kann auch das Blattwerk verzehrt werden.
- 'Market Express' bildet reinweiße runde Rüben und wird ganzjährig kultiviert.
- Navetrübe 'Royal Crown' F_1 eignet sich gut für die Herbsternte, die Rüben haben attraktive violette Köpfe.

Beim Stielmus werden auch die Blütenstände mit verzehrt.

Schädlinge und Krankheiten

Rüben gehören in die große Familie der Kreuzblütler, in die auch der → Kohl und der → Rettich gehören, und leiden entsprechend unter denselben Schädlingen und Krankheiten. Da ihre Kulturzeit deutlich kürzer ist als die der meisten Kohlsorten, werden sie in der Praxis aber seltener befallen und können als unkomplizierte Gemüseart gelten. Am ehesten werden sie in Trockenheitsperioden von Erdflöhen attackiert, die junge Blätter so stark schädigen können, dass die Entwicklung der Pflanzen beeinträchtigt ist. Dagegen hilft es, den Boden feucht zu halten. Ansonsten sollten Sie Rüben ebenso wie die anderen *Brassica*-Arten frühestens nach drei Jahren wieder auf dasselbe Beet pflanzen.

Ernten und Lagern

Stielmus wird nach Bedarf geschnitten und lässt sich nur kurz im Kühlschrank lagern. Die Rüben werden geerntet, sobald sie die gewünschte Größe erreicht haben. Im Sommer sollte man sie spätestens Ende Juni vom Beet nehmen, da sie sonst dazu neigen zu platzen und auch holzig werden können. Im Herbst können Sie die Rüben bis zum Verzehr stehen lassen, da das Wachstum bei tiefen Temperaturen abnimmt. Leichten Frost überstehen sie gut, ein Schutz durch Stroh oder Vlies ist willkommen.

Möchten Sie die Rüben zur weiteren Lagerung einschlagen oder einmieten, sollte das Laub inklusive des Herzens gründlich abgeschnitten werden, denn wenn die Rüben wieder austreiben, verlieren sie an Geschmack. In Sand eingeschlagen, halten sich vor allem die Teltower Rübchen einige Wochen. Im Gemüsefach des Kühlschrankes kann man Rüben ein bis zwei Wochen aufbewahren.

- 'Runde weiße rotköpfige Herbstrübe' läuft langsam auf und entwickelt sich dann aber rasch. Sie ist weichfleischiger und hat einen weniger kräftigen Geschmack als die Sorte 'Armand'.
- 'Teltower Rübchen', das Lieblingsgemüse von J. W. von Goethe, gedeiht am besten auf sehr sandigen Böden. Das weiße bis gelbe Fleisch ist fest, stärkehaltiger und weniger wässrig als bei anderen Sorten, das Aroma sehr fein.
- 'Petrowski' hat gelbes Fleisch und ist ebenso wie das original 'Teltower Rübchen' nur wenig wässrig und fest im Fleisch. Der Anbau ist ganzjährig möglich, da diese Sorte nicht zum Schossen neigt.
- 'Lange Schwarze' — diese Rübe hat die Form einer Möhre und eine sehr dunkle, fast schwarz Haut. Ihr Fleisch hingegen ist weiß.
- 'Tokyo Cross' F_1 ist eine raschwüchsige Sorte, die nach sechs Wochen geerntet werden kann.
- 'Namenia' ist eine Stielmus-Sorte, die besonders auf eine kräftige Blattentwicklung hin gezüchtet wurde.

Speiserübe in der Küche

Eine regionale Spezialität ist Stielmus, auch Rübstiel genannt. Dazu werden die jungen Blätter und Rübenstiele wie Spinat zusammen mit einer gewürfelten Zwiebel geschmort. Das herzhafte Gemüse passt gut zu geräucherter Wurst oder Fleisch und zu jungen Pellkartoffeln.

Meist werden Rüben geschält und in Scheiben oder Würfel geschnitten in Salzwasser gegart. Sie werden dann als Beilagengemüse zu Fleischgerichten serviert.

Da Rüben von Haus aus einen leicht bitteren Geschmack haben, gibt es einige Rezepte, die ein süßes Gegengewicht vorschlagen. In der Pfanne karamellisierte kleine Rübchen haben das Zeug zum Gourmetgemüse! Auch in der Kombination mit gebratenen Zwiebeln und gedünsteten Äpfeln schmecken die Rüben sehr pikant. In den Alpen wurden Herbstrüben traditionell wie Sauerkraut verkleinert, gestampft und milchsauer vergoren, um sie haltbar zu machen. Dieses »Rübenkraut« wird mit Bauchfleisch oder Speck serviert und gilt weiterhin als regionale Spezialität.

Gesunde Speiserübe

Rüben sind ein kalorienarmes Gemüse, das wegen seines leicht bitteren Geschmacks als appetitanregend gilt. Vitamine und Mineralstoffe sind im ausgewogenen Maß vorhanden, nennenswert ist der Anteil an Kalzium und Phosphor.

Auf abgelegenen Berghöfen galt die Rübe jahrhundertelang als vielseitiges Heilmittel bei Husten und Magenverstimmungen. Bei Entzündungen wurde das gestampfte Grün äußerlich aufgelegt.

Die Rübe 'Petrowski' hat festes gelbes Fleisch und lässt sich wie die 'Teltower Rübchen' einige Wochen lagern.

SPINAT *Spinacia oleracea*

Spinat ist ein Gemüse für die kühlere Jahreszeit aus der Familie der Gänsefußgewächse. Frischer Spinat hat ein sehr großes Volumen und fällt beim Kochen mächtig ein. Er ist im Spätherbst und im Frühjahr aus regionalem Anbau auf Wochenmärkten und in gut sortierten Lebensmittelgeschäften erhältlich. Weitverbreitet ist der tiefgefrorene Spinat.

Kulturgeschichte

Die Herkunft des Spinats ist nicht sicher geklärt. Vermutlich stammt er ursprünglich aus dem Orient, und zwar aus den Gebieten des heutigen Turkmenistan und Iran. In der Antike war er in Europa noch nicht bekannt. Jedoch ist anzunehmen, dass die Mauren ihn im 8. Jahrhundert in die von ihnen eroberten Teile Spaniens mitgebracht haben. Der Spinat wird von dem mittelalterlichen Mönch und Pflanzenkenner Albertus Magnus in seiner Schrift »De natura rerum« erwähnt, es wird jedoch nicht klar, ob er bereits zu seiner Zeit – dem 13. Jahrhundert – in Deutschland angebaut wurde. Für das 16. Jahrhundert gibt es dann eine ganze Reihe von Nachweisen dafür, dass der Spinat deutsche Gärten erobert hat. Seinerzeit waren allerdings noch spitzblättrige Sorten bekannt, die heute nicht mehr kultiviert werden. Der Spinat hat andere Pflanzen wie die Gartenmelde und den Guten Heinrich, die ebenfalls als gekochtes Blattgemüse verzehrt werden, aus den Gärten der Deutschen verdrängt.

Seit dem Aufkommen von Tiefkühlgemüse in den 1950er-Jahren hat tiefgefrorener Spinat den frischen Spinat weitestgehend aus dem Handel verdrängt. Während in den 1970er- und 1980er-Jahren vor allem der verzehrfertige Rahmspinat ein Verkaufsschlager war, geht der Trend nunmehr zum portionierbaren tiefgefrorenen Blattspinat.

Weit bekannt ist die Comicfigur Popeye – ein kraftstrotzender Seemann, der seine Energie vor allem aus dem Verzehr von großen Spinatmengen bezog. Seit den 1950er-Jahren war Popeye in Deutschland als Comicfigur bekannt, in den 1970er- und 1980er-Jahren erschienen kurze Bildergeschichten sogar in den »Junior-Heften«, die Kinder kostenlos in Apotheken erhielten.

Anbau im Garten

Spinat ist eine ideale Nach- oder Vorkultur, denn er gedeiht am besten, wenn die Tage kürzer und die Nächte länger sind. Für die Ernte im Herbst und im frühen Winter sät man am besten im August, z. B. nach Frühkartoffeln, Erbsen oder auf einem aufgelösten Erdbeerbeet. Für die Ernte im Frühjahr kann man auch noch im September säen, man sollte die Jungpflanzen bei Kahlfrost aber abdecken. Ab Ende Februar bis April ist bei offenem Boden noch eine Aussaat möglich, jedoch muss man den Spinat im Frühjahr dann schnell verbrauchen, da er schosst, wenn es längere Zeit warm ist. Spinat ist eine Langtagspflanze, d. h., wenn die Tage deutlich länger werden als die Nächte, möchte er in Blüte gehen.

An den Boden stellt Spinat keine besonderen Ansprüche, sofern er regelmäßig feucht gehalten wird. Der Standort kann auch halbschattig sein. Starken Wind mag Spinat nicht sehr gerne. Er hat einen mittleren Nährstoffbedarf, sodass er gut dort steht, wo im Vorjahr Mist oder Kompost für Starkzehrer aufgebracht worden ist. Eine leichte kalibetonte Düngung zu Beginn des Wachstums (bei Septembersaaten entsprechend im Frühjahr) erhöht den Ertrag. Auf übermäßige Stickstoffdüngung sollte man verzichten, damit der Nitratgehalt der Blätter nicht zu hoch wird.

Mit Spinat kann man auch sehr gut Lücken füllen, die später von anderen, größeren und späteren Kulturen komplett in Anspruch genommen werden. So passt Spinat gut zwischen Bohnenstangen, denn er ist abgeerntet, bevor die Bohnen nennenswert zu wachsen beginnen. Dasselbe gilt für Tomaten, Gurken und Kohl.

Spinat kann man sowohl in Reihen mit einem Abstand von etwa 20 bis 25 cm aussäen wie auch breitwürfig. Die einzelnen Pflanzen sollten zueinander auf 10 cm verzogen werden. Wenn sie enger stehen, bleiben die Blätter kleiner, und man hat mehr Mühe in der Küche. Außerdem neigt zu eng stehender Spinat auch eher zum Schießen.

Sorten

- 'Matador' ist eine alte, bewährte Sorte für den Anbau im Herbst und im Frühjahr sowie für die Überwinterung. Er ist robust, wüchsig und wohlschmeckend. Lässt man die Pflanzen im Frühjahr blühen, kann man leicht selbst Saatgut gewinnen.

Auf einen Blick

- Aussaat 8–3 / Ernte 10–6
- Sonniger Standort
- Kurze Standdauer
- Verträgt kühles Klima
- Frisch am besten

- 'Gamma' ist eine dunkelblättrige Sorte, die ebenfalls wie der 'Matador' spät in Blüte geht.
- 'Lazio' F_1 ist eine neuere Züchtung, die widerstandsfähig gegen den Falschen Mehltau ist und auch nicht zum Schossen neigt.
- 'Emila' F_1 ist ebenfalls unempfindlich gegen Falschen Mehltau und lässt sich auch im Sommer anbauen, wenn andere Sorten schnell schossen.
- 'Merlin' F_1 gilt ebenso als tauglich für den Sommeranbau, ist aber nicht gegen alle Arten von Falschem Mehltau unempfindlich.

Es gibt eine Reihe von Blattgemüsen, die nicht im engeren Sinne als Spinat gelten können, aber auf ähnliche Weise zubereitet werden und auch im Sommer zu beernten sind. Dazu gehören → Neuseeländer Spinat, Malabarspinat, Baumspinat, Erdbeerspinat, → Guter Heinrich, Brennnessel, → Gartenmelde und → Mangold.

Schädlinge und Krankheiten

Die häufigste Krankheit bei Spinat ist Falscher Mehltau. Dieser Pilz tritt besonders bei länger anhaltender feuchter Witterung auf und äußert sich in Form eines dünnen schimmelartigen Rasens auf der Blattunterseite, später vergilben die Blätter. Vorbeugend kann man darauf achten, dass die Pflanzen nicht zu dicht stehen. Überdüngung vor allem mit Stickstoff erhöht die Neigung zur Krankheit. Die Verwendung widerstandsfähiger Züchtungen verringert das Erkrankungsrisiko erheblich.

Weiterhin kann Spinat unter der Blattfleckenkrankheit leiden, bei der auf den Blättern bräunliche Tupfen auftreten, die in der Mitte heller sind. Das Gemüse sieht dadurch zwar unappetitlich aus, der Verzehr ist aber nicht gesundheitsschädigend.

Ernten und Lagern

Spinat kann man jederzeit ernten. Sehr zarte junge Blätter schmecken auch als Blattsalat sehr gut. Wenn man sich die Mühe macht, zunächst nur die äußeren Blätter abzuschneiden und das Herz stehen zu lassen, treibt der Spinat noch einmal aus, sofern man ihn leicht düngt. Zwischen der letzten Düngung und der kommenden Ernte sollten aber etwa zwei bis drei Wochen vergehen, damit die Pflanzen nicht zu viel Nitrat angereichert haben.

Im Winter, wenn es nur wenig Licht gibt, ist die Gefahr der Nitratanreicherung höher als im Frühjahr, wenn die Tage schon länger werden. Im Spätherbst und Winter macht es deshalb Sinn, am Nachmittag zu ernten, wenn die Pflanzen schon dank einiger Stunden Tageslicht Nitrat abgebaut haben.

Sobald der Spinat in Blüte geht, kann er nicht mehr verwendet werden, da er nun bitter schmeckt. Frisch gepflückter Spinat wird am besten sofort verwertet. Im Gemüsefach des Kühlschrankes hält er sich zwei, drei Tage.

Länger konservieren lässt er sich am besten im Tiefkühlschrank. Dazu sollte man ihn blanchieren, bis er zusammengefallen ist. Dann rasch den Topf mit dem Spinat in einem kalten Wasserbad herunterkühlen. Auf diese Weise wird vermieden, dass Bakterien Gelegenheit erhalten, das enthaltene Nitrat in gesundheitsschädliches Nitrit umzubauen. Den abgekühlten Spinat flach in Tüten füllen und einfrieren.

Spinat in der Küche

Frischer Blattspinat ist ein wunderbarer Genuss, mit dem Tiefkühlware nicht konkurrieren kann. Schätzen Sie die benötigten Mengen unbedingt nach Gewicht (etwa 150 bis 200 g pro Person als Beilage) ab, da das enorme Volumen des Spinats täuscht. Der Spinat kann in ein wenig Wasser gegart werden, zwischendurch umrühren. Sehr lecker ist es aber auch, gehackte Zwiebeln in ein wenig Olivenöl anzudünsten und dann den Spinat obendrauf zu geben. Auch hier das Umrühren nicht vergessen.

Spinat enthält Oxalsäure, die für das raue Gefühl im Mund verantwortlich ist, das sich nach dem Verzehr einstellt. Dagegen hilft die Zubereitung zusammen mit Milchprodukten. Rahmspinat ist ein bekannter Klassiker. Allerdings werden für den Rahmspinat aus der Tiefkühlung nicht nur Blätter der besten Handelsklasse verwendet, sondern auch gröbere Bestandteile, da ja sowieso alles püriert wird.

Ein selbst zubereiteter Blattspinat mit Sahne und Muskat wird dagegen zu einem kulinarischen Erlebnis. Spinat eignet sich auch sehr gut als Belag auf Pizzas (statt Tomate, obendrauf kommt Mozzarella) sowie als Füllung für Lasagne, Cannelloni oder auch Blätterteigröllchen. Dabei harmoniert er gut mit Feta- bzw. Schafs- oder Ziegenkäse.

Spinatgerichte können bedenkenlos noch einmal aufgewärmt werden, wenn man sie zuvor rasch heruntergekühlt und auch kühl gelagert hat. Vorsicht: Lässt man zubereiteten Spinat jedoch langsam bei Zimmertemperatur abkühlen und so einige Stunden stehen, beginnen Bakterien damit, das enthaltene Nitrat in gesundheitsschädliches Nitrit umzuwandeln.

Gesunder Spinat

Spinat galt vor einiger Zeit als besonders gesund wegen seines hohen Eisengehalts. Tatsächlich enthält Spinat reichlich Eisen, aber lange nicht so viel, wie angenommen wurde. Die hohen Werte sind vermutlich durch einen Kommafehler in den Ergebnissen eines Lebensmittelanalytikers zustande gekommen.

Als eines der ersten frischen Gemüse, das im Frühjahr geerntet werden kann, ist Spinat dennoch wertvoll für die gesunde Ernährung. Er enthält Carotinoide und viele Mineralstoffe, darunter in nennenswertem Maße Kalzium und Kalium.

Ein Problem stellt der hohe Gehalt an Oxalsäure dar, denn diese reduziert die Aufnahme von Kalzium im Körper. Deswegen ist es günstig, Spinat in Kombination mit Milchprodukten zu verzehren. Solange man noch das raue Gefühl auf den Zähnen hat, das die Oxalsäure verursacht, sollte man auch nicht die Zähne putzen, da der Zahnschmelz vorübergehend empfindlicher geworden ist. Der Oxalsäuregehalt ist im

Spätfrühjahr und Sommer am höchsten, in Herbst und Winter am geringsten – und verhält sich damit umgekehrt zum Gehalt an Nitrat.

Menschen mit Neigung zu Nierensteinen sollten auf den Verzehr von Spinat und anderen oxalsäurehaltigen Gemüsen besser verzichten, da diese die Steinbildung begünstigen.

Zu gefüllten und überbackenen Spinatpfannkuchen passt ein frischer Salat.

STECKRÜBE *Brassica napus*

Die Steckrübe – auch Kohlrübe genannt – ist aus einer Kreuzung von Rübsen und Kohl hervorgegangen und trägt bis heute die Eigenschaften beider Elternteile in sich. Die kräftig schmeckende gelborange Rübe bereichert den Speiseplan vor allem im Herbst und Winter.

Kulturgeschichte

Die Geschichte der Steckrübe lässt sich nicht eindeutig rekonstruieren. Dafür gab es schon im Mittelalter zu viele verwandte Formen von Rüben, Rübsen und Kohlpflanzen, die in den zeitgenössischen Darstellungen nicht deutlich voneinander zu unterscheiden sind. Für die Neuzeit sind Steckrüben vor allem als Arme-Leute-Kost bekannt. Da sie nur eine kurze Kulturzeit benötigen, waren sie in Notzeiten ein begehrter Sattmacher. Geradezu berüchtigt war der Steckrübenwinter 1916/17, in dem kriegsbedingt die Versorgung der Bevölkerung mit Nahrungsmitteln zusammengebrochen war. Steckrüben hingegen waren noch im Übermaß vorhanden und wurden in unendlich vielen Variationen zubereitet, sogar als Marmelade und – im gerösteten und gemahlenen Zustand – als Kaffeesurrogat. Auch in der Notzeit gegen Ende und nach dem Zweiten Weltkrieg wurden »Wruken« im großen Stil zur Volksernährung angebaut. Der Rübe hängt in Deutschland deshalb immer noch der Beigeschmack an, eine minderwertige Notnahrung oder gar Viehfutter zu sein.

In Nord- und Osteuropa sowie teilweise auch im Süden gilt die Steckrübe als einfaches, aber dennoch delikates Gemüse. Auch in Norddeutschland wird sie im größeren Stil angebaut und nachgefragt.

Anbau im Garten

Steckrüben sind leicht zu kultivieren und eignen sich als Nachkultur von Hülsenfrüchten, Kartoffeln oder Zwiebeln. Sie werden Ende Mai bis Mitte Juni in Töpfen oder auf einem Anzuchtbeet vorgezogen und können im Juli an ihren endgültigen Platz versetzt werden. Dabei achte man darauf, die Rüben nicht zu tief zu pflanzen, da sie sonst in ihrer Entwicklung gestört werden. Der richtige Pflanzabstand liegt bei 40 cm in jede Richtung. Sie haben einen mittleren Nährstoffbedarf, allzu frisch gedüngter Boden bekommt ihnen nicht. Anfangs müssen sie öfter gegossen werden, später nur bei besonderer Trockenheit. Nachdem die Rüben mit ihren Blättern das Beet beschatten, muss auch nicht mehr gehackt werden. Ab Mitte September sind die Rüben erntereif, bis Oktober legen sie noch etwas an Größe zu. In milden Regionen kann man sie über Winter auf dem Beet stehen lassen, da sie Temperaturen bis −10 °C unbeschadet überstehen.

Sorten

Es sind nur wenige Sorten im Handel:
- 'Wilhelmsburger' ist die bekannteste Sorte. Die Rüben sind orangegelb durchgefärbt mit grünem Kopf und haben einen intensiven Geschmack, die Pflanzen sind recht widerstandsfähig gegen Mehltau.
- 'Hoffmanns Gelbe' ist eine gelbfruchtige Sorte.

Es gibt auch weißfruchtige Sorten, die aber in der Praxis nur als Viehfutter angebaut werden, da sie geschmacklich nicht mit den gelben Sorten mithalten können.

Schädlinge und Krankheiten

Die Steckrübe ist eine robuste Kultur. Sie kann aber von denselben Schädlingen heimgesucht werden, wie andere → Kohl- und Rübensorten auch. Vor allem im Jugendstadium können Erdflöhe den Pflanzen sehr zusetzen. Dagegen hilft häufiges Wässern oder die rechtzeitige Abdeckung mit einem Kulturschutznetz. Kohlweißlinge legen gerne ihre Eier an die Blätter der Pflanze, mit einem Vogelschutznetz lässt sich dies verhindern. Sind bereits Raupen geschlüpft, sollten Sie diese absammeln. Ab Mitte, Ende September lassen die Aktivitäten der Schädlinge in der Regel nach. Um den Befall mit der hartnäckigen Kohlhernie zu vermeiden, sollten Steckrüben wie andere Kohlsorten nie in aufeinanderfolgenden Jahren auf demselben Beet angebaut werden. Halten Sie einen Abstand von drei bis vier Jahren ein.

Ernten und Lagern

Am besten halten Steckrüben auf dem Beet frisch. Leichter Frost führt dazu, dass der Geschmack etwas süßlicher wird. Drohen längere und härtere Frostphasen, ist es besser, die Rüben zu ernten. Lockern Sie den Boden ein wenig mit der Grabegabel, bevor Sie die Rüben herausziehen. Sie lassen sich an einem kühlen und dunklen Ort mehrere Monate lagern, wenn Sie das Blattwerk abdrehen. Sie eignen sich auch gut dazu, in einer Erdmiete gelagert zu werden. Im Kühlschrank halten Steckrüben mehrere Wochen.

Steckrübe in der Küche

Steckrüben haben einen süßlichen und zugleich bitter-herben Geschmack. Es lassen sich eine ganze Reihe deftiger Gerichte aus der Steckrübe bereiten. Jüngere Exemplare können Sie mit dem Sparschäler schälen, bei älteren Rüben nehmen Sie ein scharfes Messer. Unansehnliche Stellen werden großzügig weggeschnitten, die restliche Rübe bleibt gut brauchbar.

Man kocht die Rüben in Würfel geschnitten in Salzwasser. Mit etwas zerlassener Butter oder mit gebratenen Zwiebeln geben sie eine herzhafte Beilage. Steckrübenpüree, verfeinert mit einer Prise Muskat und einem Schuss Sahne (oder einem ordentlichen Stich Butter), schmeckt gut zu dunklem Fleisch oder Geflügel, aber auch zusammen mit gedünsteten Äpfeln und Kartoffelpüree. Ein Steckrübeneintopf mit zweierlei Fleischsorten, Zwiebeln und je nach Geschmack auch Rosinen wärmt im Winter gut auf. Ein vegetarischer Steckrübeneintopf lässt sich aus in Rapsöl gedünsteten Zwiebeln, Möhren, Steckrüben und Graupen zuberei-

ten. Frischer Schnittlauch – vom Fensterbrett oder sogar schon aus dem Garten – wertet den Eintopf erheblich auf.

Gesunde Steckrübe

Steckrüben enthalten viel Wasser und wenig Kalorien. Dazu kommen das im Winter rare Vitamin C sowie einige Vitamine aus dem B-Komplex. Die Carotinoide in der Steckrübe gelten als krebsvorbeugend. An Mineralstoffen enthält die Steckrübe vor allem Kalzium und Kalium. Das Gemüse enthält viele Ballaststoffe und gilt deshalb als verdauungsfördernd.

Steckrüben vertragen leichten Frost und werden davon noch etwas süßer.

TOMATE *Lycopersicon esculentum*

Die Tomate ist ein Nachtschattengewächs. Sie gehört zu den weltweit beliebtesten Gemüsearten. Es gibt mehr als 1.000 verschiedene Sorten in diversen Farben und Formen. Im gewerblichen Anbau werden Tomaten in Mitteleuropa in der Regel unter Folie bzw. im Gewächshaus gezogen. Die Erntezeit beginnt Mitte Juli und erstreckt sich bis in den Herbst.

Kulturgeschichte

Die Tomate stammt ursprünglich aus Süd- und Mittelamerika. Sie wurde von Kolumbus gegen Ende des 15. Jahrhunderts nach Europa gebracht. Dort betrachtete man die Pflanze, die den Nachtschattengewächsen zuzuordnen ist, mit Argwohn. Denn sie gehört in dieselbe Pflanzenfamilie wie die einheimische Tollkirsche und der Stechapfel – beides Giftpflanzen und »Hexengewächse«. So sah man in der Tomate zunächst eine obskure Zierpflanze. Man mutmaßte, dass die pralle rote Kugel mit der Frucht der Erkenntnis identisch sei, die Eva einst Adam gereicht hatte. Dieser Gedanke hat sich in der Bezeichnung »Paradiesapfel« oder »Paradeiser« niedergeschlagen. Bis die Tomate Eingang in die europäische Küche gefunden hat, verging noch eine ganze Weile. Verschiedenen Überlieferungen zufolge haben sich als Erstes die Italiener an den Verzehr der Tomate herangetraut und rasch Gefallen an der saftigen Frucht gefunden. Im 18. Jahrhundert wurden Tomaten bereits auf Feldern angebaut. Andere Mittelmeerländer taten es dem italienischen Beispiel nach. In Deutschland hingegen dauerte es noch bis zum Ende des 19. Jahrhunderts, bis von Süd nach Nord fortschreitend Tomaten als Lebensmittel akzeptiert

wurden. Im 20. Jahrhundert begann die Tomate ihren Siegeszug über die ganze Welt. Verarbeitet zu Suppen, Soßen und Ketchup sowie eingedickt zu Tomatenmark, ist sie insbesondere aus der modernen Fastfood-Küche nicht mehr wegzudenken. Heute verzehrt der Durchschnittsdeutsche etwa 20 kg Tomaten pro Jahr, die hauptsächlich aus Spanien und den Niederlanden importiert werden. Der Tomatenkonsum in Frankreich liegt etwas höher und wird ebenfalls aus spanischem und zunehmend auch aus marokkanischem Anbau gedeckt.

Die Tomate gehört zu den beliebtesten Gemüsearten überhaupt. Leidenschaftliche Hobbygärtner erhalten heute oft zehn, zwanzig oder fünfzig verschiedene Sorten und tauschen das Saatgut miteinander.

Anbau im Garten

Tomaten lassen sich recht einfach ziehen. In unseren Breiten können sie erst spät, nach den letzten Frösten, ausgepflanzt werden. Jungpflanzen werden ab April auf Wochenmärkten, in Gärtnereien und in Gartencentern verkauft. Zum Standardangebot gehören mittlerweile Cherrytomaten, normalgroße Tomaten und Fleischtomaten. Sie können die Pflanzen auch leicht auf der Fensterbank oder im Gewächshaus vorziehen. Wenn Sie ausgefallenere Sorten probieren möchten, müssen Sie selbst aussäen.

Sehr frühe Sorten können ab Ende Februar/ Anfang März vorgezogen werden, erste Früchte sind dann schon im Juli reif. Sie brauchen viel Platz, denn bis zum Auspflanzen im Mai werden die Tomatenpflanzen gut 30 cm groß.

Auf einen Blick

- Aussaat 3–4 / Ernte 7–10
- Sonniger Standort
- Wärmebedürftig
- Sollte überdacht stehen
- Hoher Nährstoffbedarf
- Riesige Sortenvielfalt
- Geeignet für Kübel

Für die frühe Anzucht von Tomaten ist viel Licht erforderlich, damit die Pflänzchen nicht vergeilen. Künstliches Licht durch eine Leuchtstoffröhre kann eine Lösung sein. Oder Sie warten einfach noch ein wenig mit der Anzucht und säen erst Anfang oder Mitte April aus. Die Tage sind dann bereits länger, und das Licht auf dem Fensterbrett reicht in der Regel aus. Sie ernten dann etwa zwei Wochen später, aber die Pflanzen sind meist robuster und werden reich tragen.

Die Tomatensamen können vor der Aussaat in lauwarmem Wasser oder Kamillentee eingeweicht werden, das erleichtert die Keimung. Ausgesät wird in Saatschalen oder kleine Töpfchen. Die günstigste Keimtemperatur liegt bei etwa 20 bis 22 °C. Wenn sich die ersten richtigen Blätter nach den Keimblättern gebildet haben, werden die Pflänzchen pikiert, d. h. in einzelne Töpfe umgesetzt, die mindestens einen Durchmesser von 10 cm haben sollten. Dabei kann der untere Teil der Wurzel abgezwickt werden, um ein verzweigtes Wurzelwachstum anzuregen.

Einige Tage bevor Sie die jungen Tomaten auspflanzen, sollten Sie damit beginnen, sie abzuhärten. Dazu stellen Sie die Töpfe zunächst an warmen Tagen in den Schatten und – nachdem sie sich daran gewöhnt haben – später auch in die Sonne. Es

Seitentriebe aus den Blattachseln werden ausgebrochen.

spricht nichts dagegen, die Pflanzen nach einigen Tagen auch nachts draußen zu lassen, solange die Temperatur nicht unter 5 °C fällt. Erst wenn sicher kein Frost mehr auftritt, werden sie endgültig ausgepflanzt.

Wenn Sie sehr viele Jungpflanzen haben und der Platz auf Fensterbrettern im Frühjahr knapp wird, kann ein kleines Foliengewächshaus vorübergehend gute Dienste leisten. Falls doch noch einmal Frost angesagt ist, helfen einige Grablichter im Zelt, die Temperatur über null zu halten.

Als Starkzehrer benötigen Tomaten einen gut gedüngten Boden. Man kann eine ordentliche Portion Kompost ins Pflanzloch füllen. Im Laufe der Vegetationsperiode sollte nachgedüngt werden. Dazu können die handelsüblichen Fertigdünger für Tomaten verwendet werden. Als organische Düngung eignet sich Brennnesseljauche besonders gut. Die Pflanzen mögen auch gerne mit Brennnesselblättern oder Grasschnitt gemulcht werden, dies ergibt eine organische Stickstoffdüngung und verhindert, dass der Boden austrocknet.

Die Pflanzen sollten mit lockerem Abstand von mindestens 60 cm gesetzt werden. Somit werden die Blätter genügend durchlüftet, um Erkrankungen vorzubeugen. Im Normalfall werden Tomaten eintriebig gezogen – neue Triebe, die sich aus den Blattachseln entwickeln, sollten ausgegeizt werden, damit die Energie der Pflanze in die Produktion der Früchte geht. Wenn man noch mehr Pflanzen haben möchte, kann man die Geiztriebe im Wasserglas bewurzeln und auspflanzen.

Immer wieder kommt es vor, dass sich der Mitteltrieb einfach teilt. Sofern genügend Platz vorhanden ist, kann man ihn weiterwachsen lassen, allerdings sollte jeder Trieb einen eigenen Stab bekommen, an dem er aufgebunden wird. Wenn im Folien- oder Gewächshaus die Möglichkeit besteht, Schnüre an der Deckenkonstruktion zu befestigen, können die Tomaten an den Schnüren entlanggeleitet werden, die man um den Haupttrieb schlingt. Im Erwerbsanbau ist dies gängige Praxis. Buschtomaten werden im Gegensatz zu den weitverbreiteten Stabtomaten nicht ausgegeizt und auch nicht aufgebunden.

Tomatenpflanzen tragen bis zum ersten Frost. Grüne Früchte können abgenommen und in der Wohnung an einem warmen Platz gelagert werden, dann reifen sie teilweise noch nach. Die Reifung wird begünstigt, wenn man ein paar Äpfel dazulegt (da diese Reifegase abgeben) und die Früchte mit Zeitungspapier abdeckt. Die auf diese Weise nachgereiften Tomaten schmecken nicht mehr so gut wie ihre sonnengereiften Brüder und Schwestern. Zum Verkochen eignen sie sich jedoch noch sehr gut.

Sorten

Es gibt mehrere tausend Tomatensorten, grob unterscheidet man **Fleisch-, Stab-, Kirsch- und Cocktailtomaten, Flaschen-, Eier-, Busch- und Wildtomaten**. Viele davon sind regional gezüchtet und an die klimatischen Gegebenheiten angepasst. Ein enormes Sortenspektrum ist in der ehemaligen Sowjetunion entstanden, wo die Eigenproduktion oftmals die einzige Garantie dafür war, überhaupt Tomaten essen zu können. Im Erwerbsanbau sind die alten Landsorten schon lange durch moderne Sorten verdrängt worden. Doch seit einigen Jahren ist eine Gegenbewegung entstanden. Es gibt immer mehr Liebhaber, die mehrere Dutzend Tomatensorten anbauen.

An dieser Stelle können nur beispielhaft einige Sorten genannt werden:
- 'Black Russian' – braunolive Salattomate, das Fruchtfleisch ist cremig und hocharomatisch.
- 'Black Seaman' – kleine Fleischtomate, der Farbton changiert zwischen Altrosé, Braun und Oliv. Sehr würzig.

Die Fleischtomate 'Black Seaman' hat ein intensives Aroma und cremiges Fruchtfleisch.

- 'De Berao' ist eine samenfeste Sorte, die ziemlich tolerant gegen Braunfäule ist. Geschmacklich überzeugt sie im Frischverzehr nicht sehr, für die Herstellung von Soßen und zum Einkochen ist sie hingegen gut geeignet. Es gibt eine braune 'De Berao', die etwas besser schmeckt als ihre roten Kollegen.
- 'Johannisbeertomaten' gibt es in Rot, Gelb und Weiß. Die sehr filigranen, aber robusten Pflanzen tragen unzählige winzig kleine Früchte, die sich bestens für Deko-Zwecke eignen und gerne von Kindern gegessen werden. Die Pflanze wächst sehr buschig und braucht viel Platz.
- 'Green Pineapple' ist eine würzige Fleischtomate, die sehr ertragreich ist, sie bleibt auch im reifen Zustand froschgrün.
- 'Green Grape' ist eine buschig wachsende, grüngelbe Cherrytomate mit würzig-aromatischem Geschmack.
- 'Red Robin' – kleinwüchsige, nur 40 cm hohe Buschtomate, die viele kleine rote Früchte trägt, ideale früh reifende Cocktailtomate für den Balkonkasten oder Kübelbepflanzung.
- 'Hellfrucht' ist eine mittelfrühe und sehr ertragreiche Tomatensorte, die weitverbreitet ist. Die Früchte sind hellrot und fest.
- 'Goldene Königin' trägt gelbe, säurearme Früchte, mittelfrüh.
- 'Fantasio' F_1 ist eine Hybridsorte, die sehr tolerant gegen Braunfäule ist. Die etwas abgeflachten Früchte werden apfelgroß, der Geschmack ist nicht sehr intensiv.
- 'Orange Russian' ist eine Fleischtomate mit orangegelben Früchten, die sehr wenig Kerne ausbilden, das Fleisch ist fest und schmeckt fruchtig.

Wer seltene Sorten in seinem Garten haben möchte, muss Jungpflanzen selbst anziehen.

- 'Teardrop' wächst sehr hoch und bildet viele Trauben mit ovalen, kleinen roten Früchten, die süß und wohlschmeckend sind und dabei recht fest bleiben, sodass man sie gut transportieren kann – die idealen Tomate fürs Pausenfrühstück.
- 'Tiger Paw' ist eine früh reifende, mild schmeckende gelbweiße Fleischtomate.
- 'Philovita' F_1 ist tolerant gegenüber der Braunfäule. Sie bringt viele kleine Cherry-tomaten mit gutem Geschmack hervor. Resistent gegen weitere Tomatenkrank-heiten.
- 'Vitella' F_1 ist eine für den Freilandanbau gut geeignete Sorte, da sie recht tolerant gegen die Braunfäule ist. Sie soll zudem ihr Wachstum abschließen, wenn etwa Mannshöhe erreicht ist, sodass sich das Kappen der Triebspitze bei dieser Sorte erübrigt.

Schädlinge und Krankheiten

Die am meisten verbreitete Tomatenkrank-heit mit fatalen Auswirkungen ist die Braun-fäule *(Phytophthora)*. Es handelt sich dabei um eine Pilzerkrankung, die bevorzugt bei hoher Luftfeuchtigkeit bzw. häufigem Regen auftritt. Die Braunfäule kann binnen weniger Tage den gesamten Tomatenbestand dahin-raffen. Man kann ihr mit Kupferspritzungen vorbeugen. Am besten ist es jedoch, wenn man die Tomaten durch eine Überdachung vor Regen schützt. Aber Vorsicht, in einem geschlossenen Gewächshaus wird die Luft-feuchtigkeit schnell zu hoch. Am besten haben sich offene Überdachungen bewährt oder Folienhäuser, die über wenigstens eine offene Seite verfügen. Auch unter Dachüber-ständen und im Idealfall vor einer wärme-speichernden Hauswand gedeihen Tomaten gut. Tomatenhauben, die wie Eierwärmer über einzelne Pflanzen gestülpt werden, bieten zu wenig Luftaustausch und lassen eine hohe Feuchtigkeit entstehen, die eine Infektion begünstig.

'Ukrainische Eier' tragen recht üppig und früh hellorangene Früchte.

Blütenendfäule entwickelt sich häufig bei länglichen Tomatenformen (Flaschentomaten) und bei großen Fleischtomaten. Zu erkennen ist die Erkrankung an einem erst glasigen, dann braunen Fleck auf der Unterseite der Frucht, der mit zunehmender Reife nach innen zieht. Die Blütenendfäule wird dadurch verursacht, dass der Pflanze nicht genügend Kalzium zur Verfügung steht. Die beste Abhilfe schafft eine Düngung mit Urgesteinsmehl; wenn nicht vorhanden, kann auch normaler Gartenkalk verwendet werden. Neu ansetzende Früchte sind dann von der Erkrankung nicht mehr betroffen. Bei erkrankten Früchten kann man die braunen Stellen ausschneiden und den Rest verzehren.

Ernten und Lagern

Die Tomatenernte beginnt im Juli, Haupterntemonate sind August und September – in warmen Gegenden auch noch der Oktober. Tomaten lassen sich je nach Sorte mehrere Tage lagern, allerdings sollte man sie nie in den Kühlschrank tun, da sie dort erheblich an Aroma einbüßen. Halbreif geerntete Tomaten kann man auch einige Wochen aufbewahren, dabei reifen sie nach, entwickeln aber weniger Aroma als die an der Pflanze ausgereiften Früchte. Sie lassen sich unkompliziert in Gläsern konservieren. Dazu die grob zerkleinerten und vom Stielansatz befreiten Früchte mit etwas Salz zum Kochen bringen. Wenn sie weich geworden sind bzw. zu zerfallen beginnen, kann man sie mit dem Mixstab pürieren. Noch einmal aufkochen lassen und dann in peinlich saubere Gläser füllen, diese einen Moment lang auf den Kopf stellen. Auf diese Weise eingekochte Tomaten lassen sich für Suppen, Soßen und Gemüsegerichte verwenden und halten einige Monate. Wenn Sie reichlich Zucchini geerntet haben, können Sie die Tomatensoße gut damit strecken. Tomaten lassen sich auch als ganze Früchte

einfrieren, man sollte sie aber nach dem Festwerden in einen Gefrierbeutel tun, um das Austrocknen zu vermeiden. Sie können im Ganzen dann beim Kochen verwendet werden.

In Südosteuropa werden Tomaten verbreitet auch milchsauer eingelegt oder in Essig konserviert, wie man es auch mit Gewürzgurken tut. Die auf diese Weise haltbar gemachten Früchte schmecken auch im Winter noch gut zu belegten Broten oder gegrilltem Fleisch.

Im Süden werden Tomaten zur Konservierung an der Sonne – oft auf den Hausdächern – getrocknet, in Mitteleuropa erlaubt das Wetter dies meist nicht.

Tomate in der Küche

Tomaten sind in der Küche äußerst vielseitig verwendbar. Sehr beliebt sind sie als Tomatensoßen oder als Zutat von Gemüsetöpfen, Fleischtöpfen sowie Tomatensuppen. Passierte Tomaten dürfen auf keiner Pizza fehlen und sind ein grundlegender Bestandteil vieler Nudelauflauf-Gerichte wie z. B. Lasagne. Der Gehalt an wertvollem Lycopin ist bei eingekochten Früchten (geschält, passiert oder auch zu Tomatenmark konzentriert) höher als bei rohen Tomaten. Von daher kann für die Zubereitung von gegarten Gerichten bedenkenlos auf Konserven zurückgegriffen werden.

Frische Tomaten sollten vor ihrer Weiterverarbeitung geschält werden. Dazu muss die Haut kreuzweise eingeritzt und die Frucht dann mit kochendem Wasser übergossen werden. Nach 1 bis 2 Minuten lässt sich die Haut leicht lösen.

Zu Tomaten schmecken besonders gut mediterrane Gewürze wie Oregano, Thymian, Salbei und Basilikum. Frische Tomaten, in

Scheiben geschnitten, zusammen mit Mozzarella, ein paar Kräutern und Olivenöl, geben eine rasch zubereitete und beliebte Vorspeise – oder zusammen mit etwas Weißbrot eine leichte sommerliche Mahlzeit ab.

Zunehmend beliebter sind getrocknete Tomaten, die in den Mittelmeerländern hergestellt werden und in Öl eingelegt bei uns erhältlich sind. Mit ihrem intensiven Aroma lassen sich Tomatensoßen er heblich aufwerten.

Gesunde Tomate

Unreife Tomaten enthalten das giftige Solanin. In sehr kleinen Mengen – z. B. als Marmelade oder Chutney – ist dies für Erwachsene verträglich. Größere Mengen unreifer Tomaten dürfen jedoch nicht verzehrt werden.

Ein gesundheitlicher Nutzen wurde der Tomate bis ins beginnende 20. Jahrhundert hinein abgesprochen. Doch mittlerweile hat sich das Blatt gewandelt. Die Tomate gilt heute als sehr gesund. Sie ist aufgrund ihres hohen Wassergehaltes (bis 95 %) kalorienarm. Sie ist reich an Kalzium, Phosphor und Eisen sowie den Vitaminen A, B_1 und B_2. Rote Tomaten enthalten zudem sehr viel Lycopin, ein Stoff aus der Gruppe der Carotine. Lycopin gehört zu den Antioxidanzien und gilt als solches als krebsvorbeugend. Der Lycopingehalt von Tomaten ist umso höher, je besser ausgereift die Früchte sind. Der menschliche Organismus kann das Lycopin aus gegarten Tomaten besser verwerten als das aus den rohen Früchten; die gleichzeitige Aufnahme von Fett verbessert die Verwertung außerdem.

Einige Menschen vertragen Tomaten wegen des hohen Säuregehalts nicht. Säurearme Sorten – oft sind das gelbe oder weiße Tomaten – verursachen bei ihnen allerdings keine Beschwerden.

Spaghetti mit nur ganz kurz gegarten Tomatenstückchen, Kräutern und Olivenöl ergeben ein schnelles sommerliches Gericht.

Die Vielfalt bei Tomaten ist riesig, es gibt mehrere hundert Sorten.

TOPINAMBUR *Helianthus tuberorus*

Topinambur ist mit der Sonnenblume verwandt und gehört in die Familie der Korbblütler. Man verzehrt die Knollen, die ab dem Spätherbst geerntet werden. Sie sind von Oktober bis in den Spätwinter hinein im Naturkosthandel und in gut sortierten Lebensmittelmärkten erhältlich.

Kulturgeschichte

Die Heimat des Topinamburs liegt in Mittelamerika. Er gilt als eine der frühen Kulturpflanzen der indianischen Bevölkerung. Französische Seefahrer haben Knollen um 1600 mit nach Hause gebracht und nach einem brasilianischen Indianerstamm benannt. Da der Tobinambur anspruchslos ist und ohne viel Mühe hohe Erträge bringt, erfreute er sich bald großer Beliebtheit und verbreitete sich rasch in ganz Europa. Die Knollen wurden gerne auch als nahrhaftes Viehfutter verwendet. Mit der Ausbreitung der Kartoffeln wurde der Tobinambur vom Speiseplan der Mitteleuropäer verdrängt und geriet fast vollkommen in Vergessenheit.

Im Zuge der Naturkostbewegung kam es zur Wiederentdeckung der nahrhaften Knollen im alternativen Landbau. In den 1980er-Jahren hielt der Tobinambur in die Bioläden Einzug. Migranten aus Osteuropa und aus der Türkei brachten die hübsch blühenden Pflanzen teilweise mit in deutsche Kleingärten, sofern der Tobinambur in deren Herkunftsland kultiviert worden war. Wegen ihres hohen Stärkegehaltes eignet sich die Knolle auch zur Schnapsbrennerei. In manchen Ziergärten findet man Topinambur wegen der hübschen Blüten.

Anbau im Garten

Am liebsten hat Tobinambur schwere Böden, er kommt aber auch mit jeder anderen Situation zurecht. Die Knollen werden im März oder April etwa 10 cm tief gelegt, der Abstand zwischen den einzelnen Pflanzen sollte etwa 50 cm betragen. Überlegen Sie sich gut, wo Sie den Tobinambur ansiedeln möchten, denn auch wenn Sie meinen, alle Wurzelstücke geerntet zu haben, treibt im kommenden Jahr bestimmt ein vergessenes Stückchen wieder aus. Ein Platz am Rande des Gemüsebeetes oder in einem sehr großen Kübel ist deshalb gut gewählt.

Halten Sie am Anfang den Boden frei von Unkraut, bei längerer Trockenheit wässern Sie ein wenig. Mehr müssen Sie nicht tun. Der Tobinambur ist wüchsig und unkompliziert. Die Pflanzen werden je nach Sorte einen Meter hoch oder sogar noch mehr. Im Spätsommer blüht er.

Sorten

Es gibt helle cremefarbene, beigebraune und rötliche Knollen, die mehr oder weniger glatt sind.
- 'Bianca' hat annähernd weiße Knollen, die Pflanzen werden mittelhoch.
- 'Gigant' besticht durch sehr große, helle Knollen und reift recht früh. Die Sorte blüht allerdings nur wenig.
- 'Gute Gelbe' hat eine gelbe, eher glatte Schale und sehr gute Speiseeigenschaften.
- 'Fuseau' bildet sehr große Knollen mit recht glatter Schale. Die Farbe ist hellbraun. Die Pflanzen werden sehr hoch.

Auf einen Blick

- Aussaat 3–4 / Ernte 10–2
- Sonniger bis halbschattiger Standort
- Sehr raumgreifend
- Mehrere Jahre am Standort
- Mittlerer Nährstoffbedarf
- Einfach anzubauen

- 'Barondo' hat roséfarbene, rundliche Knollen, die Pflanzen werden deutlich größer als 100 cm.

Schädlinge und Krankheiten

Außer Wühlmäusen, zu deren Lieblingsgericht Topinambur gehört, gibt es kaum Feinde. In sehr nassen Sommern kann ein Befall mit Falschem Mehltau auftreten. Echtem Mehltau kann man einfach vorbeugen, indem man die Kultur feucht hält.

Ernten und Lagern

Die Knollen können ab Mitte Oktober geerntet werden. Solange der Boden offen ist, können Sie den ganzen Winter über Nachschub aus dem Garten holen.

Wenn jedoch Wühlmäuse in der Nähe sind, ist es besser, den Topinambur im Herbst auszugraben und die Knollen in feuchten Sand eingeschlagen im Keller zu lagern. Fertig gegart, kann man Gerichte mit Topinambur gut einfrieren.

Topinambur in der Küche

Topinambur kann roh geknabbert oder in Rohkostsalat gerieben werden. Man muss ihn nicht unbedingt schälen, es reicht auch, die Knollen mit der Gemüsebürste ordentlich abzuschrubben. Roh schmeckt er süßlich und etwas nussig. Gegart verändert sich der Geschmack und geht eher in Richtung Schwarz- oder Haferwurzel.

Topinambur kann zusammen mit Zwiebeln gebräunt und herzhaft gewürzt als Beilage zu Fleischgerichten dienen. Er macht sich auch gut in Mischgemüse.

Gesunder Topinambur

Die Knollen sind balaststoffhaltig und sorgen mit dem Inhaltsstoff Inulin – einem besonders für Diabetiker gut verträglichen Polysaccharid – für eine gesunde Darmflora und regen die Darmtätigkeit insgesamt an. Von daher ist der Genuss mäßiger Mengen von Topinambur gut bei einem trägen Darm. Übertreiben Sie es aber nicht, denn Inulin kann auch heftige Blähungen verursachen.

Darüber hat Topinambur eine positive Wirkung auf einen erhöhten Blutfettspiegel und wirkt damit vorbeugend bei Herz-Kreislauf-Erkrankungen.

Tobinampur ist absolut winterhart und bereichert die Küche bis ins Frühjahr hinein.

ZICHORIEN *Cichorium intybus*

Zu den Zichoriensalaten gehören Chicorée, Radicchio und Zuckerhut aus der Familie der Korbblütler. Sie sind im Spätherbst erntereif und fast den ganzen Winter über im Handel erhältlich.

Kulturgeschichte

Die heute bekannten Zichoriensalate sind aus der Wegwarte hervorgegangen, die bereits in der Antike als Arzneipflanze genutzt wurde. Für Deutschland ist die Verwendung von Wegwarte als Heilpflanze – sie soll gut zur Magenstärkung sein – seit dem Mittelalter belegt. Wild wachsende Wegwarte wurde vermutlich in begrenztem Unfang auch als Gemüse zubereitet. Im 17. Jahrhundert entdeckte man die Eignung von gerösteten Pflanzenwurzeln als Kaffeesurrogat. Man begann daraufhin, den Wildpflanzen eine dickere Wurzel anzuzüchten und der Zichorienkaffee verbreitete sich in der Bevölkerung. Echter Bohnenkaffee war bis zur Mitte des 20. Jahrhunderts für weite Bevölkerungskreise ein kostbarer Luxus, oft wurde er mit Zichorienkaffee gestreckt.

In Südeuropa entstanden verschiedene Züchtungen von Blattzichorien, aus denen sich die heute bekannten Radicchio- und Zuckerhutsorten entwickelten. Der Chicorée hingegen ist eine Weiterzüchtung der Wurzelzichorie. Er wird in Mitteleuropa seit dem Ende des 19. Jahrhunderts kultiviert.

Mit den Gastarbeitern aus Südeuropa, vor allem aus Italien, gelangten auch die anderen Zichoriensalate in das deutschsprachige Mitteleuropa.

Anbau im Garten

Blattzichorien sind besonders als Nachfrucht geeignet, da sie es auch noch im kühlen Spätherbst gut auf dem Beet aushalten. Ursprünglich sind es Langtagspflanzen, die bei zu früher Aussaat schnell schossen. Mittlerweile gibt es Züchtungen, die auch für eine Aussaat vor Mitte Juni geeignet sind, aber sicherer ist es, erst nach der Sommersonnenwende auszusäen. Wurzelzichorien wie den Chicorée sollten Sie im April oder spätestens Mai aussäen, damit die Wurzeln bis zum Herbst kräftig genug werden.

Man kann den Salat direkt ins Beet säen und die Jungpflänzchen später vereinzeln. Wenn man auf dem Platz noch eine andere Kultur stehen hat, lassen sich Zichorien aber auch gut vorziehen. Der Abstand richtet sich nach der Sorte – Schnittzichorie und Catalogna können mit einem Reihenabstand von 20 bis 25 cm stehen, Zuckerhut benötigt ebenso wie Chicorée für eine gesunde Entwicklung einen Abstand von 50 cm zwischen den Pflanzen. Orientieren Sie sich an den Empfehlungen auf den Samentütchen.

Der Nährstoffbedarf von Zichorien ist mittelhoch, eine Kompostgabe vor der Aussaat lockert den Boden. Die weitere Kultur ist einfach, es muss lediglich regelmäßig zwischen den Pflanzen gehackt werden.

Je nach Sorte bilden die Pflanzen im Herbst feste Köpfe. Die meisten Sorten vertragen leichten Frost bis etwa −5 °C. Einige Radicchiosorten können Sie über den Winter auf dem Beet stehen lassen (bei längeren Frostperioden mit Vlies abdecken!). Die äußeren

Auf einen Blick

- Aussaat 6–7 / Ernte 9–2
- Sonniger Standort
- Mittlerer Nährstoffbedarf
- Gute Folgekultur
- Geeignet für Balkonkasten

Blätter vergehen, aber die Pflanzen treiben im Frühjahr neu nach und können so als erster frischer Salat geerntet werden.

Sorten

Auch wenn der Name etwas anderes verspricht, ist **Zuckerhut** ebenso wie die anderen Zichorienarten leicht bitter. Die meisten Saatgutanbieter haben nur eine Sorte im Programm, die Vielfalt ist nicht groß:
- 'Stammvater' ist eine bewährte alte Sorte.
- 'Jupiter' F_1 ist eine halbhohe Sorte, die für den frühen Anbau geeignet ist.
- 'Uranus' F_1 ist ebenfalls halbhoch, bildet sehr kompakte, feste Köpfe und ist gut frostverträglich.
- 'Pluto' F_1 ist recht tolerant gegen den Innenblattbrand.

Von **Radicchio** gibt es kopfbildende Sorten und solche, die als Schnittradicchio geerntet werden:
- 'Palla Rossa' bildet kugelige Köpfe mit tief weinroten Blättern, er verträgt leichte Fröste.
- 'Rossa di Trevisio' hat längliche Blätter, die im späten Herbst zu einem Kopf schließen, er ist nur wenig frostverträglich. Er kann auch als Schnittradicchio geerntet werden.
- 'Variegato di Castelfranco' ist eine sehr hübsche Sorte für die Herbsternte, er hat hellbeige Blätter, die weinrot gesprenkelt sind, und bildet feste Köpfe.

- 'Catalogna' hat löwenzahnartige Blätter und wird geschnitten. Lässt man das Herz stehen, wachsen Blätter nach.

Beim **Chicorée** wachsen die Pflanzen den Sommer über, im Spätherbst werden sie ausgegraben und im Keller oder in anderen halbwarmen Räumen angetrieben. Der Neuaustrieb soll kein Licht bekommen, damit er hell bleibt und wenige Bitterstoffe entwickelt. Stülpen Sie einfach einen Pflanzkübel über die Austriebe.

- 'Brüsseler Witloof' ist eine altbewährte Sorte für den frühen bis mittleren Anbau, er bildet längliche, feste Köpfe.
- 'Tardivo' ist für die späte Treiberei geeignet, Ernte ist dann von Januar bis März.

Schädlinge und Krankheiten

In feuchten Sommern sind Zichoriensalate bei Schnecken sehr beliebt. Sie kriechen tagsüber gerne unter die äußeren Blätter. Dort können Sie viele der Übeltäter absammeln. Ein Schneckenzaun hilft zuverlässig. Zuckerhut- und kopfbildende Radicchiosorten beginnen in einem sehr feuchten Herbst manchmal von innen heraus zu faulen, Ursache ist der Innenblattbrand. Es gibt unempfindliche Sorten. Alles in allem sind Zichorien aber recht robust. Wechseln Sie jedes Jahr das Beet und pflanzen Sie frühestens nach drei Jahren Mitglieder der Korbblütlerfamilie wieder auf denselben Platz, um Ermüdungserscheinungen im Boden und Krankheiten vorzubeugen.

Ernten und Lagern

Blattzichorien können Sie jederzeit nach Bedarf schneiden. Wenn Sie das Herz stehen lassen, treiben die Pflanzen nach.

Kopfbildende Radicchio- und Zuckerhutsorten sind etwa zwölf bis vierzehn Wochen nach der Aussaat erntereif. Radicchioköpfe halten sich ein bis zwei Wochen im Gemüsefach des Kühlschranks. Zuckerhut können Sie mehrere Wochen lang im kühlen Keller oder im Kühlschrank lagern, vor dem Verzehr müssen dann einige welke Blätter entfernt werden.

Chicorée wird im Oktober ausgegraben. Die Blätter werden bis auf das Herz zurückge-

Chicoréewurzeln werden im Spätherbst ausgegraben und das Blattwerk wird entfernt, damit im Keller neue zarte Blätter austreiben.

schnitten. Lassen Sie die Wurzeln ein wenig abtrocknen, bevor Sie sie zum Treiben in einen Kübel mit Erde setzen und diesen an einen dunklen und mäßig warmen Ort (12 bis 18 °C) stellen. Wenn es nicht sehr dunkel ist, stülpen Sie einen weiteren Kübel über die Pflanze. Halten Sie die Wurzeln leicht feucht, aber auf keinen Fall nass. Nun dauert es je nach Temperatur vier bis sechs Wochen, bis die Pflanzen neue Sprossen getrieben haben und abgeschnitten werden können. Geschnittener Chicorée lässt sich noch einige Tage im Kühlschrank lagern.

Zichorien in der Küche

Wer den bitteren Geschmack von Zichorien nicht mag, kann die geschnittenen Blätter in lauwarmes Wasser legen und so die Bitterstoffe herausziehen. Damit gehen aber leider auch Vitamine verloren.

In Südeuropa werden Zichorien gerne kurz gegart verspeist: Probieren Sie es einmal, die Blätter in einem guten Olivenöl zu schmoren. Das passt zu Fleisch, aber auch zu Pasta und Käse. Wenn Sie es nicht so gerne nur bitter haben, geben Sie Weintrauben oder Apfelstückchen als süßes Gegengewicht dazu – das Ergebnis ist äußerst pikant.

Dasselbe gilt auch für Zichoriensalate – zusammen mit Möhren oder rotem Paprika tritt der leicht bittere Geschmack in den Hintergrund.

Chicorée schmeckt auch Kindern sehr gut, wenn er mit Joghurtdressing und Orangenstückchen angemacht wird.

Gesunde Zichorien

Was bitter schmeckt, ist gesund, das sagten schon die Großmütter. Und auch im Fall der Zichorien ist da was dran: Der Bitterstoff Intybin ist appetitanregend und harmonisiert die Verdauung. Er wirkt stärkend auf Leber und Galle. Die Volksmedizin sagt den Zichorien eine blutreinigende Wirkung nach, ja, sie sollen sogar Herzbeschwerden aller Art lindern.

Radicchio verträgt ein wenig Frost, das Herz kann oft noch im Winter unbeschadet geerntet werden.

ZUCCHINI *Cucurbita pepo*

Zucchini gehören zu den Kürbisgewächsen, genauer gesagt zu den Gartenkürbissen. Im Gegensatz zu den meisten anderen Kürbissen werden Zucchini jedoch jung und unausgereift verzehrt. Aus heimischem Anbau sind Zucchini ab Juli bis in den Herbst im Handel.

Kulturgeschichte

Die ursprüngliche Heimat der Zucchini liegt in Nord- und Mittelamerika. Dort wurden und werden sie als eine der vielen Kulturformen von Kürbis schon seit mehreren tausend Jahren gezogen. Nach Europa sind Kürbis und Zucchini erst in der Neuzeit gelangt. In Südeuropa werden Zucchini schon länger in verschiedenen Sorten kultiviert. Der Name »Zucchini« ist abgeleitet vom italienischen »Zucca« und bedeutet »kleiner Kürbis«. Obwohl Zucchini auch im mitteleuropäischen Klima gut gedeiht, ist sie in Deutschland erst seit den 1970er-Jahren bekannt. Bei Kleingärtnern ist sie wegen ihrer Unkompliziertheit und der hohen Ernteerträge sehr beliebt. Hauptanbaugebiete sind heute China und Indien sowie in Europa die Mittelmeerländer Spanien, Frankreich und Italien.

Anbau im Garten

Anders als viele eng verwandte → Kürbisse ranken die meisten Zucchinisorten nicht, sondern bilden einen im Verlaufe des Sommers immer größer werdenden Busch, der schließlich mehr als einen Quadratmeter Platz für sich vereinnahmen kann.

Zucchini lassen sich leicht kultivieren und verschaffen auch Gartenanfängern ein echtes Erfolgserlebnis. Man kann bei entsprechend erwärmtem Boden direkt ab Mitte Mai im Freiland aussäen, die Pflanzen entwickeln sich schnell. Die Pflanzen können auch ab Ende April auf dem Fensterbrett oder im Gewächshaus vorgezogen werden. Damit erzielt man einen Entwicklungsvorsprung von zwei bis drei Wochen. Es werden dazu immer zwei Samenkörner in einen Topf von mindestens 9 cm Durchmesser gesteckt. Die schwächere Pflanze entfernt man nach einigen Tagen, die stärkere wird ausgepflanzt. Für den Bedarf einer Familie reicht in der Regel eine Kürbispflanze, mit zwei Pflanzen ist man gänzlich auf der sicheren Seite und kann in einem guten Sommer noch die Nachbarschaft beglücken.

Zucchini sind Starkzehrer und vertragen auch frischen Kompost oder Dung. Der Boden sollte gut gelockert sein, die Pflanzen müssen gründlich gegossen werden. Dafür verwendet man am besten in der Regentonne temperiertes Wasser oder lässt die volle Gießkanne über Tag stehen, damit sich das Wasser erwärmen kann. Der Abstand zu anderen Kulturen sollte zu jeder Seite etwa 0,5 m betragen. Zucchini gedeihen gut in Mischkultur mit Kapuzinerkresse, Zwiebeln, Lauch oder auch am Fuße von Stangenbohnen. Sehr hübsch sehen Zucchini umrahmt von Ringelblumen aus, die robust genug sind, sich gegen das starkwüchsige Gemüse zu behaupten.

Wenn die Zucchini zu blühen beginnen, entwickeln sich oft erst einmal viele männliche Blüten, die keine Früchte bilden. Man erkennt sie an dem dünneren Stiel, auf dem sie aufsitzen. Bald darauf kommen auch die weiblichen Blüten und setzen erste Früchte an, die sich bei warmer Witterung rasend schnell entwickeln.

Sorten

Am bekanntesten sind die einfachen dunkelgrünen Zucchini, häufig mit kleinen helleren Einsprengseln. Es gibt daneben aber auch gelbe, hellgrüne oder fast schwarze Sorten und runde Formen.

- 'Striato d'Italia' ist eine hell- und dunkelgrün gestreifte und leicht gerippte Sorte, die in Italien sehr beliebt ist. Die Reifezeit beträgt etwa 55 Tage. Die Früchte können bis zu 60 cm lang werden.
- 'Gold Rush' F_1 ist eine leuchtend gelbe Zucchinisorte aus den USA. Das Fruchtfleisch ist sehr zart. Ihre voll ausgereiften, d. h. bis zu 50 cm langen Früchte können auch einige Monate wie Kürbis gelagert werden. Reifezeit 50 bis 55 Tage.
- Eine extrem kurze Entwicklungszeit hat die hellgrüne, runde 'Cue Ball' F_1 aus den USA. Bereits nach 35 Tagen können die Früchte geerntet werden. Die Kugelform eignet sich gut zum Füllen. Jung ernten, das Fruchtfleisch wird sonst wattig. Es wachsen immer wieder viele neue Früchte nach.
- 'Eight Ball' F_1 heißt eine runde Sorte mit schwarzgrüner Schale, die rasch hart wird. Jung ist sie wie Zucchini verwendbar, ausgereift einige Wochen lagerfähig. Nussiger Geschmack.

Die Früchte der Sorte 'Gold Rush' leuchten in hellem Gelb.

- 'Bianco di Trieste' ist der Name einer hellgrünen, fast weißen Sorte, die aus Italien stammt. Sehr gutes Aroma und bissfestes, gelbliches Fruchtfleisch. Reifezeit zwischen 45 und 50 Tage.
- 'Black Forest' F_1 – diese Zucchinisorte kann klettern bzw. ranken und lässt sich daher platzsparend an einem Zaun o. Ä. ziehen. Sie hat dunkelgrüne, längliche Früchte.
- Die Früchte von 'Radiant' F_1 sind dunkelgrün glänzend und länglich. Die Sorte ist resistent gegen Mehltau und den Gurkenmosaikvirus. Die Pflanze bringt eine ergiebige Ernte hervor.

Den Zucchini in Anbauweise und Verwertung sehr ähnlich sind die **Patissons**, kleine Kürbisse, die wie Ufos aussehen und unreif geerntet werden. Auch Patissons wachsen in Buschform und ranken nicht.

- 'Sunbeam' ist eine orange Sorte mit hellgrüner Mitte. Die Früchte werden etwa 500 g schwer. Das Fruchtfleisch ist hellgrün, wenn jung – nach etwa 50 Tagen – geerntet wird. Lässt man die Früchte ausreifen (90 Tage), wird die Schale hart und das Fruchtfleisch gelblich.
- 'Patty Green Tint' F_1, eine sehr wüchsige und reich tragende Sorte mit hellgrünen Früchten, die ein sehr festes, fast weißes Fleisch haben. Die Schale ist bei den jungen Früchten auch essbar. Jung zu ernten nach etwa 50 Tagen, ausgereift zwei bis drei Monate haltbar.

Schädlinge und Krankheiten

Der größte Feind junger Zucchinipflanzen sind die Schnecken. Dagegen helfen wirkungsvoll Schneckenzäune, Schneckenkragen oder das konsequente Streuen von Schneckenkorn in den ersten zwei, drei Wochen nach der Pflanzung. Bei trockenem Wetter ist das Problem deutlich geringer.

Im späteren Verlauf des Gartenjahres leiden Zucchini wie auch Kürbispflanzen häufig unter Pilzerkrankungen. Beim Echten Mehltau, der vor allem bei Trockenheit auftritt, bilden sich weißgraue Flecken auf der Oberseite der Blätter, im weiteren Krankheitsverlauf fließen sie zusammen, die Blätter werden braun und sterben ab. Falscher Mehltau geht mit weißgelben Flecken auf der Blattoberseite und einem weißgrauen Belag auf der Blattunterseite einher. Dieser Pilz verbreitet sich vorrangig bei feuchtem Wetter. Erkranken kann die Pflanze auch am Mosaikvirus, das mosaikartige gelbe Flecken auf den Blättern hervorbringt und die Pflanze schließlich zum Absterben bringt. Meist braucht man nichts mehr dagegen zu unternehmen, da die Vegetationsperiode sowieso zu Ende geht. Ansonsten sollte man die Pflanzen rechtzeitig stärken und dadurch Krankheiten vorbeugen. Dazu gehört der Verzicht auf übertriebene mineralische Stickstoffdüngung, besser ist Brennnesseljauche. Auszüge und Jauche von Ackerschachtelhalm stärken die Blätter. Gesteinsmehl streuen. Neemschrot wirkt vorbeugend gegen Pilzbefall. Man sollte eine dreijährige Anbaupause für Kürbis, Zucchini und Gurken auf dem Beet einhalten, da die Pilzsporen im Boden überwintern können.

Ernten und Lagern

Zur Ernte schneidet man die Zucchini einfach mit einem scharfen Messer ab. Idealerweise haben sie dann eine Größe von etwa

15 bis 20 cm erreicht. Wenn Sie häufig ernten, produziert die Pflanze fleißig neue Früchte. Manche Gärtner lassen gerne ihre Zucchini auf Größe eines Männerarms heranwachsen – das ist zwar imposant, aber der Geschmack der Früchte leidet erheblich.

Zucchini lassen sich im Kühlschrank gut einige Tage lagern. Voll ausgereifte, große Zucchini sind wie Kürbis in einem trockenen, nicht zu kalten Raum sogar wochen- oder monatelang haltbar. Man kann Zucchini auch wie Gurken in Essig einlegen. Beim Einfrieren verändert sich die Konsistenz von Zucchini sehr stark, sie werden weich und wässrig, deshalb ist dies nicht zu empfehlen.

Zucchini in der Küche

Junge Zucchini werden mitsamt Schalen und den nur andeutungsweise vorhandenen Samen verarbeitet. Ausgereifte Früchte werden geschält und das wattige Fleisch, das die Samen umhüllt, wird ausgekratzt.

Zucchini machen sich gut in allen Arten von sommerlichen Mischgemüsen. Zusammen mit Zwiebeln, Auberginen und Tomate ergeben sie ein typisches französisches Ratatouille. Zucchini lassen sich gut grillen, entweder dünn mit Olivenöl bestrichen oder auch pur. Paniert oder in Bierteig getaucht, kann man Zucchini in Öl ausbacken. Bei Kindern beliebt sind Puffer, die aus geriebenen Zucchini, ein wenig gehackten Zwiebeln und etwas Mehl hergestellt werden. Geriebene Zucchini sind auch Zutat bei verschiedenen Rezepten für saftige Rührkuchen.

Schließlich lassen sich Zucchini auch gut roh essen: fein geschnitten als Bestandteil in einem Salat – oder zusammen mit Möhren oder anderen Gemüse auch als geraspelte Rohkost, einfach mit Zitronensaft und etwas Öl angemacht.

Ein heiß ins Glas abgefülltes Chutney aus Zucchini, Essig, Zucker, Curry, Knoblauch und Chili hält über den Winter und passt gut zu Käsebroten oder Fleisch. Wenn es schnell gehen soll, kann man überschüssige Zucchini auch mit fertigem Gurkenaufguss einlegen.

Gesunde Zucchini

Zucchini enthalten Vitamine und Mineralstoffe in ausgewogener Zusammensetzung, der Gehalt an Provitamin A (Carotin) und Eisen ist überdurchschnittlich. Zucchini sind mit 19 kcal je 100 g sehr kalorienarm. Die Früchte gelten als stoffwechselanregend und harntreibend und eignen sich daher gut für Entschlackungskuren.

Die Sorte 'Blanco di Trieste' schmeckt mild-aromatisch. Die hell-dunkel gestreifte 'Striato d'Italia' ist sehr robust.

ZWIEBEL *Allium cepa*

Die Zwiebel gehört in die Familie der Lauch-
gewächse. Sie wird im Sommer bzw. Herbst
geerntet und hält im Lager bis zur nächsten
Saison. Ab Frühjahr beginnt die Qualität der
Lagerware zu leiden, deshalb kommt immer
häufiger Ware aus der anderen Erdhalbkugel
in den Handel.

Kulturgeschichte

Wilde Zwiebelarten stammen aus Nordame-
rika und wurden von den dort lebenden
Völkern gesammelt und verzehrt. Unsere
heutige Gartenzwiebel ist aus Wildarten
hervorgegangen, die vor allem in Mittel- und
Ostasien weit verbreitet sind. Von dort ist die
Zwiebel nach China, Indien, ins Mittelmeergebiet und ins alte Ägypten gelangt, wo sie
bereits mehrere tausend Jahre vor Christi
Geburt kultiviert wurde. Die Ägypter bauten
Zwiebeln auf großen, künstlich bewässerten
Feldern an. Das Gemüse war ein beliebtes
Volksnahrungsmittel, man geht davon aus,
dass es sich um eine mildere Sorte als die
heute übliche Küchenzwiebel handelte.
Auch im Römischen Reich waren Zwiebeln
bekannt und beliebt.

Vermutlich ist die Zwiebel durch die Römer
auch in Gebiete nördlich der Alpen gelangt,
jedoch steht der Nachweis für die Zeit vor
dem Mittelalter noch aus. Erst im frühen Mittelalter wird die Zwiebel als Gemüse- und
Arzneipflanze auch im deutschsprachigen
Gebiet genannt. In den kommenden Jahrhunderten verbreitete sie sich in ganz Mitteleuropa. Weiße, gelbe und rote Sorten werden beschrieben. Beliebt in mittelalterlichen
Klostergärten war die dekorative Etagenzwiebel, bei der nicht nur die Bulben, sondern
auch kleine Brutzwiebelchen verzehrt werden.

Der Zwiebel wurden heilende Kräfte
zugeschrieben, sie sollte die Fruchtbarkeit
stärken, das Blut reinigen und gegen Entzündungen helfen.

Die weltweit führenden Anbauländer sind
heute China, Indien und die USA. Verbreitet
ist der Zwiebelanbau auch in Osteuropa
(Russland, Polen, Ukraine). In Deutschland
werden Zwiebeln vor allem in Mittelfranken,
im Rheinland und in der Umgebung von
Erfurt angebaut.

Anbau im Garten

Zwiebeln kann man durch Aussaat oder
aber durch Steckzwiebeln vermehren. Die
erste Variante ist naturgemäß aufwendiger
und die Zwiebeln sind durch ihre längere
Standzeit auf dem Beet stärker von Krankheiten bedroht. Dafür gibt es eine größere
Sortenvielfalt.

Für die Aussaat bereitet man ein feinkrüme-
liges Saatbeet vor. Es kann bereits im
Februar gesät werden, denn Zwiebeln keimen bereits bei einer Temperatur von leicht
über 0 °C, der Boden sollte aber nicht mehr
zu nass sein. Auf der sicheren Seite ist man
mit einer Aussaat im März. Wichtig ist
frisches Saatgut, da Zwiebelsamen schnell
die Keimfähigkeit verlieren. Es wird mit
einem Abstand von 20 cm zwischen den
Reihen ausgesät. Die Zwiebeln brauchen
bis zu vier Wochen, um aufzulaufen. In der
Reihe sollten sie auf einen Abstand von
5 bis 10 cm verzogen werden, je nachdem,
ob man alle auf einmal ernten möchte oder
erst junge Exemplare als Frühlingszwiebeln
und später dann die größer gewachsenen
Pflanzen.

Auf einen Blick

- Aussaat 2–4 / Ernte 7–8
- Sonniger Standort
- Mittlerer Nährstoffbedarf
- Einfach anzubauen

Gesteckt werden können Zwiebeln bei nicht
allzu strengem Klima im Herbst, sonst im
März. Der Abstand zwischen den Reihen
beträgt 20 cm, in den Reihen 10 cm. Zwiebeln vertragen keine frische Düngung mit
Mist, deshalb sollte im Vorjahr Mist unter-
graben worden sein oder aber man düngt
mit etwas Kompost. Achten Sie beim
Stupfen (Stecken) darauf, dass das obere
Drittel der Zwiebel aus dem Boden schaut.
Kleine Steckzwiebeln bringen einen besseren Ertrag als große.

Zwiebeln mögen Wachstumskonkurrenz
nicht, sodass Sie regelmäßig hacken und
jäten sollten, wenn Sie zu einem guten
Ertrag kommen möchten. Der Nährstoffbedarf ist mittelhoch, eine Düngung mit
Brennnesseljauche oder Kompost im Verlauf
der Wachstumszeit genügt.

Den Platz im Garten nutzen Sie optimal,
wenn Sie die Zwiebeln in der Mitte eines
Beetes stecken, in dem Sie im Mai Paprika
oder Auberginen pflanzen. Bis diese den
ganzen Platz einnehmen, sind die Zwiebeln
bereits reif und können geerntet werden.
Am allerbesten entwickeln sich die Zwiebeln
jedoch alleine und in voller Sonne.

Sorten

Die **Küchenzwiebel** gibt es in gelben,
weißen und roten Sorten. Die gelben bzw.
hellbraunschaligen Sorten sind am weites-
ten verbreitet und gelten als robust. Rote

Zwiebeln sind in der Regel milder und werden wegen ihres dekorativen Aussehens geschätzt. Weiße Zwiebeln sind ebenfalls weniger scharf und werden gerne roh verwendet. Sie schmecken leicht süßlich. Eine weiterer Typ der Küchenzwiebel ist die **Gemüsezwiebel,** die sehr groß und mild ist.

Eine Besonderheit ist die **Etagenzwiebel**, die am oberen Ende ihrer Stängel Brutzwiebelchen bildet. Diese bleiben klein, schmecken aber pikant. Vermehrung ist nur über diese Zwiebelchen, also vegetativ, möglich. Beste Zeit zum Stecken ist der August.

Mehrjährig kultiviert man die **Winterheckenzwiebel,** bei der man im Frühjahr nur die Schlotten (Zwiebelblätter) als erstes frisches Grün erntet. Verwendet werden sie wie Lauchzwiebeln oder Schnittlauch, sie haben ein kräftig scharfes Aroma. Die Winterheckenzwiebel bleibt mehrere Jahre am Standort und man sollte den Pflanzen nach der Frühjahrsernte eine längere Regenerationszeit gönnen. Sie ist im Handel nur als Saatgut erhältlich.

- Die dunkelblutrote 'Braunschweiger Zwiebel' ist dekorativ, eher mild und gut lagerfähig. Als Steckzwiebel und als Saatgut erhältlich.
- 'Stuttgarter Riesen' sind eine weitverbreitete, gelbe Zwiebelsorte mit mittlerer Schärfe, die zuverlässig und unkompliziert im Garten wächst. Die Zwiebeln sind eher flach-rund und reifen spät, damit sind sie auch gut lagerfähig. Als Steckzwiebel und als Saatgut erhältlich.
- 'Zittauer gelbe' ist ebenfalls eine bekannte Sorte mit hochrunden, mittelgroßen Zwiebeln, die intensiv und scharf schmecken. Bei trockener Ernte gut lagerfähig. Als Steckzwiebel und als Saatgut erhältlich.
- 'Sturon' ist eine robuste gelbbraune Sorte, die ebenmäßig runde, festschalige Zwiebeln bildet. Würzig scharf, gut lager-

fähig. Als Steckzwiebel und als Saatgut erhältlich.
- Die Gemüsezwiebel 'Ailsa Craig' bildet bei früher Aussaat (Frühbeet, unter Glas) große mild-aromatische Zwiebeln, die nur begrenzt haltbar sind.
- 'Rote von Florenz', eine längliche, frühe Sorte aus Italien. Die wunderhübsche Zwiebel hat einen roten Schaft und grünes Laub, sie schmeckt mild. Diese Sorte ist nicht zum Einlagern geeignet. Nur als Saat erhältlich.
- 'Kaigaro' ist eine schnell wachsende Frühjahrszwiebel/Lauchzwiebel mit hohem weißem Schaft. Nur als Saat erhältlich.
- Die **Perlzwiebel** 'La Reine' (Weiße Königin') bildet früh zarte weiße Zwiebeln, die im Ganzen eingemacht werden können. Natürlich kann man sie auch anderweitig verwenden. Nur als Saat im Handel.
- Lauchzwiebel 'Toga', eine besondere Sorte mit zunächst weißem, dann rotem Schaft und schließlich grünem Laub. Sehr dekorativ. Die Sorte kann auf dem Beet überwintern. Nur als Saat erhältlich.

Schädlinge und Krankheiten

Frisch gesteckte Zwiebeln werden gerne von Vögeln angepickt und aus der Erde gezogen. Dagegen hilft ein Vlies oder ein Schutznetz. Das größte Problem ist die Zwiebelfliege, die ihre Eier zwischen Mitte April und Ende Mai an den jungen Pflanzen ablegt. Nach dem Schlüpfen fressen die Maden Gänge in die Zwiebeln, meist entsteht dadurch Fäulnis, das Laub wird gelb. Mitte Juli frisst sich die zweite Generation in die Zwiebeln hinein. Vorbeugend hilft die Mischkultur mit Möhren oder eine Umpflanzung mit Ringelblumen, besser noch ein Insektenschutznetz. Die Puppen der Zwiebelfliege überwintern im Boden, weshalb man Zwiebeln nie in aufeinanderfolgenden Jahren auf demselben Beet anbauen soll. Die Anbaupause soll mindestens drei Jahre betragen.

Pilzerkrankungen können ebenfalls auftreten. Man beugt ihnen vor, indem man Staunässe vermeidet und nicht zu dicht steckt, sodass Wind zwischen den Pflanzen hindurchwehen kann.

Ernten und Lagern

Wenn das Laub zu welken beginnt, kann man die Zwiebeln ernten. Dies ist in der Regel Ende Juli der Fall. Gesäte Zwiebeln erreichen erst im August oder gar im September eine nennenswerte Größe. Es ist ungünstig, das Laub niederzutreten, wie es bisweilen empfohlen wird, denn so verbleiben wertvolle Inhaltsstoffe im Grün, die erst beim Einziehen der Zwiebel zugutekommen. Ernten Sie nur bei trockenem Wetter und lassen Sie die Zwiebeln nach der Ernte noch einige Zeit regengeschützt in der Sonne nachreifen. Dann werden sie am vollkommen getrockneten Laub zusammengebunden und an einem trockenen Platz aufgehängt. Zur weiteren Lagerung im Herbst kann das Laub gänzlich entfernt werden. Man kann es aufbewahren, um davon im nächsten Jahr eine Jauche herzustellen, die gut gegen Pilzerkrankungen an Obst und Gemüse wirkt. Zwiebeln lieber etwas wärmer und trocken als kalt und feucht lagern. An hellen Plätzen beginnen sie schnell auszutreiben.

Zwiebel in der Küche

Die Zwiebel ist in der Küche unverzichtbar. Die meisten Köchinnen und Köche haben ihretwegen schon viele Tränen vergossen. Es kursieren eine ganze Reihe von Tricks, wie man das Weinen beim Zwiebelschneiden vermeiden kann – als sehr zuverlässig gilt eine Taucherbrille. Wenn Ihnen dies zu aufwendig ist, versuchen Sie einfach mal, beim Schälen und Schneiden der Zwiebel nur durch den Mund – nicht durch die Nase – zu atmen. Das hilft schon sehr.

Die Zwiebel wird in der Küche meist nicht pur, sondern als geschmacksverbessernde Begleitung zubereitet. Dafür kommt sie sehr häufig auf den Tisch. Angebratene gewürfelte Zwiebeln geben jedem Gericht eine herzhafte Note und sind eine aromatische Grundlage vieler Eintopfgerichte. Zwiebelringe machen sich gut auf kurz gebratenem Fleisch. Gegarte Zwiebeln schmecken immer leicht süßlich.

Rohe Zwiebeln sind scharf und hinterlassen lange ihren Geschmack im Mund. Sie sollte man nicht unbedingt vor einem Zahnarzttermin verzehren, da der zwieblige Mundgeruch lange anhält. Sparsam dosiert, z. B. als ein paar Tropfen Zwiebelsaft in der Salatvinaigrette oder fein gewürfelt zu Fisch, Mett, Tartar oder geschnittenen Tomaten, schmecken frische Zwiebeln würzig und anregend. In Olivenöl angebratene und dann über

24 Stunden in Essig-Öl-Pfeffer-Zucker-Salz marinierte Zwiebeln ergeben eine feine Vorspeise zusammen mit knusprigem Brot oder Toast. In Rotwein gedünstete (Gemüse-)Zwiebeln machen sich als Gemüsebeilage zu dunklem Fleisch oder Geflügel sehr gut. Zwiebelkuchen lässt sich schnell backen und schmeckt deftig-gut: Einfach einen Hefeteig (selbst gemacht oder fertig gekauft) auf dem Blech ausrollen. Geben Sie 1 kg angeschmorte Zwiebeln darauf und übergießen Sie das Gemüse mit einer Mischung aus geschlagenen Eiern, Sahne und geriebenem Käse – wer mag, fügt noch Schinkenwürfel dazu. Etwas Pfeffer und Muskat sorgen für die richtige Würze.

Gesunde Zwiebel

Die Zwiebel enthält eine ganze Reihe gesundheitsförderlicher Inhaltsstoffe. Während

Vitamin- und Mineraliengehalt eher ausgewogen sind, wirken vor allem die Schwefelverbindungen immunstimulierend, ja sogar antibakteriell und antiviral.

Nicht umsonst hat die Zwiebel eine große Bedeutung in der Volksmedizin. Mit fein geschnittenen und leicht gedünsteten Zwiebeln gefüllte Säckchen sollen bei Entzündungen (z. B. Mittelohrentzündung oder einem Abszess) aufgelegt werden. Zwiebelabkochungen sowie ein aus Zwiebelsaft und braunem Zucker hergestellter Sirup sind ein bekanntes Hausmittel bei Husten und Erkältungskrankheiten. Für die Elastizität der Blutgefäße ist der Verzehr von Zwiebelgewächsen günstig, auch sollen sie den Blutzuckerspiegel senken und sind damit günstig für Diabetiker. Empfindliche Menschen bekommen von reichlichem Zwiebelgenuss Blähungen.

Zwiebeln, deren Laub bei der Ernte noch grün ist, sollten bald verbraucht werden, zum Lagern eignen sie sich nicht.

Anhang

AUSSAAT, PFLANZUNG UND ERNTE – MONAT FÜR MONAT

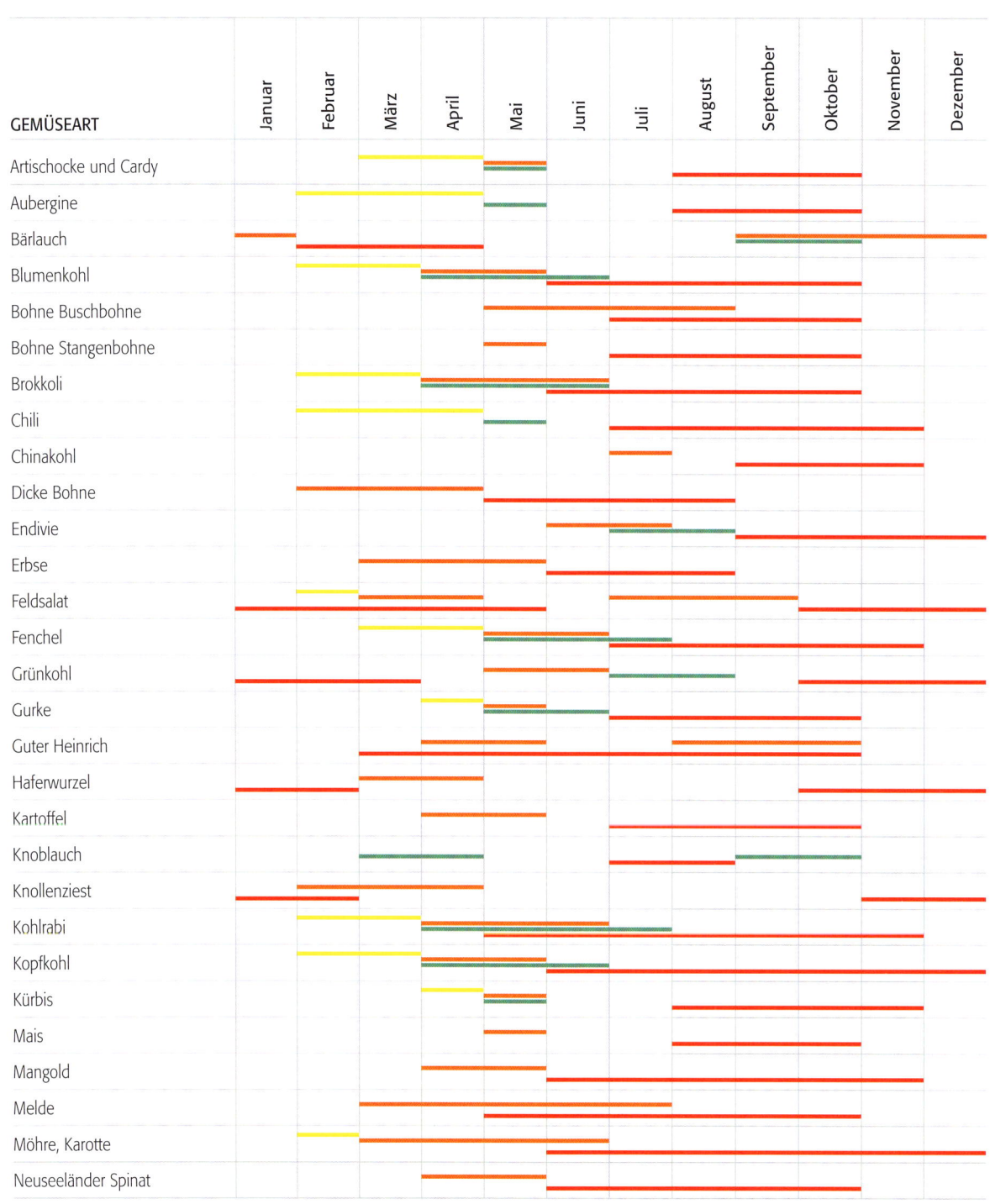

GEMÜSEART	Januar	Februar	März	April	Mai	Juni	Juli	August	September	Oktober	November	Dezember
Artischocke und Cardy												
Aubergine												
Bärlauch												
Blumenkohl												
Bohne Buschbohne												
Bohne Stangenbohne												
Brokkoli												
Chili												
Chinakohl												
Dicke Bohne												
Endivie												
Erbse												
Feldsalat												
Fenchel												
Grünkohl												
Gurke												
Guter Heinrich												
Haferwurzel												
Kartoffel												
Knoblauch												
Knollenziest												
Kohlrabi												
Kopfkohl												
Kürbis												
Mais												
Mangold												
Melde												
Möhre, Karotte												
Neuseeländer Spinat												

Aussaat geschützt (Gewächshaus, Fensterbank, Vlies, Folientunnel)
Aussaat direkt im Beet
Pflanzung im Freiland
Mögliche Erntezeit

Der Anbaukalender umfasst die für gängige Gemüsesorten geeigneten Zeiten, ausgehend vom durchschnittlichen mitteleuropäischen Klima. Je nach Region und aktuellem Wetter können sich Änderungen ergeben. Bei vielen Gemüsearten bedingt der erste Bodenfrost den letzten Erntetermin. Beachten Sie bitte die vom Hersteller genannten Empfehlungen auf dem Saatguttütchen, viele Sorten sind auf bestimmte Aussaattermine hin optimiert.

DIE GEMÜSEARTEN UND IHRE PFLANZENFAMILIEN

FAMILIE	GEMÜSE	FAMILIE	GEMÜSE
Baldriangewächse / Valerianaceae	Feldsalat	Kreuzblütler / Crucifereae	Blumenkohl/Brokkoli
			Chinakohl
Doldenblütler / Umbelliferae	Gemüsefenchel		Grünkohl/Palmkohl
	Möhre		Kohlrabi
	Pastinake		Kopfkohl (Weißkohl, Rotkohl, Wirsing)
	Petersilie		Pak Choi
	Sellerie		Radies (Radieschen, Rettich)
Eiskrautgewächse / Aizoaceae	Neuseeländer Spinat		Rosenkohl
			Rauke
Gänsefußgewächse / Chenopodiaceae			Speiserübe
	Spinat		Steckrübe
	Rote Bete	Kürbisgewächse / Cucurbitaceae	
	Mangold		Gurke
	Gartenmelde		Kürbis
	Guter Heinrich		Zucchini
Hülsenfrüchtler / Fabaceae	Gartenbohne	Lauchgewächse / Alliaceae	Bärlauch
	(Stangen-, Buschbohne)		Knoblauch
	Prunkbohne		Porree
	Dicke Bohne		Schalotte
	Erbse		Zwiebel
Knöterichgewächse / Polygonaceae	Rhabarber	Lippenblütler / Lamiaceae	Knollenziest
		Nachtschattengewächse / Solanaceae	Aubergine
Korbblütler / Asteraceae	Artischocke		Chili
	Blattsalate		Kartoffel
	Cardy		Paprika
	Endivie		Tomate
	Haferwurzel	Spargelgewächse / Asparagaceae	Spargel
	Schwarzwurzel		
	Topinambur		
	Zichorien	Süßgräser / Poaceae	Mais

DIE GEMÜSEARTEN UND IHR NÄHRSTOFFBEDARF

NIEDRIGER NÄHRSTOFFBEDARF	MITTLERER NÄHRSTOFFBEDARF	HOHER NÄHRSTOFFBEDARF	STICKSTOFFBILDEND
Bärlauch	Endivie	Artischocke und Cardy	Buschbohne
Salat	Feldsalat	Aubergine	Dicke Bohne
Gartenmelde	Gemüsefenchel	Blumenkohl	Erbse
Guter Heinrich	Haferwurzel	Brokkoli	Prunkbohne
Rucola	Knoblauch	Chili	Stangenbohne
Spinat	Knollenziest	Chinakohl	
	Kohlrabi	Gurke	
	Mangold	Kartoffel	
	Möhre	Kopfkohl	
	Neuseeländer Spinat	Kürbis	
	Pak Choi	Mais	
	Pastinake	Porree	
	Rettich und Radieschen	Rhabarber	
	Rote Bete	Rosenkohl	
	Schalotte	Tomate	
	Schwarzwurzel	Zucchini	
	Sellerie	Zwiebel	
	Spargel		
	Speiserübe		
	Steckrübe		
	Topinambur		
	Zichorien		

ADRESSEN, DIE IHNEN WEITERHELFEN

Saatgut und Jungpflanzen

Bingenheimer Saatgut
Kronstraße 24–26
61209 Echzell-Bingenheim
Tel.: 060 35/189 90
www.bingenheimersaatgut.de
(ökologisch produziertes
Gemüsesaatgut; samenfeste,
regional angepasste Sorten)

Biogartenversand Hof Jeebel
Jeebel 17
29410 Salzwedel
Tel.: 03 90 37/7 81
www.biogartenversand.de
(Biosaatgut, Gartenbedarf)

Bruno Nebelung GmbH
Freckenhorster Str. 32
48351 Everswinkel
Tel.: 025 82/67 00
www.nebelung.de

Carl Sperling & Co. Saatzucht
Hamburger Straße 35
21339 Lüneburg
www.sperli.de
(Vertrieb von Saatgut über den
Fachhandel als Sperli-Samen)

Dreschflegel Versand
In der Aue 31
37213 Witzenhausen
Tel.: 055 42/50 27 44
www.dreschflegel-shop.de
(Online-Shop für biologisches
Saatgut)

Ellenberg's Kartoffelvielfalt
Ebstorfer Straße 2
29576 Barum
Tel.: 058 06/304
www.kartoffelvielfalt.de
(alte und neue Kartoffelsorten,
Pflanzkartoffeln)

Flora Frey
Postfach 160147, 42621 Solingen
Tel.: 02 12/257 00
www.florafrey.de
(Gemüse- und Kräutersaatgut)

Hild Samen GmbH
Kirchenweinbergstraße 115
71672 Marbach am Neckar
Tel.: 071 44/84 73 11
www.hildsamen.de
(für Erwerbsanbauer, viele
 eigene Züchtungen, die
über Saatguthändler vertrieben
werden)

N. L. Chrestensen
Erfurter Samen- und
Pflanzenzucht GmbH
Witterdaer Weg 6
99092 Erfurt
Tel.: 03 61/224 50
www.chrestensen.de

Quedlinburger Saatgut
Dieselstraße 1
06449 Aschersleben
Tel.: 034 73/84 06 66
www.quedlinburger-saatgut.de

Samen Frese
Kreuzstraße 15
49124 Georgsmarienhütte
Tel.: 054 01/466 02 30
www.samen-frese.de
(konventionell und ökologisch
produziertes Gemüsesaatgut)

Schweiz
KCB-Samen
Postfach 450, CH-4003 Basel
Tel.: +41 (0) 61/271 24 67
www.kcb-samen.ch
(mehr als 700 Sorten Kürbis-
samen; Saat für wärmeliebende
Gemüse)

Samen Mauser
Eric Schweizer AG
Industriestraße 24
Postfach
CH-8404 Winterthur
Tel.: + 41 (0) 52/234 25 25
www.samen-mauser.ch

Wyss Samen und Pflanzen AG
Schachenweg 14 C
CH-4528 Zuchwil-Solothurn
Tel.: + 41 (0) 32/686 68 68
www.samen.ch

International
Graines Baumaux
BP100, 54062 Nancy Cedex
www.graines-baumaux.fr
(seltene Gemüsesorten)

Thompson & Morgan
Poplar Lane
Ipswich
Suffolk
England, IP8 3BU
Tel.: +44 (0) 14 73/69 52 25
www.tandmworldwide.com
(hier finden Sie einiges, was
Sie bei deutschsprachigen
Anbietern vergeblich suchen)

Zubehör für den Gemüseanbau

dm-folien
Hans-Böckler-Str. 21
72770 Reutlingen
Tel.: 071 21/911 80
www.dm-folien-com
(Vlies und Folien, maßgenau von
der Rolle)

Ing. G. Beckmann KG
Simoniusstr. 10
Industriegebiet Atzenberg
88239 Wangen/Allgäu
Tel.: 075 22/974 50

www.beckmann-kg.de
(Gewächshäuser, Gewächshaus-
zubehör, Rankhilfen, Kompost-
silos, Hochbeete)

W. Neudorff
An der Mühle 3
31860 Emmerthal
Tel.: 051 55/62 40
www.neudorff.de
(Dünge- und Pflanzenschutzmittel sowie Nützlinge für
biologische Gemüsegärten)

Erhalt alter Kultursorten

**Verein zur Erhaltung der
Nutzpflanzenvielfalt e. V.**
Uhlandstraße 57
45468 Mülheim an der Ruhr
Tel.: 02 08/74 04 99 25
www.nutzpflanzenvielfalt.de
(regelmäßige Seminare zur
Saatgutgewinnung; viele
Mitglieder sind aktive Sorten-
pfleger)

ProSpecieRara Deutschland
Hauptstraße 140
79356 Eichstetten am Kaiserstuhl
Tel.: 076 63/914 89 97

Österreich
Verein ARCHE NOAH
Obere Straße 40
A-3553 Schiltern
Tel.: +43 (0) 27 34/86 26
www.arche-noah.at
(Schaugarten; Publikationen)

Schweiz
ProSpecieRara
Pfrundweg 14
CH-5000 Aarau
Tel.: +41 (0) 62/832 08 20
www.prospecierara.ch

Informative Webseiten über Gemüse

Die Autorin dieses Buches unterhält eine Webseite, auf der etwa 50 Gemüsearten vorgestellt werden.
www.gemuese-info.de

Der »Bio-Gärtner« bietet seit vielen Jahren wohl die umfangreichste deutschsprachige Seite zum ökologischen Gärtnern im Netz. Nicht nur, aber sehr ausführlich auch zu Gemüse.
www.bio-gaertner.de

Im größten und informativsten deutschsprachigen Gartenforum tragen viele Gärtnerinnen und Gärtner ihre Erfahrungen zusammen, es gibt ein umfassendes Unterforum zum Gemüseanbau.
www.garten-pur.de

Vielfältige Profiinformationen auch zum Gemüseanbau im Garten erhalten Sie auf den Seiten der Bayerischen Landesanstalt für Weinbau und Gartenbau.
www.lwg.bayern.de

Lustige und lehrreiche Videos und Blogbeiträge eines leidenschaftlichen Selbstversorgers.
www.neulichimgarten.de

Der Tomatenatlas ist ein Mitmachprojekt eines Tomatenfreundes aus Sachsen. Mittlerweile sind gut 6000 Sorten erfasst und beinahe täglich werden es mehr.
www.tomaten-atlas.de

Bodenuntersuchungen können Sie bei Ihren regionalen Landwirtschaftlichen Untersuchungsanstalten (LUFA) durchführen lassen.
www.vdlufa.de

Literaturempfehlungen

Becker-Dillingen, Josef: Handbuch des gesamten Gemüsebaues einschließlich der Küchenkräuter. Paul Parey, Berlin/Hamburg 1956 (Klassiker, antiquarisch erhältlich)

Heistinger, Andrea/Arche Noah: Basiswissen Selbstversorgung aus Biogärten. Löwenzahn, Innsbruck 2017

Heistinger, Andrea/Arche Noah: Handbuch Bio-Gemüse. Sortenvielfalt für den eigenen Garten. Löwenzahn, Innsbruck 2010

Kreuter, Marie-Luise: Der Biogarten. BLV-Buchverlag, München 27. Auflage, 2016

Niller, Ernst: Der große und der kleine Gemüsegarten. Weihenstephaner Erfahrungen. Paul Parey, Berlin/Hamburg 1990 (antiquarisch erhältlich)

von Telten, Albi/Weiss, Martin: Blaue Schweden, Grüne Zebra, Roter Feurio. Alte Sorten neu entdeckt. AT Verlag, München 2012

STICHWORTVERZEICHNIS

Über die Autorin

Dr. Karen Meyer-Rebentisch hat Empirische Kulturwissenschaft sowie Allgemeine Rhetorik studiert. Sie arbeitet als Journalistin und Autorin und verfasst u. a. Sachbücher zu historischen Themen und Gesundheits-Ratgeber. Als begeisterte Gemüsegärtnerin und Fotografin betreibt sie seit einigen Jahren eine erfolgreiche Webpage zum Thema Gemüse, deren Inhalte auch als App für das iPhone verfügbar sind.

Weitere Informationen unter: *www.gemuese-info.de*

Impressum

Bibliografische Information der Deutschen Nationalbibliothek

Die Deutsche Nationalbibliothek verzeichnet diese Publikation in der Deutschen Nationalbibliografie; detaillierte bibliografische Daten sind im Internet über http://dnb.d-nb.de abrufbar.

Taschenbuchausgabe der 1. Auflage des gleichnamigen Titels mit der ISBN 978-3-8354-0831-9

BLV Buchverlag
GmbH & Co. KG

80636 München

© 2018 BLV Buchverlag GmbH & Co. KG, München

www.facebook.com/blvVerlag

Bildnachweis:
Alle Bilder von Dr. Karen Meyer-Rebentisch, außer:
Emmanuelle Guillou – Fotolia.com: 24; Okapia: 80; Sybille Ostermann: 215; Renate Waas: 66, 68, 69

Umschlaggestaltung: Kochan & Partner, München
Umschlagfotos: Dr. Karen Meyer-Rebentisch

Lektorat: Corina Steffl
Herstellung: Angelika Tröger
Layoutkonzept Innenteil: Kochan & Partner, München
Layout und DTP: Anton Walter, Gundelfingen

Gedruckt auf chlorfrei gebleichtem Papier

Printed in Germany
ISBN 978-3-8354-1783-0

BLV im WEB

In unserem Webshop warten weit über 500 lieferbare Titel zu den Themen Garten, Natur, Sport, Fitness, Kreativ und Kochen auf Sie.

Surfen Sie doch mal vorbei und bestellen Sie **versandkostenfrei**.